D1730314

Kohlhammer

Psychoanalytische Behandlung

Herausgegeben von Wolfgang Mertens

Siegfried Bettighofer

Übertragung und Gegenübertragung im therapeutischen Prozeß

Verlag W. Kohlhammer
Stuttgart Berlin Köln

Die Deutsche Bibliothek – CIP-Einheitsaufnahme

Bettighofer, Siegfried:
Übertragung und Gegenübertragung im therapeutischen Prozeß /
Siegfried Bettighofer. - Stuttgart ; Berlin ; Köln : Kohlhammer, 1998
(Psychoanalytische Behandlung)
ISBN 3-17-015248-3

Alle Rechte vorbehalten
© 1998 W. Kohlhammer GmbH
Stuttgart Berlin Köln
Verlagsort: Stuttgart
Umschlag: Data Images GmbH
Gesamtherstellung:
W. Kohlhammer Druckerei GmbH + Co. Stuttgart
Printed in Germany

Inhalt

Vorwort

Psychoanalytiker haben im allgemeinen ziemlich hohe Ansprüche an sich und an die Qualität ihrer therapeutischen Arbeit. Demgegenüber verdichtet sich gerade während der letzten Jahre ein zunehmendes kritisches Bewußtsein der Öffentlichkeit unserer Arbeit gegenüber. Die analytische Behandlung muß in dieser Situation ihren Anspruch, die fundierteste und wirksamste Form der Psychotherapie zu sein, erst wieder durch eine kritische Reflexion ihrer Methoden und Konzepte und durch eine realistische Einschätzung ihrer Wirksamkeit unter Beweis stellen.

Die vorliegende Arbeit entstand unter dem Eindruck, daß es auch in analytischen Behandlungen immer wieder zu erheblichen Stillständen, zu negativen Verläufen oder zum Abbruch von Therapien durch Patienten kommt. Obwohl davon ausgegangen werden kann, daß Psychoanalytiker bei ihrer Arbeit verantwortlich handeln und über die nach wie vor längste und intensivste psychotherapeutische Ausbildung verfügen, kommt es offensichtlich auch in analytische Behandlungen, häufiger als gemeinhin angenommen, zu negativen Prozessen und destruktiven Entwicklungen in der Therapeut-Patient-Beziehung. Diese können im ungünstigsten Fall zu einer massiven Schädigung des Patienten führen, wobei der sexuelle Mißbrauch nur die dramatischste Form der Kommunikationsstörung und daher am offensichtlichsten ist. Die meisten Formen der gestörten Beziehung zwischen Therapeut und Patient verlaufen jedoch weit weniger spektakulär und fallen wegen ihrer Subtilität oftmals gar nicht sofort auf, wodurch allerdings ihre Destruktivität nicht geringer wird.

Auch in der Psychoanalyse wurde inzwischen anerkannt, daß nicht alleine die Deutung, sondern insbesondere auch die lange Zeit als selbstverständlich vorausgesetzte hilfreiche Beziehung zwischen Analytiker und Patient der entscheidende Wirkfaktor ist, der letztlich ebenso wie die Deutung über Erfolg oder Mißerfolg einer Analyse bestimmt. Dabei kommt der Arbeit mit Übertragung und Gegenübertragung eine zentrale Bedeutung zu.

In Übereinstimmung mit Gill (1982) ist es auch mein Eindruck, daß trotz der zentralen Stellung, die die Übertragungsanalyse in der Behandlungstheorie einnimmt, die praktische Arbeit mit Übertragungsprozessen noch weit hinter der Theorie her hinkt und sich noch Schwierigkeiten in der konkreten Umsetzung zeigen. Hier versuche ich, in meiner Arbeit anzusetzen, indem ich nach der Darstellung des klassischen Übertragungsbegriffes einzelne Aspekte, die während der letzten Jahre allmählich größere Aktualität erlangt haben, im einzelnen beschreibe. Zunächst wird das klassische objektivistische Behandlungsparadigma einer Kritik unterzogen und auf die Subjektivität aller Beobachtungen und Einschätzungen, die der Analytiker vornimmt, verwiesen. Das Schema-Konzept wird verwendet, um die sich entfaltende Übertragung des Patienten als die Aktivierung bestimmter innerer Schemata zu beschreiben, die einerseits als Niederschläge von frühkindlichen Interaktionserfahrungen im Patienten abrufbar sind, jedoch auch durch die Person des Analytikers und sein Interaktionsangebot aktualisiert werden. Deshalb kommt der Interaktion zwischen Therapeut und Patient auch eine sehr große Bedeutung zu, weil, wie im nächsten Kapitel beschrieben wird, die Entfaltung der Übertragung immer ein interaktioneller Vorgang ist, bei dem beide Interaktionspartner sich sehr subtil aufeinander einstellen und sich gegenseitig anpassen und so in einem zirkulären Prozeß die jeweils spezifische Form der Übertragung herstellen. Dabei wird stets der Einfluß des Therapeuten und das Vorliegen möglicher Eigenübertragungen seinerseits besonders berücksichtigt, da die Person des Analytikers mit ihrem eigenen Einfluß auf den analytischen Prozeß in der fachlichen Diskussion erst während der letzten Jahre entsprechend gewürdigt wird.

Große Bedeutung hat das Konzept der latenten Übertragung, das beschreibt, wie sich in jeder Therapeut-Patient-Beziehung quasi unvermeidlich unbewußte Interaktionsmuster einschleichen, die in einen Handlungsdialog zwischen beiden münden, durch den im Sinne des Wiederholungszwanges eine traumatische frühe Modellszene oder Beziehungskonstellation sich unbemerkt, jedoch in der realen Interaktion wiederholt. In groben Fällen führen solche Konstellationen zu drastischen Mißverständnissen, zum destruktiven Mitagieren des Therapeuten und zu negativen Verläufen. In den meisten Fällen bleiben solche Wiederholungen neurotischer Muster wohl unbemerkt und fallen nur im Rahmen von Supervisionen auf.

In einem letzten Teil der vorliegenden Arbeit wird die moderne psychoanalytische Therapie als eine Beziehungskonflikttherapie konzeptualisiert, und es werden Möglichkeiten aufgezeigt, wie im Hier und Jetzt der aktuellen therapeutischen Beziehung konkret mit Übertragungsprozessen gearbeitet werden kann. Es ist vielleicht kein Zufall, daß gerade in diesem Punkt neuere Strömungen der Psychoanalyse Vorgehensweisen entwickelt haben, wie sie in sehr ähnlicher Form auch von der Selbstpsychologie verwendet werden.

Meine Hoffnung beim Schreiben dieser Arbeit war es, die äußerst komplexen Prozesse in der therapeutischen Beziehung angemessen zu beschreiben, auf wenig beachtete Aspekte hinzuweisen und so die Aufmerksamkeit für solche Vorgänge zu schärfen. Darüber hinaus wünsche ich mir, daß immer mehr Psychoanalytiker und Therapeuten anderer Schulrichtungen die nötige kritische Ehrlichkeit sich selbst, den Patienten und ihren Kollegen gegenüber aufbringen. Ihre Patienten würden es Ihnen danken und sie selbst könnten bei ihrer therapeutischen Arbeit aufrichtiger, persönlicher und lebendiger bleiben.

Herzlich danken möchte ich an dieser Stelle noch meinen Kolleginnen Frau Dipl.-Psych. Elfriede Toth und Frau Dipl.-Psych. Gabriele Weidenfeller für ihre wertvollen inhaltlichen und formalen Vorschläge bei der Durchsicht des Manuskripts.

Augsburg, im Winter 1997/98   Siegfried Bettighofer

1 Die hilfreiche Beziehung in der Psychoanalyse

Das wichtigste Anliegen der empirischen Psychotherapieforschung war es zunächst, die Effektivität von Psychotherapie nachzuweisen. Zugleich ging es um die Untersuchung der unterschiedlichen Wirksamkeit verschiedener Therapiemethoden im Hinblick auf die spezifische Störung und die Patientenpersönlichkeit. Diese Fragestellung wurde bald erweitert, und so ging man im Rahmen von Prozeßuntersuchungen der Frage nach, warum Psychotherapie eigentlich wirkt und welches die entscheidenden Faktoren sind, auf denen diese Wirksamkeit beruht.

Whitehorn und Betz (1960) konnten als erste hinsichtlich der Effektivität in der Behandlung von schizophrenen oder neurotischen Patienten zwei globale Therapeutentypen A und B unterscheiden. Nun waren es nicht mehr vorwiegend Patientenvariablen oder Merkmale der jeweiligen Therapiemethode, denen das Interesse der Forscher galt. Der Schwerpunkt verlagerte sich jetzt zunehmend auf die Untersuchung der Persönlichkeit des Therapeuten, deren Bedeutung für günstige Behandlungsverläufe allmählich erkannt wurde (Beutler et al. 1995). Diese Untersuchung einzelner Merkmale der Therapeutenpersönlichkeit war ein großer Fortschritt, ist jedoch in dieser ursprünglichen Form aus heutiger Sicht nicht mehr zu halten.

Insbesondere seit den Untersuchungen von Luborsky (1976, 1985) gilt die hilfreiche therapeutische Beziehung als ein grundlegender und übergeordneter therapeutischer Wirkfaktor, der viel mehr als einzelne isolierte Therapeuten- oder Methodenmerkmale über Erfolg oder Mißerfolg von Behandlungen entscheidet (Kächele 1992, Orlinsky et al. 1995). Es geht dabei im wesentlichen um die Fähigkeit des Therapeuten, sich auf den jeweiligen Patienten einzustellen und zu ihm eine Beziehung herzustellen, die dieser als therapeutisch hilfreich empfindet. Auf der Basis dieser Befunde konnte es nicht mehr als ausreichend angesehen werden, bestimmte als therapeutisch relevant geltende Interventionsstrategien wie beispielsweise Empathie, Kongruenz oder das Geben von Deutungen anzuwenden. Denn es kam darauf an, ob der Patient ein bestimmtes Therapeutenverhalten als für sich und seine Entwicklung hilfreich empfindet. Obwohl das sehr eng mit der Störung und der Persönlichkeit des Patienten sowie mit bestimmten Merkmalen der Therapeutenpersönlichkeit zusammenhängt, kommt hier doch der Faktor der Interaktion zwischen beiden bestimmend hinzu. Ob eine hilfreiche und "heilende" (Frick 1996) Beziehung zwischen Therapeut und Patient entsteht, ist immer auch das Resultat eines interaktiven Prozesses zwischen ihnen (Luborsky et al. 1985). Die Psychoanalyse als therapeutische Behandlungsmethode hat sich seit ihren Anfängen intensiv mit der Frage befaßt, wie eine hilfreiche Beziehung zwischen Therapeut und Patient hergestellt und über den gesamten therapeutischen Prozeß hinweg aufrechterhalten werden kann. Sie hat dem Aspekt der therapeutischen Beziehung immer schon einen zentralen Stellenwert eingeräumt. So hat Freud mit seinen Empfehlungen (1913), dem Patienten "Zeit zu lassen" (S.473), einen "moralisierenden" (S.474) Standpunkt zu vermeiden und stattdessen den Standpunkt "der Einfühlung" (S.474) einzunehmen, eine Grundhaltung und eine Art des Zuhörens beschrieben, die für die Entwicklung einer hilfreichen Beziehung eine unverzichtbare Grundbedingung ist und die heute allgemein als einer der wesentlichen therapeutischen Wirkfaktoren gilt.

Auch anderen psychotherapeutischen Methoden ist daran gelegen, einen hilfreichen Kontakt zum Patienten herzustellen. Dies wurde jedoch meist verstanden als Realisierung einer positiven Beziehung wie z.B. in der Gesprächspsychotherapie (Biermann-Ratjen, Eckert, Schwartz, 1979). Hier geht man davon aus, daß die durch Empathie getragene Grundbeziehung, die der Therapeut zum Patienten herstellt, von diesem im Sinne eines guten Objekts introjiziert und somit zur Grundlage für eine positivere Einstellung zu sich selbst werde.

In der Verhaltenstherapie wurde die positive therapeutische Beziehung über lange Zeit rein instrumentell als positiver Verstärker eingesetzt, um ein im Hinblick auf das Therapieziel erwünschtes Verhalten zu unterstützen. Erst neuere Entwicklungen verfolgen einen differenzierteren Umgang im Hinblick auf den Umgang mit der Beziehung zwischen Therapeut und Patient. So berücksichtigen z.B. Grawe, Donati und Bernauer (1994) im Rahmen ihrer umfangreichen Arbeit zur Grundlegung einer Allgemeinen Psychotherapie explizit auch diese "Beziehungsperspektive" (S.775). Grawe (1995) hält es für eine wichtige Voraussetzung wirksamer psychotherapeutischer Arbeit, daß im Rahmen der sog. "Problemaktualisierung" (S.136) die pathologischen Beziehungsmuster und neurotischen inneren Schemata des Patienten in der Beziehung zum Therapeuten aktualisiert werden und kommt damit dem analytischen Übertragungsbegriff ziemlich nahe. Die Aufgabe des Therapeuten sehen sie infolgedessen darin, sich gezielt um eine "komplementäre Beziehungsgestaltung" (Grawe et al., 1994, S.782) zu bemühen, die dem Patienten hinsichtlich der "wichtigsten erschlossenen positiven Ziele des Patienten" (S.782) eine neue und korrektive Erfahrung vermittelt. Damit bleiben sie letztlich auch weiterhin bei einem instrumentellen Gebrauch der therapeutischen Beziehung und vertreten einen manipulativen Ansatz, wie er in ähnlicher Form auch schon in der Geschichte der Psychoanalyse von Alexander und French (1946) beschrieben worden war, der allerdings immer schon höchst umstritten war und heute wegen seines manipulatorischen Charakters allgemein abgelehnt wird.

Im Gegensatz dazu besteht der originäre und emanzipatorische Beitrag der Psychoanalyse zur Gestaltung einer hilfreichen Beziehung zwischen Therapeut und Patient nicht in der Manipulation, sondern in der Reflexion und im Verstehen dessen, was in der Begegnung zwischen ihnen geschieht und über den Vorgang der Externalisierung innerer Konflikte in Szene gesetzt wird. Wenn Grawe et al. (1994) davon sprechen, die Probleme des Patienten in der Beziehung zum Therapeuten zu aktualisieren, so bewegen sie sich noch in einem relativ engen und traditionellen Übertragungsbegriff, in dem z.B. die Persönlichkeit des Therapeuten völlig ausgespart bleibt und nur dem zielgerichteten instrumentellen Einsatz dient. Grawe et al. (1994) gehen auch nicht darauf ein, inwiefern und auf welche Art die Arbeit mit der Gegenübertragung und ihre Reflexion im konkreten therapeutischen Vorgehen einbezogen wird. Gerade hier nun liegt aber einer der Schwerpunkte der modernen Psychoanalyse. Gerade hinsichtlich der Bedeutung, die sowohl der Übertragung wie auch der Gegenübertragung beigemessen wird, hat sich während der letzten Jahre ein tiefgreifender Wandel vollzogen (Kernberg 1993; Rohde-Dachser 1993; Pulver 1990). Der traditionelle objektivistische Übertragungsbegriff, der zunächst im folgenden Abschnitt umrissen werden soll, wurde zunehmend erweitert um eine konstruktivistische und eine interaktionelle Komponente, sodaß Übertragung und Gegenübertragung nun als eine "funktionale Einheit" (Kemper 1969) oder als eine "Einheit im Widerspruch" (Körner 1990) gesehen werden können.

In der modernen psychoanalytischen Behandlungstechnik hat sich der Schwerpunkt dementsprechend auch etwas verlagert. War früher eher die genetische Rekonstruktion der neurotisierenden Kindheitssituation Kern der analytischen Behandlung, so steht daneben heute gleichberechtigt die Aktualgenese neurotischen und nichtneurotischen Erlebens in der therapeutischen Beziehung, die Frage also, inwiefern das Erleben des Patienten mit dem Therapeuten zusammenhängt. Die Psychoanalyse hat sich während der letzten Jahre zunehmend zu einer "Beziehungsanalyse" (Bauriedl 1994) entwickelt, in der die Beziehungssituation zwischen Analytiker und Patient und die in ihr abgebildeten Konflikte gezielt bearbeitet werden.

2   Das ursprüngliche Übertragungskonzept

Die Grundlogik des ursprünglichen Übertragungsbegriffes ist leicht aus einem einfachen Fallbeispiel von Greenson (1967) ersichtlich. Bei der Durcharbeitung einer libidinösen ödipalen Vaterübertragung beschreibt die Patientin auf die Aufforderung des Analytikers hin ihre Fantasien, von ihm geliebt, geküßt und penetriert zu werden. Nach einer Pause fährt sie fort: "Ein komisches Detail ist mir eingefallen, als ich dies alles beschrieb. Ihr Gesicht war unrasiert und Ihr Bart hat mich im Gesicht gekratzt. Das ist seltsam, Sie scheinen immer glatt rasiert zu sein" (S.312). Beim Nachdenken fielen Greenson bestimmte Zusammenhänge aus der Kindheit der Patientin auf und er fragt: "Wer hat Sie immer mit dem Bart gekratzt, als Sie ein kleines Mädchen waren?" Daraufhin schreit die Patientin fast: "Mein Stiefvater, mein Stiefvater, er pflegte mich mit Genuß zu quälen, in dem er sein Gesicht an meinem rieb ..." (S.312).

Greenson hat zur Erläuterung seiner Darstellung der Übertragung sicherlich bewußt ein sehr einfaches Beispiel gewählt, aber es trifft dennoch exakt den Kern des ursprünglichen Übertragungsbegriffes. Der Analytiker als klar und eindeutig abgegrenzter Beobachter hält aufgrund seiner objektiven Erkenntnis der Realität die Fantasie der Patientin, daß er einen Bart habe, für unangemessen, da er offenbar zu dieser Zeit keinen Bart getragen hatte. In dieser Unangemessenheit der fantasierten Wahrnehmung liegt das zentrale Kriterium für das Vorliegen einer Übertragung, die dann auch konsequent hinsichtlich ihrer infantilen Vorlage bearbeitet wird.

2.1   Übertragung als Störung der Realitätswahrnehmung

Übertragung im traditionellen und auch heute noch, wenn auch etwas eingeschränkt geltenden Sinne führt also zu einer Verkennung der Realität, zu einer Störung hinsichtlich des Realitätsprinzips. Im Beispiel von Greenson kann der Wahrheitsgehalt der Wahrnehmung und ihre Verzerrung aufgrund des beobachtbaren Faktums problemlos entschieden werden. In den meisten Übertragungsfantasien dürfte diese Eindeutigkeit jedoch nicht oder nur ansatzweise gegeben sein.

2.2   Übertragung als Regression

Die durch die Übertragungsfantasie gestörte Wahrnehmung der Realität beruht auf einer Regression der Patientin. Ihr Ich wie auch das gerade aktualisierte Objektbeziehungsniveau bewegen sich auf einer kindlichen Ebene. Es findet also eine zeitliche und strukturelle Regression statt, wodurch kindliche und primitivere, undifferenziertere und normalerweise unbewußte Erlebnisweisen vorherrschen. Diese Regression kann mehr oder weniger weite Bereiche von Ich, Es und Überich einbeziehen. Während bei den meisten neurotischen Störungen nur eine partielle und somit potentiell ichdystone und bearbeitbare Regression vorliegt, erfaßt diese Regression in einer Psychose ausgedehnte Teile der Gesamtpersönlichkeit, sodaß ein völliger Bruch im Verhältnis zur Realität stattfindet und der Patient vorübergehend wie ein Kind auf Unterstützung und Pflege von außen angewiesen ist.

2.3   Übertragung als Verschiebung

Der Hauptmechanismus, auf dem die Übertragung beruht, ist die Verschiebung. Dabei werden Erfahrungen vom ursprünglichen Objekt auf ein anderes, z.B. den Analytiker verschoben, d.h., es werden energetische Besetzungen von einer inneren Objektrepräsentanz auf eine andere verlagert. Die Verschiebung ist einer der zentralen Abwehrmechanismen und wurde schon von Freud (1900) als ein Hauptmechanismus der Traumarbeit beschrieben. Auch in der Fallgeschichte vom kleinen Hans diente ihm die Verschiebung dazu, dessen Angst vor Pferden zu erklären, die "ursprünglich gar nicht den Pferden galt, sondern sekundär auf sie transponiert wurde" (Freud 1909, S.286). Damals hatte sich Freud begrifflich offensichtlich noch nicht endgültig festgelegt, denn er gebraucht sowohl in der Traumdeutung (1900, S.313) wie auch in der Arbeit über die Phobie (1909, S.49) beide Begriffe, um ein und denselben Sachverhalt zu benennen.

Die Tatsache, daß sich der Übertragungsbegriff aus dem Begriff der Verschiebung heraus entwickelt hat, macht auch deutlich, wie sehr im ursprünglichen Übertragungsbegriff dessen defensive Natur gesehen wurde. Übertragung galt in diesem Konzept als Abwehr, als Schutz des Ichs vor dem Erinnern der pathogenen frühen Objektbeziehungen, auch wenn dies früher wohl selten so eindeutig und konkret formuliert worden war, wie es Körner (1995) aus seiner eigenen Ausbildungserfahrung erinnert, wo Übertragung "als ein besonders diffiziler, wenn auch kaum vermeidbarer Widerstand" (S.341) gegolten habe. Auch wenn dieser Widerstandsaspekt im allgemeinen mehr oder weniger auf das Agieren der Übertragung oder des Übertragungswiderstandes bezogen wurde, so schwingt er doch implizit mit. Der Patient überträgt seine introjizierten frühen Objekterfahrungen auf den Analytiker und wiederholt sie in der Beziehung mit ihm anstatt sich direkt daran zu erinnern. Es hat historisch gesehen auch dementsprechend lange gedauert, bis Begriffe wie das Agieren etwas von ihrem negativen Bedeutungsgehalt einbüßt hatten und sie nicht mehr ausschließlich als Widerstand gegen den Fortschritt, sondern auch als potentiell konstruktive Vorgänge gesehen werden konnten.

Das behandlungstechnische Vorgehen bestand gemäß dieser Logik darin, dem Patienten die Unangemessenheit seiner Reaktion aufzuzeigen, und sie auf die ursprünglichen zugrundeliegenden kindlichen Erfahrungen zurückzuführen und sie in diesem Kontext zu bearbeiten. Die Übertragung hatte also somit mehr einen instrumentellen Charakter und diente dazu, Gefühlsreaktionen aus ihren neurotischen Nischen zu locken und sie auf die Person des Analytikers zu verschieben, um sie dann möglichst umgehend auf die "eigentlichen" Ursachen zurückführen zu können, deren Rekonstruktion und Durcharbeitung lange Zeit als der wesentliche therapeutische Wirkfaktor angesehen wurde. Nach Freud (1912) sollte der analytische Sieg auf dem Felde der Übertragung (S.374) gewonnen werden. Ob er dabei diesen eher instrumentellen Gebrauch im Auge hatte oder ob er eventuell empfohlen hätte, die Reaktionen des Patienten länger im Bereich der aktuellen Übertragung und in der Beziehung zum Analytiker zu halten, können wir heute trotz interessanter Arbeiten über Freuds Arbeit (z.B. Cremerius, 1981) und trotz historischer Berichte von Analysanden (z.B. Blanton, 1971) nicht mehr definitiv entscheiden. Aus der Untersuchung von Zeugnissen über Freuds Behandlungstechnik schließt Cremerius (1981) jedoch, daß Freud in seinem praktischen Vorgehen der Übertragung und ihrer Durcharbeitung keinen sonderlich großen Stellenwert eingeräumt haben muß und damit eher sehr unbedarft umgegangen ist.

2.4   Übertragung als Projektion

Ein während der letzten Jahre immer häufiger diskutierter Abwehrmechanismus, der Übertragungsprozessen zugrundeliegen kann, wurde zunächst von Melanie Klein (1942) als projektive Idenitifikation beschrieben und u.a. von Gilch-Geberzahn (1994), Jimenez (1992), Kernberg (1987), Mertens (1991), Ogden (1979) und Porder (1987) weiter differenziert und ausgearbeitet. Dabei werden unbewußte oder wegen ihres starken Affektgehaltes unerträgliche Anteile des eigenen Selbst bzw. der Selbstrepräsentanzen auf ein anderes Objekt verlagert und im Falle der reinen Projektion bei einem relativ hoch strukturierten neurotischen Patienten als Fantasie über den anderen wahrgenommen. Bei Patienten mit niedrigem oder mittlerem Stukturniveau nimmt dieser Vorgang mehr die Form einer typischen projektiven Identifikation mit der Gefahr eines destruktiven Gegenübertragungsagierens auf seiten des Therapeuten an, der durch subtile und vermutlich vorwiegend nonverbale Signale des Patienten (Kernberg, 1988) induzierte und überraschend intensive Gefühle und starke Handlungsimpulse verspürt. Mit derartigen "Stimmungsübertragungen" und "interagierten Affekten" befaßt sich die in diesem Zusammenhang sehr interessante Arbeit von Herdieckerhoff

(1988), in der dieser kommunikative Vorgang bei der Stimmungsinduktion näher untersucht wird.

2.5 Übertragung als einseitiger Vorgang - der Analytiker als passive Projektionsfläche

Zu einer Beschreibung weiterer Kennzeichen der ursprünglichen Übertragungsarbeit soll im folgenden ein erst vor wenigen Jahren publizierter, sehr detaillierter und beeindruckender Fallbericht von Wurmser (1988) herangezogen werden, wobei notgedrungen viele wichtige Details weggelassen werden müssen.

Eine zu Beginn der Analyse 45-jährige Patientin hatte auf ihren Analytiker u.a. eine negative Vaterübertragung entwickelt. Sie fühlte sich als Mädchen von ihrem Vater oft lächerlich gemacht und drehte nun in der Analyse den Spieß um, wurde vom passiven Opfer zum aktiven Täter, indem sie den Analytiker und die Analyse permanent entwertete und verspottete und auch nur ein 30 % geringeres Honorar zu zahlen fähig und bereit war. Der Analytiker war damit einverstanden und erkannte erst spät in der Analyse, daß er damit begonnen hatte, eine grundlegende Spaltung im Leben der Patientin mitzuagieren. Während lange Zeit nur der Ehemann der Patientin wußte, daß sie durchaus vermögend waren, kannte andererseits nur der Analytiker die häufigen außerehelichen sexuellen Affairen der Patientin. Sie habe es immer so gehalten, daß niemand die ganze Wahrheit wisse, führte so ein unehrliches Leben und habe ihr wirkliches Selbst aus Angst, von den Eltern verstoßen zu werden, immer verleugnet.

Beispiel für Wurmsers Übertragungsarbeit (1988, S.306): "Sie kam auf ihren jetzigen Geliebten zu sprechen und bemerkte beiläufig, daß er vier oder fünf Monate jünger sei als sie: Auf meine Frage kam es heraus, daß es sieben Monate waren. Ich wies auf ihr Spielen mit den Zahlen hin, gleich wie in Bezug auf die Finanzen. "Ich lasse Sie unbestimmt," bestätigte sie, "als ob dies etwas Liebenswertes und Charmantes wäre, nicht rechnen zu können. Meine Mutter tut dasselbe. ... Ich dachte immer, welche Lügnerin meine Mutter war. Ich habs so an ihr gehaßt, und doch tu ichs nun selber. Ich schäme mich über den Teil in mir." "Und Sie versuchten, auch mich zu Beginn heute nochmals dafür zugewinnen, dieses Stück mitzuspielen, in der Frage nach einem Aufschub der Vollbezahlung; und wie Sie ja auch lange damit Erfolg gehabt haben, mich damit einzubeziehen, indem ich damit einig war. Als ich es jedoch erkannte, was vorging, habe ich es noch eine Weile weiter angenommen, damit wir Gelegenheit hatten, es herauszuarbeiten, was es bedeute." "Ich verstehe es ja auch jetzt noch nicht. Ich soll doch besser noch nicht den vollen Preis zahlen. Wir würden der Einsicht verlustig gehen, wenn ich jetzt einwilligte." "Es wäre eher darauf angelegt, daß Sie auch mich durch die Herausforderung als enttäuschenden und geldgierigen Vater überführen könnten." "Ich möchte eher die Meinung behalten, daß Sie darüberstehen." "Und doch mich zum Gegenteil provozieren." "Ich hatte einen Mann geheiratet, der das Gegenteil dieses Ideals war, jemand, der sehr am Geld interessiert war." "Wie er ja auch die Analyse nur bei stark reduziertem Preis zugelassen hat, obwohl er die richtige Finanzlage kannte." "Er hätte es gar nicht anders erlaubt, das ist wahr." "So wurde es von Anfang an so inszeniert, ohne daß Sie sich darüber ganz im klaren waren, daß ich übervorteilt wurde. Und die Fiktion, daß Sie unbemittelt waren und sich nichts leisten könnten, war nicht mehr aufrechtzuerhalten, als Sie selbst diesen Sommer die Finanzverwaltung übernahmen." ... "Es frappiert mich, welch Doppelspiel sich da ergeben hat. Auf der einen Seite wußte Ihr Mann die eine Hälfte der Geschichte nicht, die ich wußte - nämlich, Ihre außerehelichen

Beziehungen - und darin wurde er zum Narren gehalten. Andererseits kannte er die korrekte Geldsituation, die mir unbekannt geblieben war und worin ich zum Narren gehalten wurde. Sie bemerken den Parallelismus." "Wie können Sie noch mit mir arbeiten? Sie müssen ein großes Ressentiment haben." "Als ob ein Chirurg nicht mehr operieren könnte, nachdem der Patient sich erbrochen hat. Gerade dies führt uns doch zum Kern der Neurose."

Zwei Sitzungen später: Die folgende Stunde (628) begann sie mit Klagen über ihr gegenwärtiges Verhältnis. ... Letzte Nacht habe sie die ganze Gewalt ihres Hohnes auf ihn losgelassen, ihre ganze entfesselte sexuelle Eifersucht. Nachher fühlte sie sich dann schrecklich: "Ich bohrte in ihm, wann und wie er Geschlechtsverkehr mit seiner Frau habe, vor mir oder nach mir." Sie klagte über ihre häßliche Streitsucht und schämte sich darüber, wie sie sich benommen hatte. "Soll ichs abbrechen? Soll ich weitermachen? All das Reden hier ist nutzlos; ich habe genug davon. Die Gefühle werden dadurch nicht aufgelöst. Es hilft mir nichts, daß ich so etwas wiederhole. Es ist alles ein Agieren." "Von einem Geheimnis ...". "Sogar gegenüber meinem Geliebten. Es ist nicht die gleiche Leidenschaft, wie mit dem vorherigen Geliebten." "Oder Ihre Absage der Stunde gestern, damit Sie die Zeit mit ihm verbringen können." "Oh, ich habe gedacht, Sie seien weg? Nicht? Wirklich nicht? Das hätte mir gepaßt. Es ist typisch dafür, was ich tue." "Sie spielten es in der Wirklichkeit aus - als Schutz gegen die Erinnerung an etwas, das, wie ich vermute, sich ebenfalls in der Wirklichkeit abgespielt haben muß." "Als Spiegelbild oder in veränderter Form? Da geht wirklich etwas Seltsames mit Geheimnissen vor. Gestern abend war ich dabei, wie mein Freund mit seiner Frau daheim telephonierte. Wir hatten die zwei Tage miteinander verbracht. Nun schilderte er ihr, wie er in Philadelphia. Unterredungen geführt habe ... . Ich hörte ihm zu, wie er log und log. Ich schaute vor mir selber schäbig aus - daß er so heucheln könne und ich selbst daran teilnahm! ... " "Wenn ich höre, was Sie berichten, die wiederholte In-Szene-Setzung eines bestimmten Vorganges, frage ich mich, ob Sie nicht ein Geheimnis sexueller Art Ihres Vaters oder Ihrer Mutter entdeckt haben mögen, und zwar in Wirklichkeit." ... "Und doch weist alles in diese Richtung, und zwar als Wiederholung in der Gegenwart. Das Doppelgeheimnis mit Ihrem Mann und mir, das Spiel mit Ihrer Chefin, und nun das Doppelspiel gestern abend." "Das ist eine gute Theorie," sagte sie gönnerisch. "Ich muß sehr jung gewesen sein. Vielleicht las ich draußen im Auto."(S.309 f.)

Wurmser unterscheidet hier klar und ohne Fragezeichen zwischen dem Analytiker als Subjekt und der Patientin als Objekt der Behandlung. Der Patient entfaltet quasi naturgemäß die in ihm angelegte innere Objektwelt in der therapeutischen Beziehung und es entsteht so die für ihn typische Übertragung. Ein interaktioneller Vorgang im Sinne der gegenseitigen Beeinflussung und beidseitig bedingter Mitgestaltung der entstehenden Übertragung wird von Wurmser nicht berücksichtigt. Der Beitrag des Analytikers beschränkt sich in seiner Schilderung auf sein Einverständnis bezüglich des verringerten Honorars. Da Wurmser das ausschließlich als einen Faktor der realen Beziehung zwischen beiden ansieht und er weder seine eigene Motivation noch die der Patientin eingehender hinsichtlich ihrer psychodynamischen und ihrer aktuellen Bedeutung in der therapeutischen Beziehung reflektiert, bleibt die darauf aufgebaute Reinszenierung der Patientin lange unbekannt. So wird zwar berichtet, welche Rolle dieses Entgegenkommen in der Übertragung spielte, die aktuelle Reaktion der Patientin darauf wird jedoch offensichtlich nicht frühzeitig in den Prozeß einbezogen. So hätte z.B. gefragt und bearbeitet werden können, wie die Patientin diese Freundlichkeit empfindet. Der ganze Komlex der bewußten und vorbewußten Wahrnehmung des Analytikers durch die Patientin bleibt ausgespart und wird ebenso nicht in den therapeutischen Prozeß einbezogen.

Gerade solche Settingfaktoren und deren situative Veränderung und Anpassung enthalten oft eine wichtige, sich in der aktuellen Therapeut-Patient-Beziehung entfaltende psychodynamische Bedeutung, worauf Langs (1984) schon eindrücklich hingewiesen hat.

Wurmser läßt seine eigene Gegenübertragung weitgehend aus dem Spiel und erwähnt sie nur insofern, als er sich vom Spott der Patientin, den er nur selten "konfrontiert" (S.308) habe, gelegentlich "zu sarkastisch-ärgerlichen Bemerkungen" (S.308) reizen ließ. Diese betrachtet er zwar, wohl mit Recht, als technische Fehler, die im Idealfall zu vermeiden wären. Er unterläßt es jedoch, diese durch sein verständliches gegenaggressives Mithandeln aktuell entstandene Situation als szenische Wiederholung zu sehen und aktiv in die Bearbeitung einzubeziehen. Er hätte z.B. der Patientin explizit erklären können, daß es ihr gelungen sei, ihn zu diesem Verhalten zu verführen und er könnte systematisch darauf eingehen, wie die Patientin diese Reaktion des Analytikers und die gesamte Situation jetzt wahrnahm. Dieses Vorgehen hätte möglicherweise wichtige zusätzliche Einfälle und Informationen über innere Erlebnisschemata der Patientin liefern können.

Der hochinteressante Bericht von Wurmser konzentriert sich auf die Psychodynamik der Patientin, deren Entstehung in der Kindheit und die Übertragung auf den Analytiker. Möglicherweise liegt es auch an dieser Zielsetzung, daß er auf einige hier diskutierte Punkte nicht eigens eingeht. Zu seiner insgesamt linearen Betrachtung der Gegenübertragung als Reaktion auf die Übertragung des Patienten und die fehlende Reflexion der gegenseitigen interaktionellen Beeinflußung paßt es jedoch, daß er zwar beschreibt, wie er den sehr verletzenden und schwer erträglichen Stolz der Patientin immer wieder in seine Deutungen einbezieht, seinen Widerstands- und Wiederholungsaspekt als Schutz des wahren Selbst auch erkennt, ihn aber in der Übertragung erst ganz am Schluß etwas aufweichen kann, worauf die Patientin allerdings bald die Behandlung abbricht. Er fragt sich nie, warum er diesen Stolz so selten konfrontiert hat, und erwähnt mit keiner Silbe, wie er die drastische Honorarminderung selbst erlebt hat, insbesondere als nach einigen Jahren dieser mit Unterbrechungen insgesamt neunjährigen Behandlung die reale Vermögenslage der Patientin bekannt geworden war.

So entgeht der Wahrnehmung von Wurmser möglicherweise die genaue Kenntnis seines spezifischen Involviertseins in den gegenseitigen Prozeß, in dem er nicht nur Beobachter, Container und Deuter, sondern auch ein durch das interaktionelle Feld Beeinflußter ist, dessen Beobachtungen und Deutungen nicht mehr so objektiv und unbeeinflußt sind, wie Wurmser das darstellt.

Langs (1984) beschreibt in seiner interessanten Arbeit über die Angst des Therapeuten vor validen, d.h. sich direkt auf die Übertragung beziehenden Deutungen, eine Behandlung, in der die gut gemeinte Honorarverminderung zum unbewußten Bestandteil einer therapeutischen Szene geworden war, in der der Patient neben der Erleichterung auch eine masochistische Demütigung erlebte. Es kam zu einer monatelangen Stagnation des therapeutischen Prozesses, weil die Therapeutin aus eigener Angst die Bearbeitung und Deutung der konkreten Wahrnehmungen des Patienten in der analytischen Situation vernachlässigt hatte. Sie war zum unbewußt mithandelnden Teil der pathologischen Übertragungsszene geworden, nicht deshalb, weil sie entgegenkommend und eine gute Mutter sein oder eine korrigierende emotionale Erfahrung vermitteln wollte, sondern v.a. deswegen, weil die dadurch entstandene tatsächliche Beziehung zwischen beiden nicht konkret reflektiert und in den Deutungsprozeß einbezogen wurde.

Der Begriff des Gegenübertragungs-Widerstandes kommt in der Beschreibung von Wurmser ebensowenig vor wie in der bisherigen Theorie und Technik der psychoanalytischen Behandlung, ausgenommen einigen Arbeiten aus den letzten Jahren (Blankenburg-Winterberg 1988, Ehrenberg 1985, Ermann 1984 und 1987). Der langanhaltende Übertragungswiderstand der Patientin in Form einer Abwertung der analytischen Arbeit wird von Wurmser auf dem Hintergrund ihrer Psychodynamik als Verkehrung der Beziehung zu ihrem Vater ins Aktive und als Abwehr von Scham gesehen. Er wird somit rein individualistisch konzipiert, seine Quelle ist also ausschließlich die Persönlichkeit der Patientin. Daß auch im Analytiker, insbesondere bei einer derart lang anhaltenden schwierigen Situation Widerstände entstehen können bzw. müssen, da diese Reaktionen der Patientin unweigerlich in den Analytiker eindringen und ihn trotz seiner analytischen Haltung und seines Bemühens um Verstehen verletzen, und daß solche Gegenübertragungswiderstände den Widerstand auf seiten der Patientin durchaus auch erzeugen oder aufrechterhalten können und es in besonderen Fällen sogar zu einer Übertragungs-Gegenübertragungs-Kollusion und einer Stagnation des therapeutischen Prozesses kommen kann, wurde in der traditionellen Literatur wie auch bei Wurmser nicht berücksichtigt.

Wurmser verfolgt deutlich eine andere, sehr gebräuchliche Zielrichtung. Manchmal zu sehr theoriegeleitet, greift er Übertragungsgefühle und andere Assoziationen der Patientin auf und verknüpft sie etwas gewaltsam zu Deutungen und genetischen Rekonstruktionen, die zwar einer üblichen analytischen Deutungslinie entsprechen, vielleicht durchaus auch richtig sein mögen, für die jedoch meines Erachtens das vorliegende Beweismaterial nicht ausreicht und die dem Erleben und Verstehen der Patientin so fern oder soweit voraus sind, daß sie darauf zunächst nur mit Widerstand reagiert, der aber nicht bearbeitet wird. Diesen Widerstand als Kriterium für die Richtigkeit der Rekonstruktionen anzusehen, entspräche zwar wiederum einer analytischen Tradition, wäre jedoch meines Erachtens ein Ausdruck eines analen um Macht orientierten Agierens, bei dem die unmittelbare Reaktion der Patientin nicht ernstgenommen wird. Wurmser beginnt eher zurückhaltend: "Wenn ich höre, was Sie berichten ..., frage ich mich, ob Sie nicht ein Geheimnis sexueller Art ihres Vaters oder Ihrer Mutter entdeckt haben mögen, und zwar in Wirklichkeit" (S.309). Es bleibt letztlich unklar, wie er zu dieser schwerwiegenden Rekonstruktion kommt. Auch wenn die Patientin in ihrer Reaktion eher nichtssagend konzediert, es sei "durchaus möglich, daß ich meinen Vater mit jemandem gehört oder gesehen habe" (S.310), geht sie doch sofort in den Widerstand, indem sie diese potentielle Wahrnehmung verharmlost und als ihr eigenes Mißverständnis abtut. In den darauf folgenden Interaktionen ist es beeindruckend, mit welch einer Entschiedenheit Wurmser in einem wahren analytischen par-force-Ritt der Patientin überaus gekonnt und nahtlos nachweist, daß sie ihren Vater "tatsächlich bei einem Akt der Untreue" (S.310) entdeckt habe. Er gebraucht dabei ein durchaus übliches Vorgehen, indem er versucht, die unbewußten Hintergründe der Assoziationen zu verstehen und sie der Patientin zu deuten. Wenn er allerdings irgendwann einmal die Patientin danach gefragt hätte, wie sie diese Rekonstruktionen wahrnahm, hätte er möglicherweise etwas mehr im Kontakt mit ihrem Erleben bleiben können.

Stattdessen gibt sie angesichts der gewaltigen Deutungskompetenz des Analytikes letztlich nach, zunächst noch herablassend, indem sie zugesteht, das sei "eine gute Theorie" (S.310), sich aber dann doch zunehmend damit identifizierend. Ihre Aussage in der nächsten Stunde "Wir haben etwas sehr Plausibles konstruiert, aber es läßt mich noch baumeln" könnte darauf hinweisen, daß es bis dahin eher zu einem intellektualisierten Nachvollzug der Deutungen gekommen sein könnte. Immerhin spüre sie aber eine instinktive zustimmende Resonanz (S.311). Es ist letztlich jedoch nicht zu entscheiden, ob diese Behandlungssequenz zu einer wirklichen emotionalen und mutativen Einsicht geführt hat. Es wäre durchaus auch denkbar, daß sich die Patientin wieder einmal einer übermächtigen Vaterfigur unterworfen oder sich den Eltern gegenüber angepaßt und sich i.S. eines falschen Selbst verhalten hat, wofür sie sogar noch bewundert wurde. Denn "um von ihren Eltern geliebt zu werden, mußte sie deren Mythen und deren Wahrnehmungen der Realität annehmen" (Wurmser 1988, S.313). In diesem Falle hätte Wurmser auf einer tieferen und "latenten" Ebene (Bettighofer 1994) eine zentrale pathologische Beziehungsform mitgestaltet. Wurmser fügt noch hinzu, daß die Patientin zwar nun voll gezahlt habe, sie "verwirklichte aber ihren ursprünglichen Vorsatz recht unvermittelt, nämlich die Analyse im Sommer ... abzubrechen" (S.312).

Vielleicht hatte sie diesen Entschluß gefaßt, weil sie ihren tiefen Gefühlen von Schmerz, Scham und Verlassenheit bedrohlich nahegekommen war. Vielleicht aber auch, weil sie sich von ihm nicht verstanden gefühlt hatte oder vor dem übermächtigen Vater-Analytiker fliehen mußte.

Für den Stil, mit dem Wurmser die Übertragungsanalyse durchführt, ist der anfangs oben zitierte Ausschnitt möglicherweise nicht typisch. In dieser Sequenz verweilt er im Vergleich zu anderen Sequenzen immerhin relativ lange in der gegenwärtig aktuellen Beziehung zwischen Therapeut und Patient. Häufig macht er jedoch von einer Übertragungsreaktion einen eher instrumentellen Gebrauch, z.B. um damit etwas zu konfrontieren oder um daran eine genetische Deutung anschließen zu können. Es ist erkennbar, daß die Suche nach Einsichten in psychodynamische und genetische Zusammenhänge im Dort und Damals einen deutlichen Vorrang vor der Bearbeitung von Vorgängen im Hier und Jetzt der therapeutischen Beziehung hat.

Fallschilderungen wie diese von Wurmser sind jedem Analytiker zur Genüge bekannt, fallen jedoch selten durch eine solche interessante Ausführlichkeit und lobenswerte Konkretheit auf. Durch die Art ihrer Darstellung suggerieren sie den Eindruck von einer objektiven Klarheit und Eindeutigkeit, die bei genauerem

Hinsehen in keiner Hinsicht gegeben sind und die schon von Argelander (1979) in seiner Arbeit über die kognitive Verarbeitung und Organisation des therapeutischen Geschehens im Analytiker kritisch reflektiert worden ist. Unter Bezugnahme auf die folgende kurze Fallvignette von Moeller (1976) nennt er einige in dieser Darstellung implizierte und nie reflektierte Gesichtspunkte:

"Der Patient beginnt die Stunde und redet und redet. Lebhafte und farbige Szenen. Trotz der scheinbaren Lebendigkeit und Affektivität kann ich mich nicht richtig konzentrieren, auch nicht richtig auf ihn einstellen. Ich schweife selbst ab. Mir wird dann klar, daß ich hier keine Beziehung herstellen kann. Ich verstehe jetzt, daß sich der Patient vor der Aufnahme einer Beziehung zu mir scheuen muß. Unter dem quasi korrekten analytischen Verhalten, nämlich seinen freien Assoziationen folgend, wehrt der Patient die (homosexuell getönte) Bindung zu mir ab. Ich meine, daß es sich hier um eine Gegenübertragungsreaktion handelt. Der Patient induziert sie in mir. Ich nehme damit Aspekte seines Selbst wahr." (Moeller 1976, S.148).

"Das Beispiel ist paradigmatisch, weil jeder Analytiker diese Sprache versteht und sie auch gebraucht, ohne sich darüber klar zu werden, wieviele Stufen der Erkenntnis er zusammenfassend überspringt. ... Man kann sich des Eindrucks nicht erwehren, daß die implizit dargestellten Formen von Interaktion, Kommunikation, Übertragungsvorgänge, Folgerungen und begriffliche Erläuterungen, in einen kognitiv organisierten Zusammenhang gehören, dessen funktionelle Bezüge, die sich in Erlebnissen, Handeln, Nachdenken, Erkennen usw. äußern, in einer selbstverständlichen Aussage zusammengefaßt werden, ohne sich über diese Prozesse Rechenschaft abzulegen. Sie sind in die Professionalisierung so selbstverständlich eingegangen, daß ein Problembewußtsein für sie kaum noch existiert" (Argelander 1979, S.12/13).

Moeller arbeitet hier noch mit einem spezifischen Gegenübertragungsbegriff, der "Lackmustheorie" der Gegenübertragung (König 1993), indem er von seiner Gegenübertragung einen direkten instrumentellen diagnostischen Gebrauch macht. So nimmt er an, daß sich der Patient aus Angst vor Homoerotik vor einer Beziehungsaufnahme scheut und die Bindung zu ihm abwehrt. Diese diagnostische Folgerung muß nicht unbedingt falsch sein, sie übersieht jedoch die Seite des Analytikers und die Möglichkeit, daß die Übertragung des Patienten auch eine Reaktion auf die Person und das Verhalten des Analytikers sein oder dadurch zumindest partiell beeinflußt sein könnte. Somit ist es Moeller noch nicht möglich, diese Übertragungs-Gegenübertragungs-Konstellation als Resultat eines interaktiven Prozesses zu sehen, der zugleich Anteile des Patienten wie auch der Analytikerpersönlichkeit reflektiert. Er bleibt letztlich bei der ursprünglichen Theorie der Übertragung und Gegenübertragung (Heimann 1950), wonach der Analytiker als blanke Projektionsfläche die intrapsychischen Vorgänge des Patienten in sich quasi spiegelbildlich erlebt und wonach eine irgendwie geartete Eigenbeteiligung des Analytikers wie auch ein interaktives Zusammenwirken zwischen beiden noch nicht reflektiert wird.

3   Ansätze zu einem erweiterten Konzept von Übertragung und Gegenübertragung

3.1   Die Subjektivität des Analytikers

Die hier im folgenden dargestellten Ansichten und Ansätze verfolgen nicht die Absicht, dem im letzten Kapitel dargestellten Konzept ein besseres oder richtigeres gegenüberzustellen. Vielmehr geht es darum, die bisherige Konzeptualisierung als einseitig und beschränkt zu erkennen, deren Fehlerquellen aufzudecken und Ergänzungen anzubieten, die der wirklichen Situation einer therapeutischen Beziehung gerechter werden.

Den ursprünglichen behandlungstechnischen Theorien liegt ein Konzept der analytischen Situation zugrunde, das die Interaktion zwischen Patient und Therapeut nur sehr einseitig und unvollständig erfaßt. Rangell (1954) verwendete zur Beschreibung der Position des Analytikers in dieser Situation die Metapher eines Tennisspieles, bei dem der Analytiker "wie ein Schiedsrichter" (S.741) am Spielfeldrand sitzt und den Spieler beobachtet, gerade soweit von ihm entfernt, daß er vom "magnetischen Feld" (S.741) seines Patienten noch berührt wird, sich aber nicht in eine Interaktion mit ihm hineinziehen läßt. Als objektiver Beobachter betrachtet er vom Spielfeldrand aus bzw. hinter der Couch das Geschehen auf dem Spielfeld und beurteilt es nach seinen als zuverlässig geltenden Kriterien. Eine direkte auch ihn beeinflussende Interaktion wird in dieser Konzeptualisierung für geringfügig gehalten und deshalb auch nicht eigens berücksichtigt. Um die "maximale Entwicklung" (Greenson, 1967, S.201) der Übertragungsneurose zu fördern, "wird sich der Psychoanalytiker große Mühe geben, die Übertragungssituation abzusichern und jede Beeinträchtigung zu verhindern." Insbesondere "jedes Eindringen der persönlichen Eigenschaften und Wertmaßstäbe des Analytikers wird als Faktor erkannt, der die Reichweite der Übertragungsneurose des Patienten beschränken könnte" (S.201).

Wesentlich früher hatte schon Ferenczi (1928) mit enthusiastischen Worten beschrieben, daß mit der Einführung der Lehranalyse "die Bedeutsamkeit der persönlichen Note des Analytikers" (S.382) immer mehr schwinde. "Jeder, der gründlich analysiert wurde, der seine unvermeidlichen Schwächen und Charaktereigenheiten voll zu erkennen und beherrschen gelernt hat, wird bei der Betrachtung und Behandlung desselben psychischen Untersuchungsobjekts unvermeidlich zu denselben objektiven Feststellungen gelangen und logischerweise dieselben taktischen und technischen Maßnahmen ergreifen" (S.328).

Meistens jedoch waren sich die Analytiker darüber im klaren, daß ein Eindringen persönlicher Werthaltungen nie ganz zu vermeiden ist. Lange nachdem am Berliner Institut die Analytiker zum Gruß nicht die Hand reichten und den Ehering auszogen, um die Übertragung des Patienten nicht zu kontaminieren, ist die Diskussion des persönlichen Einflusses des Analytikers noch keineswegs beendet, sondern gerade während der letzten Jahre von großer Aktualität. Die Frage, wie z.B. mit Geschenken oder oder auch nur mit Weihnachtskarten umgegangen werden kann, ist sicher heute genauso aktuell wie vor zwanzig Jahren, als Klauber (1976, S.82) seine Arbeit über "einige wenig beschriebene Elemente der psychoanalytischen Beziehung und ihre therapeutischen Implikationen"veröffentlicht hat.

3.1.1 Beobachten ist das Herstellen von Bedeutungen

In den letzten Jahren läßt sich in der Psychologie wie auch in der Psychoanalyse eine deutliche Tendenz erkennen, im Hinblick auf die Möglichkeit objektiver Erkenntnis immer mehr von einem einfachen positivistischen Ansatz abzuweichen und stattdessen eher von einem sozial-konstruktivistischen Ansatz auszugehen (Gergen 1985), der in der amerikanischen Psychoanalyse am eindeutigsten von Hoffman (1991) vertreten wird. So wurde es jahrzehntelang kaum in Zweifel gezogen, daß der Analytiker auf dem Hintergrund seiner Beobachtungen und Gedanken über den Patienten die entsprechenden Deutungen gab, zu denen er mithilfe seiner theoretischen Hintergrundsannahmen gelangt war. Er wurde stets als getrennt und unabhängig vom Patienten gesehen mit der Folge, daß ihm sein eigener Erkenntnisprozeß (Argelander 1979, Haubl u. Mertens 1996, Mertens u. Haubl 1996) die Möglichkeit zur Unterscheidung zu geben schien, was in den Fantasien und im Verhalten des Patienten der therapeutischen Situation unangemessen ist und somit qua definitione als Übertragung behandelt werden kann.

Die Wirklichkeit der therapeutischen Begegnung ist jedoch weitaus komplexer und komplizierter. Der im ursprünglichen Konzept eingenommene klare und eindeutige Standpunkt des Analytikers ist ein Kunstprodukt, das zwar die Arbeit erleichtert, jedoch nur einen Teil der Wirklichkeit erfassen kann. Insofern ist es eine zwar durchaus hilfreiche Konstruktion, deren Charakter als eine relativ beliebige Konstruktion jedoch nicht mehr erkannt und berücksichtigt werden konnte, weil sie lange Zeit ohne jeglichen Zweifel als die real existierende Wirklichkeit gegolten hat, die vom Analytiker nur objektiv abgeschaut zu werden brauchte.

Der sozial-konstruktivistische Ansatz (Herold 1995) geht davon aus, daß weder der Analytiker noch der Patient in der Lage sind, eine a priori gegebene, von ihnen unabhängige und vorgefundene Wirklichkeit zu erkennen. Vielmehr wird diese Wirklichkeit durch die Wahrnehmung und ihre neurophysiologischen und gelernten Gesetzmäßigkeiten eigentlich erst konstruiert. Eine objektive Erkenntnis ist also deshalb nicht möglich, weil jede Erkenntnis schon das Produkt eines äußerst komplexen Informationsverarbeitungsvorganges ist. Während der Beobachtung besteht zudem eine mehr oder weniger subtile Interaktion zwischen wahrnehmendem Subjekt und dem wahrgenommenen Objekt, wobei - entsprechend der Heisenbergschen Unschärferelation in der Physik - das beobachtete Objekt durch den Vorgang des Beobachtens bereits schon in sich verändert wird und somit nicht mehr in der ursprünglichen Gestalt erfaßt werden kann.

So sind in der therapeutischen Situation der Analytiker wie auch der Patient bemüht, auf dem Hintergrund ihrer eigenen Erfahrungen, ihrer Kenntnisse und den von daher abgeleiteten Erwartungen ihre jeweiligen Eindrücke und Bilder voneinander zu einem sinnvollen Bild zu konstruieren. Eine objektive Erkenntnis im Sinne des Erkennens eines objektiven und von einem selbst völlig unabhängigen Sachverhalts gibt es auch und gerade in der therapeutischen Situation nicht. Es gibt allenfalls objektive Fakten wie z.B. das äußere Erscheinungsbild von Patient und Therapeut, das analytische Setting, Honorarfragen etc., die jedoch sofort in bestehende innere Erlebnismuster oder Schemata eingeordnet werden und damit einen subjektiven Bedeutungsgehalt bekommen, ein Vorgang, der in der Entwicklungspsychologie von Piaget (1966) als Assimilation bezeichnet wird.

Wenn Therapeut und Patient zusammentreffen, entspricht diese Begegnung zunächst also eher der Situation, die der Psychologe Alex Bavelas in seinen noncontingent reward-Experimenten künstlich hergestellt hat (zit. n. Watzlawick 1981, S.13, s. Kasten). Analytiker und Patient finden sich vielfältigen Informationen, äußeren Eindrücken und inneren Erfahrungen, ausgesetzt, die sie notwendigerweise strukturieren und ordnen müssen, um sich orientieren und zurechtfinden zu können. Das Bedürfnis, das Wahrgenommene zu strukturieren und nach bekannten Mustern zu ordnen, kann mit Fosshage (1994) sicherlich als eine anthropologische Grundkonstante angesehen werden, ohne die die Orientierung und ein der jeweiligen Situation angepaßtes Verhalten nicht möglich wären.

Bei den sogenannten noncontingent reward experiments handelt es sich um Tests, in denen kein Zusammenhang zwischen dem Versuchsverhalten des Betreffenden und der Bewertung dieses Verhaltens seitens des Versuchsleiters besteht. Diese Nichtkontingenz, das heißt das Fehlen jeder Kausalbeziehung zwischen Leistung und Bewertung, ist der Versuchsperson aber nicht bekannt.

In einem von vielen derartigen Experimenten, die der Psychologe Alex Bavelas vor Jahren an der Stanford-Universität durchführte (leider aber nicht veröffentlichte), wird der Versuchsperson eine lange Reihe von Zahlenpaaren vorgelesen (zum Beispiel „31 und 80").

Nach Nennung jedes Zahlenpaars hat die Versuchsperson anzugeben, ob diese beiden Zahlen „zusammenpassen" oder nicht. Auf die nie ausbleibende, verblüffte Frage, in welchem Sinne denn diese Zahlen „passen" sollen, antwortet der Versuchsleiter nur, daß die Aufgabe eben im Entdecken der Regeln dieses Zusammenpassens liegt. Damit wird der Eindruck erweckt, es handle sich um eines der üblichen „Versuch und Irrtum"-Experimente. Die Versuchsperson beginnt also zunächst mit wahllos gegebenen „paßt"- oder

„paßt nicht"-Antworten und erhält vom Versuchsleiter natürlich zunächst fast ausschließlich „falsch" als Bewertung der Antworten. Langsam aber bessert sich die Leistung der Versuchsperson, und die Richtigerklärungen ihrer Antworten nehmen zu. Es kommt so zur Ausbildung einer Hypothese, die sich im weiteren Verlaufe als zwar nicht vollkommen richtig, aber doch immer verläßlicher erweist.

Was die Versuchsperson - wie erwähnt - nicht weiß. ist, daß zwischen ihren Antworten und den Reaktionen des Versuchsleiters keinerlei unmittelbarer Zusammenhang besteht. Der Versuchsleiter gibt die Richtigerklärungen der Antworten vielmehr auf Grund der ansteigenden Hälfte einer Gaußschen Kurve, das heißt, zuerst sehr selten und dann mit immer größerer Häufigkeit. Dies aber erschafft in der Versuchsperson eine Auffassung von der „Wirklichkeit" der den Zahlenpaaren zugrundeliegenden Ordnung, die so hartnäckig sein kann, daß an ihr auch dann festgehalten wird, wenn der Versuchsleiter ihr schließlich erklärt, daß seine Reaktionen nichtkontingent waren. Gelegentlich nimmt die Versuchsperson sogar an, eine Regelmäßigkeit entdeckt zu haben, die dem Versuchsleiter entgangen ist.

Die Versuchsperson hat also im wahren Sinne des Wortes eine Wirklichkeit erfunden, von der sie mit Recht annimmt, sie gefunden zu haben. Der Grund für diese Überzeugung liegt darin, daß das so konstruierte Bild der Wirklichkeit in die Gegebenheiten der Testsituation paßt, was nur bedeutet, daß es mit diesen Gegebenheiten nicht in Widerspruch steht. Es bedeutet aber keineswegs, daß das Bild daher auch stimmt, das heißt, daß es die den Zahlenpaaren (vermeintliche) zugrundeliegende Ordnung in ihrem So-Sein richtig wiedergibt. Denn welche Beziehung auch immer die Versuchsperson zwischen den Zahlen „herausfindet" kommt deswegen auch nicht im entferntesten an ein Erkennen der tatsächlichen Versuchsanordnung heran, da in dieser von Anfang an keine solche Beziehung besteht.

Von Glasersfeld (1981), ein Vertreter des sog. radikalen Konstruktivismus, schreibt in diesem Sinne:

"Wissen wird vom lebendigen Organismus aufgebaut, um den an und für sich formlosen Fluß des Erlebens soweit wie möglich in wiederholbare Erlebnisse und relativ verläßliche Beziehungen zwischen diesen zu ordnen. Die Möglichkeiten, so eine Ordnung zu konstruieren, werden stets durch die vorhergehenden Schritte in der Konstruktion bestimmt" (S.37).

Der entscheidende Mangel in bisherigen Konzeptionen bestand darin, daß die konstruierte Erfahrung, zumindest auf seiten des Analytikers, für eine relativ objektive Abbildung der gegebenen Wirklichkeit gehalten wurde. Dagegen wurden die Erfahrungen des Patienten in der therapeutischen Situation immer schon als Projektion innerer Erlebnismuster und somit nur als bedingt objektiv und adäquat angesehen, auch wenn während der letzten Jahre dem Patienten zunehmend zugestanden wurde, daß sich in seinen Fantasien über den Analytiker auch durchaus realistische und nicht durch Projektionen entstellte Wahrnehmungen finden lassen (Gill 1982, Smith 1990, Thomä 1984).

Beobachtung wird also von vorhandenen Hintergrundmustern gesteuert und führt zu Ergebnissen, die diesen Mustern bereits inhärent sind und wie im Wiederholungszwang dieses zugrundeliegende Ordnungsschema bestätigen und verstärken können. Das konnte auch der Sozialpsychologe Rosenhan (1973) in einer bekannten Untersuchung zeigen, in der sich gesunde Mitarbeiter von ihm in psychiatrische Kliniken einweisen ließen und angaben, daß sie Stimmen hörten und Behandlung bräuchten. Bald nach Aufnahme gaben sie an, keine Symptome mehr zu haben und verhielten sich wieder normal. Die ihnen anhaftende Diagnose "Schizophrenie" hatte jedoch zur Folge, daß auch die in einer normalen Umgebung angemessenen Verhaltensweisen bei diesen Pseudopatienten als Bestätigung für die ursprüngliche Krankheitsdiagnose gewertet wurden. Daß keiner von diesen Pseudopatienten als Simulant erkannt wurde, zeigt auf eine drastische Weise, welch geringe Informationen schon ausreichen, um eine globale Wahrnehmungseinstellung mit den entsprechenden Erwartungen zu schaffen. Diese Wahrnehmungseinstellung beeinflußt wiederum erheblich, wie die darauf folgenden Beobachtungen interpretiert werden. Diese so konstruierten Wahrnehmungen werden dann als vorgefundene "Wirklichkeit" verstanden.

Das Bedürfnis des Menschen, seine Erfahrungen zu organisieren und sinnvolle Bedeutungszusammenhänge zu suchen, ist geradezu überwältigend. Wie aus der Wahrnehmungspsychologie schon lange bekannt ist, beginnt dieser Prozeß bei der Erkennung relativ einfacher Zeichen, wobei auch hier schon ein komplexes Zusammenwirken vieler Nervenzellen erforderlich ist. Offensichtlich sind unser Nervensystem und die Gehirnzellen so konstruiert, daß schon auf dieser noch relativ niedrigen Ebene Organisierungs- und Mustererkennungsprozesse ablaufen. So wird z.B. ein und dasselbe jeweils in der Mitte stehende Muster (Abb.1) ganz in Abhängigkeit von dem jeweiligen Kontext, in dem es vorkommt, unterschiedlich gedeutet.

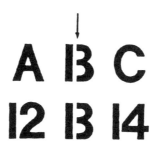

Abb.1: Kontextabhängigkeit der wahrgenommenen Bedeutung
(aus: Kebeck 1994, S.69)

3.1.2 Die Person des Analytikers

Diese einfache Darstellung (Abb.1) entspricht der Situation des Analytikers, wenn er mit einem Patienten zusammen ist und aus der Fülle der verbalen und nonverbalen Informationen sinnvolle Zusammenhänge zu erkennen versucht. Da er allerdings, wie oben beschrieben wurde, nicht einfach nur offen zutage liegende Bedeutungsmuster im Sinne von objektiv vorgegebenem Material zu erkennen braucht, wäre es richtiger zu sagen, daß er sinnvolle Bedeutungen zu konstruieren und anschließend im Gespräch mit dem Patienten zu überprüfen versucht. Auch eine Übereinstimmung zwischen beiden berechtigt noch nicht, von einer objektiven Wahrheit im positivistischen Sinn zu sprechen. Es handelt sich lediglich um eine konsensuelle Wirklichkeitskonstruktion, die für das behandlungstechnische Vorgehen jedoch völlig ausreichend ist. In der Praxis dürfte es deshalb sekundär sein, ob eine Deutung "objektiv" richtig ist. Von größerer Bedeutung ist zunächst, ob sie zum Bedürfniszustand des Patienten paßt und ob er sie für sich verwerten kann. Insofern kann sogar von einer "falschen" Deutung eine therapeutisch hilfreiche Wirkung ausgehen. Psychoanalyse strebt in ihrem heutigen Verständnis nicht mehr die Erkenntnis einer a priori vorgegebenen Wahrheit an, vielmehr geht es ihr um das Auffinden subjektiver "Wahrheiten", also um die jeweiligen Wirklichkeitskonstruktionen und Narrative des Patienten (Spence 1982, 1986).

Das mittlere Zeichen (Abb.1) bekommt seine Bedeutung durch seinen Kontext. Auch der Therapeut befindet sich während seiner Arbeit unter dem Einfluß von vielfältigen Kontextbedingungen. Dazu zählen seine eigene Persönlichkeit sowie die Person des Patienten, ebenso auch die Beziehung, die sich zwischen beiden auf dem Hintergrund psychoanalytischer Rahmenbedingungen (Bleger 1966, Körner 1995) entwickelt.

Die Kontextbedingung, die hier an erster Stelle betrachtet werden soll, und die über viele Jahre hinweg durch so einflußreiche Konzepte wie Neutralität und Abstinenz wenig berücksichtigt worden ist, ist die Person des Therapeuten. Im deutschen Sprachraum war es Thomä (1981, 1984), der mit Gill (1982) forderte, die Illusion von der Passivität des Analytikers aufzugeben und zu erkennen, daß selbst der Versuch, passiv, neutral und abstinent zu bleiben, als eine Form von Aktion zu betrachten ist, die einen bedeutsamen Einfluß auf den Patienten und seine Übertragung ausübt. Das kommunikationstheoretische Axiom, daß man "nicht nicht kommunizieren" könne (Watzlawick et al. 1969), weist darauf hin, daß selbst das Bemühen des Analytikers um Neutralität eine Handlung ist, die einen Effekt auf den Patienten hat und unweigerlich dessen Übertragung beeinflussen wird.

3.1.3 Der Therapeut und seine Werthaltungen und Konzepte

Die Person des Analytikers als Kontextbedingung einzuführen, bedeutet zuzugestehen, daß seine Erkenntnisleistung wesentlich von seiner eigenen Persönlichkeit geprägt wird. Mertens (1990) hat in seiner zusammenfassenden Darstellung die analytische Erkenntnishaltung so detailliert und umfassend beschrieben, daß dem nichts weiter hinzuzufügen ist. Demnach stellen theoretisches Wissen und Arbeitsmodelle, kognitive Aktivität, empathisches Mitgehen und eigene Selbst- und Lebenserfahrung den Hintergrund bzw. den inneren Kontext für die Arbeit des Analytikers dar. Aus diesen Quellen bezieht er seine Ideen, mit deren Hilfe er im Material des Patienten nach sinnvollen Zusammenhängen suchen kann (Cooper 1996, König 1996).

Ein weitgehend vernachlässigter Faktor, der bei der Sinnkonstruktion eine große Rolle spielt und z.B. beeinflußt, was der Analytiker aufgreift und deutet, sind seine Werthaltungen und die implizit getroffenen Entscheidungen, die sein therapeutisches Vorgehen mehr oder weniger lenken. Viele Werthaltungen sind ichsynton und entziehen sich daher einer gezielten Reflexion.

Derartige Werte können rein persönlicher Natur sein. So wird die Einstellung eines Therapeuten zu Partnerschaft und Trennung sowie seine eigene Lebenserfahrung möglicherweise erheblich bestimmen, welche Deutungslinien er bei einer mit ihrem Ehemann sehr unzufriedenen Patientin verfolgen wird, wie er sich bei ihr einen therapeutischen Fortschritt vorstellt (Cooper 1996) und durch welche subtilen Signale er ihr dies vermittelt.

Viele Werthaltungen beziehen sich auch auf das Regelsystem der analytischen Technik, das nur scheinbar den Eindruck vermittelt, in seiner Herkunft objektiv und bei der Behandlung von allgemeiner Nützlichkeit zu sein. Viele Behandlungsregeln sind vermutlich in schwierigen therapeutischen Situationen entstanden, konnten dem Analytiker als ad-hoc-Lösung dienlich sein und haben sich im Laufe der Zeit verselbständigt.

Inzwischen wird z.B. auch ein lange Zeit fraglos als sinnvoll betrachtetes Konzept wie das der therapeutischen Ich-Spaltung kritisch reflektiert und bedacht, ob es möglicherweise nicht auch dazu dienen könnte, die manchmal heftige Emotionalität des Patienten einzudämmen. Körner (1989) weist darauf hin, daß Sterba (1934) dieses Konzept in einer schwierigen Behandlungssituation entwickelt hat. Sterba sah sich auf dem Hintergrund einer eigenen Übertragung von den intensiven Liebesgefühlen einer Patientin überwältigt und versuchte, sich über dieses Konzept eine "Insel der Betrachtung vom Agieren" (Sterba 1934, S.72, zit. n. Körner 1989, S.389) zu verschaffen, um Raum für die Bewältigung der heftigen Emotionen zu haben. Von dieser Entstehungsgeschichte abstrahiert, wurde die Fähigkeit zur therapeutischen Ich-Spaltung in der Folgezeit in den tradierten Kanon der analytischen Behandlungstechnik aufgenommen und dadurch einer weiteren Reflexion und Überprüfung entzogen. Mithilfe dieses Konzepts entscheiden aber auch noch heute manche Analytiker über die Eignung eines Patienten für die analytische Behandlung. Fragwürdig wird ein solches Vorgehen vor allem dann, wenn ein solches Konzept wie eine naturwissenschaftliche Gesetzmäßigkeit gehandhabt wird. Denn dann wird nicht mehr in Betracht gezogen, inwieweit die Betonung der therapeutischen Ich-Spaltung unter Umständen Ausdruck eines technik-immanenten Gegenübertragungswiderstandes sein könnte und insofern mehr dem Schutz des Analyikers als der Entwicklung des Patienten dient.

In der analytischen Standardtechnik wie auch in den von ihr abgeleiteten Behandlungsverfahren gibt es viele implizite Wertentscheidungen dieser Art, die die Arbeitsweise des Therapeuten und seine Deutungen steuern.

In einer erst kürzlich erschienenen Arbeit zu einer Ethik der psychoanalytischen Technik zeigt Treurniet (1996) sehr eindrücklich, daß solche der konkreten Behandlungstechnik zugrundeliegenden Wertentscheidungen relativ stabil sind und sich oft über eine lange Zeit halten können. Treurniet weist jedoch darauf hin, daß die Psychoanalyse sich gerade während der letzten Jahre in einem intensiven Wandlungsprozeß befindet, in dem solche impliziten Werthaltungen allmählich der Reflexion zugänglich werden und grundlegende theoretische und behandlungstechnische Konzepte einer Überprüfung unterzogen werden.

So sind heute vermutlich nur noch wenige Analytiker der Meinung, daß die Begriffe von Abstinenz, Neutralität und Spiegelhaltung in der ursprünglich vertretenen Form in der Lage sind, die damit gemeinten Haltungen und Prozesse in der realen therapeutischen Begegnung auch nur annähernd zu erfassen. In den letzten Jahren ist der Mut gewachsen, psychoanalytische Theorie und behandlungstheoretische Konzepte an der realen Paxis zu validieren. Von Thomä werden die nach wie vor äußerst umstrittenen Tonbandaufnahmen favorisiert (Thomä und Kächele 1985), um die Interaktion zwischen Therapeut und Patient zu untersuchen und das Ideal der Analyse mit ihrer Realität zu versöhnen (Cremerius 1990).

In weiten Kreisen der Psychoanalyse läßt sich eine Tendenz zur Deidealisierung der Psychoanalyse und ihrer Konzepte und Theorien (Cooper 1993) feststellen. Auch die angestrebten hohen Behandlungsziele unterliegen allein schon durch den Einfluß der Krankenkassenregelung einer allmählichen Veränderung. Heilungsideale wie das sog. Durchanalysiertsein, das Erreichen von Ganzheit, Reife, Individuation, Selbstverwirklichung, Autonomie und des sog. genitalen Charakters werden zunehmend als Ideale erkannt, die auch in einer hochfrequenten Langzeitanalyse letztlich unerreichbare Utopien bleiben. Blomeyer (1989) stellt diesen "Reifungsphantasien" die "praktische Zielsetzung" als realistische Alternative gegenüber, wo es nicht mehr um Heilung und die darin oft implizierte Fantasie eines harmonischen und relativ konfliktfreien Lebens gehe.

Dieser allmähliche Wertewandel hat weitreichende Konsequenzen auch für die Behandlungstechnik. Ein kurzes Beispiel dazu soll genügen. Lange Zeit, jedoch auch noch heute, sollte angestrebt werden, den Analysanden - durch Deutungen - am Ausagieren zu hindern, und große Lebensentscheidungen sollten bis zum Ende der Analyse aufgeschoben werden.

Eine Patientin die an einer schweren schizoiden Beziehungsstörung gelitten hatte, war nach zweijähriger Analyse soweit, daß sie eine Partnerschaft eingehen konnte. Sie lernte einen Mann kennen, zu dem sie die Beziehung trotz weiterbestehender innerer Konflikte dauerhaft aufrechterhalten konnte, womit sie recht zufrieden war. Das kann einerseits als ein schöner Erfolg für die Patientin und die gemeinsame Arbeit mit der Analytikerin bewertet werden. Mit gleichem Recht könnte man aber auch behaupten, daß es sich hier vielleicht doch nur um das Ausagieren einer positiven oder negativen Übertragung handelt. In einem solchen Dilemma befinden sich Psychotherapeuten sehr häufig. Da beide Argumentationen für sich genommen richtig sein können, ist es letztlich immer auch eine Frage der persönlichen Gewichtung des Psychoanalytikers, hier eher den Reifungs- oder den Abwehraspekt zur Leitlinie seines Vorgehens zu machen. Der Patient wird dies vermutlich spüren und entsprechend seiner Struktur und seiner momentanen Übertragungsbereitschaft darauf reagieren.

Werte und theoretische Konzepte

Große Abweichungen in der Sichtweise und der zugehörigen Behandlungstechnik ergeben sich naturgemäß bei Vertretern verschiedener psychoanalytischer Strömungen, die ein- und dasselbe Phänomen entsprechend ihren eigenen Theorien unter Umständen ganz verschieden deuten.

So geht Melanie Klein in ihrer Entwicklungstheorie von der These einer angeborenen Aggression aus, die das Kind auf die Mutter projiziert, die dadurch zur verfolgenden bösen Mutter wird. In Anlehnung an diese These empfiehlt Kernberg (1993) bei der Behandlung von Borderline-Patienten, schon früh die Aggression des Patienten zu deuten. So faßt er das Mißtrauen des Patienten schon beim ersten Kontakt als Hinweis dafür auf, daß dieser seine abgespaltene Aggression auf den Therapeuten projiziert und diesen deshalb als bedrohlich erlebt. In einer anderen Situation empfiehlt er folgende Deutung: "Sie haben immer leiser gesprochen, obwohl ich Sie wiederholt darauf aufmerksam gemacht habe, daß ich Sie nicht verstehen kann. Das paßt zu meinem Eindruck, daß Sie wütend auf mich sind" (Kernberg 1993, S.101). Es bedarf sicherlich keiner langen Erörterung, daß sowohl das Mißtrauen als auch die leise Sprechweise des Patienten anders interpretiert werden könnten, z.B. als Anzeichen einer klassischen Übertragung. Für die Behandlungstechnik von Kernberg ist entscheidend, daß er sich insbesondere in seinen ersten großen Werken offensichtlich der Theorie M. Kleins anschließt und in seiner Entwicklungstheorie ebenfalls von einem erhöhten Aggressionspotential des Kindes ausgeht, das die guten und liebevollen Beziehungsanteile zur Mutter zu zerstören droht und deswegen abgespalten bleiben muß. Inwieweit dieses erhöhte Aggressionspotential nicht primär genetisch bedingt ist, sondern von einer bei Borderline-Patienten sehr traumatischen und von Unberechenbarkeit geprägten frühkindlichen familiären Situation herrührt, wird meines Wissens von Kernberg zwar gestreift, in seiner theoretischen Konzeptualisierung jedoch nicht genügend berücksichtigt. Diese theoretische Konzeption ist die Grundlage für Kernbergs eher konfrontative Behandlungstechnik bei Borderline-Störungen.

Eine ganz andere Konzeptualisierung von Aggression und ihren Entstehungs-
bedingungen vertreten demgegenüber die Selbstpsychologen, nach deren Vorstellungen Aggressivität kein Trieb, sondern vorwiegend die Folge von traumatisierenden Erfahrungen ist. Die Entwicklung der Selbstpsychologie im Anschluß an
die grundlegenden Arbeiten von Kohut (1971, 1977) führte demnach auch zu einer grundlegenden Änderung im therapeutischen Vorgehen. Idealisierung und
insbesondere primitive und sehr ausgeprägte Idealisierung des Analytikers durch
den Patienten wurde von triebtheoretischer und ich-psychologischer Seite in erster Linie als Abwehr gesehen, die dem Patienten als Widerstand und als Störung
des Realitätssinns gedeutet wurde. Er wurde damit konfrontiert, daß er seine
Idealisierung und seine Wünsche an die ideale Mutter aufgeben und sich damit
abfinden müsse, daß es diese ideale Mutter nicht gebe. Er müsse auch seine über-
höhten Ansprüche an sich selbst einschränken und sich mit seiner Mittelmäßig-
keit versöhnen. Kohut (1971) erwähnt bezüglich der Gegenübertragung die
"häufig anzutreffende Neigung des Analytikers, auf die narzißtischen Fixierungen des Analysanden mit gereizter Ungeduld zu reagieren" (S.255), und zu
schnell mit genetischen und dynamischen Deutungen zu reagieren, indem etwa
gleich nach einer idealisierten Person der Kindheit geforscht oder hinter der
Idealisierung eine abgewehrte feindselige Neigung vermutet wird. Kohut (1971)
beschreibt in seinem Buch viele, zum Teil sehr subtile Möglichkeiten, die Idealisierung des Patienten abzuwehren oder abzuwerten. Nach Kohut ist es - wenn
der Patient sich nicht einfach an die Forderungen des Analytikers anpassen soll - ,
"für lange Zeit ein Fehler, dem Patienten klar zu machen, daß seine Erwartungen
unrealistisch sind" (1971, S.204). Idealisierung und Größenselbst sind für ihn
keine pathologischen Produkte, sondern phasenadäquate kindliche Strukturbil-
dungen, deren allmähliche Entfaltung er in der Übertragung mit empathischer
Einfühlung fördert und analysiert und damit über eine umwandelnde Verinnerli-
chung zur allmählichen Strukturbildung im Bereich des Selbst beiträgt.

Diese Gesichtspunkte sind weit davon entfernt, obsolet zu sein und waren auch
nicht nur in der Narzißmus-Diskussion der siebziger und achtziger Jahre relevant.
Erst kürzlich konnte Fosshage (1990) in seiner Arbeit deutlich zeigen, daß die
meisten der seinen Fall kommentierenden Analytiker "Idealisierung primär als
eine Abwehr gegen Schuld und Aggression oder gegen eine negative Übertragung" (S.604) interpretierten.

Werte, theoretische Konzepte und Behandlungstechnik

Bennett Simon (1993) hatte die Gelegenheit, die Analyse bei vier verschiedenen
Analytikern zu machen. Alle vier gehörten dem Mainstream der Amerikanischen
Psychoanalyse an und waren in klassischer Analyse ausgebildet. Ihrem Bericht
zufolge waren diese Analytiker hinsichtlich ihrer Persönlichkeiten und ihres Ar-
beitsstiles sehr verschieden. Sie wurden von ihr auch sehr unterschiedlich erlebt,
was sich auch in den therapeutischen Veränderungen niederschlug. So zeigte sich

eine wesentliche Differenz darin, ob vorwiegend in der Übertragung gearbeitet oder eher die Zusammenhänge außerhalb der Übertragung gedeutet wurden. Auch hinsichtlich der Traumbearbeitung, der Rekonstruktion der Kindheit, der Erwähnung politischer Ereignisse und auch der Selbstoffenbarung des Analytikers verhielten sich die vier Analytiker höchst variabel und in einem sehr persönlichen Stil.

Auch Klauber (1967) berichtete schon von einem Patienten, der ohne eigenes Verschulden drei verschiedene Analytiker gehabt hatte und diese Erfahrung folgendermaßen kommentierte: "Es ist außerordentlich lehrreich, auf welchen persönlichen Gewohnheiten von unsereinem der einzelne Analytiker besonders herumreitet" (S.151).

Klauber war in seinen Einsichten über den Einfluss der Analytiker-Persönlichkeit vielen Kollegen weit voraus und beschrieb damals den folgenden Fall:

"Eine Frau mit Sexualhemmungen ist mit einem erfolgreichen Geschäftsmann verheiratet, der aber sowohl in seinen Sexualfunktionen wie in verschiedenen Charakterzügen sehr unzuverlässig ist. Ihre erste Analyse in einem anderen Lande hatte dazu geführt, daß sie selber eine größere Freiheit in ihrem Sexualverhalten gewann, aber von ihrem Ehemann keine Befriedigung erhalten konnte, so daß sie ein Liebesverhältnis mit einem Mann aus niedrigeren Sozialverhältnissen anfing. Die Deutungen des ersten Psychoanalytikers waren darauf ausgerichtet gewesen, sie zur Aufgabe dieses Liebesverhältnisses zu bewegen, das er mit Recht als Ausagieren von Übertragungsfantasien betrachtete. In diesem Moment mußte das Ehepaar aus beruflichen Gründen nach England übersiedeln. Die Patientin begann dort eine zweite Analyse und gab schon ziemlich zu Anfang zu verstehen, daß die Ansicht ihres zweiten Analytikers über ihr Liebesverhältnis ganz anders sei als die des ersten. Dieser zweite Analytiker meinte zwar auch, daß ihre Liaison Übertragungsfantasien ausdrückte, bestätigte aber in seinen Deutungen, daß sie zugleich mit der Milderung ihrer Sexualhemmungen eine größere Entscheidungsfreiheit ihres Ichs gewonnen habe, und hatte Verständnis für ihr Bedürfnis nach sexueller Erfüllung" (Klauber 1967, S.150).

Streeck (1986) hat diese Fragestellung weniger novellistisch beschrieben, sondern sie in einem kleinen wissenschaftlichen Projekt systematischer untersucht. Dazu wurde ein Ausschnitt des Verbatimprotokolls einer psychoanalytischen Sitzung angefertigt und drei Lehranalytikern vorgelegt. Diese stimmten in wesentlichen theoretischen und technischen Grundpositionen überein und sollten sich voneinander unabhängig über die in diesem Abschnitt zum Tragen kommenden Konflikte des Patienten und den Verlauf äußern. Zusätzlich sollten sie auch noch einen eigenen Interventionsvorschlag machen. Wer Fallkonferenzen über Patienten kennt, ist sicher nicht überrascht über die verschiedenen Gesichtspunkte, die bei der Kommentierung durch die drei Analytiker herausgearbeitet wurden. Hinsichtlich des technischen Vorgehens gab es sogar zwei diametral unterschiedliche Standpunkte. Zwei von ihnen stimmten in etwa darin überein, daß der Patient das Bedürfnis nach Angenommensein zum Ausdruck bringe. Deshalb schlug einer von ihnen vor, eher früh und öfters zu intervenieren und den Patienten mit kleinen Äußerungen empathisch anzuregen und zu begleiten, um "die Sache ins Laufen" (S.105) zu bringen. Der dritte hingegen sah in diesem Stundenprotokoll eher einen analen Ambivalenzkonflikt wirken und würde es daher vorziehen, abzuwarten und zu schweigen, um die Spannung anwachsen zu lassen, "damit der Patient seine Kritik und seinen Ärger noch deutlicher spüren könne" (S.105).

Es wurde in dieser Untersuchung sehr deutlich, daß sogar theoretisch identische behandlungstechnische Konzepte in der Privatheit des Behandlungszimmers sehr unterschiedlich umgesetzt wurden. Es wäre deshalb nach Streeck (1986) sehr wünschenswert, nicht nur in allgemeiner und in Theoriesprache über komplexe Sachverhalte zu reden, sondern über die tatsächliche Vielfältigkeit der Erfahrungen und über die diesen zugrundeliegenden Hintergrundsannahmen zu debattieren.

Schon eine offensichtlich so eindeutige und einfache Maßnahme wie die Einführung der Grundregel bietet ganz verschiedene Mögichkeiten in der konkreten Umsetzung, wie Thomä und Kächele (1985, S.232 ff.) in ihrer Diskussion zeigen. Wenn man der Grundregel ihren Wert nicht weitgehend abstreitet und sie als eine obsolete, weil aus einem alten überholten Behandlungsparadigma stammende, technische Maßnahme betrachtet (wie z.B. von Schlieffen 1983), liegen ihrer jeweiligen konkreten Umsetzung einige Fragestellungen zugrunde, die jeder Analytiker implizit und vorbewußt auf dem Hintergrund irgendeiner privaten oder allgemeinen Theorie und anderen Wertentscheidungen bereits für sich beantwortet hat. Solche Fragestellungen könnten u.a. sein (nach einer Anregung von E. Frühmann 1994):
1. Wann führe ich die Grundregel ein?
   Warum gerade zu diesem Zeitpunkt?
2. Wie führe ich sie ein?
3. Mit welcher Formulierung?
4. Warum genau auf diese Weise und nicht anders?
5. Welche Absicht verfolge ich dabei?

Auch Simon (1993) plädiert auf dem Hintergrund ihrer Erfahrungen mit Nachdruck dafür, den großen Spalt zwischen dem tatsächlichen Geschehen in den Behandlungen und der offiziellen Darstellung in Fallkonferenzen und insbesondere auch in der behandlungstechnischen Literatur durch konkrete Behandlungsberichte zu verringern. Die Überich-Angst der Analytiker, die Befürchtung, nicht analytisch zu arbeiten und aus der psychoanalytischen Gemeinschaft ausgeschlossen zu sein, scheint nach wie vor weltweit (s. Simon 1993) so groß zu sein, daß vermutlich viele der publizierten Fallberichte nur bedingt als authentische Berichte des tatsächlichen therapeutischen Geschehens gelesen werden können, weil kritikträchtige Interventionen aus didaktischen oder aus Sicherheitsgründen weggelassen werden.

Diese Unsicherheiten und Ängstlichkeiten offensichtlich vieler Analytiker hängen vermutlich damit zusammen, daß sie sich im Kontakt mit dem Patienten in einem interpersonellen Feld befinden, das relativ viele Auffassungen zuläßt. Therapeuten sind deshalb durchaus bereit, ihr Vorgehen an den spezifischen Erfordernissen des jeweiligen Patienten auszurichten (Sandler 1983). Der Analytiker "wird seine Technik so modifizieren, daß sich die bestmögliche analytische Arbeitssituation entwickeln kann. Dazu muß er sich in angemessener Weise mit seinem Patienten entspannt und informell fühlen und von der "Standard"-Technik manchmal ziemlich abweichen. Mit seinem Vorgehen kann er sich so lange wohl fühlen, wie es privat bleibt und nicht öffentlich wird." (Sandler 1983, S.584).

Häufig stehen Therapeuten in einer Sitzung vor der Entscheidung, welchen Gedanken sie aufgreifen sollen, ob sie etwas sagen oder lieber schweigen sollen. Ist es sinnvoller, eine Lücke, die der Patient durch das Zurückhalten einer Assoziation läßt und damit dem Therapeuten das Verständnis einer Situation erschwert, zu deuten oder diese Lücke gleich mit einer direkten Frage zu schließen? Was ist zu tun, wenn der Patient im Zuge einer negativen Übertragung, die vielleicht zudem noch das Erleben von positiven Abhängigkeitsgefühlen verhindert, erzählt, er habe im Fernsehen von wissenschaftlichen Untersuchungen gehört, daß Psychoanalyse bei psychosomatischen Beschwerden, wie er sie auch habe, überhaupt nicht helfen könne? Soll das ausschließlich im Hinblick auf die Übertragung gedeutet werden oder kann es unter Umständen auch sinnvoll sein, zur Polemik gegen die Psychoanalyse sachlich Stellung zu nehmen?

Der der Selbstpsychologie nahestehende amerikanische Psychoanalytiker Fosshage hatte klinisches Material über eine Behandlung zur Kommentierung an Analytiker verschiedener Schulrichtungen gegeben. Exemplarisch schieden sich die Geister an einem sog. "Cadillac-Vorfall". Fosshage hatte auf die Frage einer Patientin, ob der vor der Praxis stehende Cadillac ihm gehöre, direkt verneinend reagiert und war insofern von der analytischen Standardtechnik abgewichen (Fosshage 1990, S.605). Er betont ausdrücklich, daß er die Frage auch dann, wenn das Auto ihm tatsächlich gehört hätte, direkt beantwortet hätte, weil er auf dem Hintergrund der aktuellen Übertragungs-Situation die Ausdrucksfähigkeit der Patientin fördern und nicht entmutigen wollte und weil er der Analyse von Kritik und Wut den Vorrang einräumte und dies nicht vermeiden wollte.

Von seinen Mitdiskutanten bekam Fosshage zahlreiche sehr kontroverse Stellungnahmen. Burland und Mitchell hielten seine Reaktion für ein Gegenübertragungs-Agieren mit dem Ziel, sich selbst als gutes Objekt zu erhalten und die Konfrontation mit der negativen Übertragung zu umgehen. Aber gerade die weitere Äußerung von Anteilen einer negativen Übertragung hatte Fosshage ja wiederum durch sein Vorgehen fördern wollen und dieses seiner Ansicht nach auch erreicht. Curtis war der Meinung, daß Fosshage irrtümlicherweise die narzißtische Verletzbarkeit der Patientin in den Vordergrund seiner Betrachtung gerückt habe. Deshalb habe er ihre narzißtische Abwehr der Idealisierung verstärkt anstatt sie mit ihrer Wut zu konfrontieren. Fosshage betont ausdrücklich, daß er nicht die Vermeidung der kritischen Gefühle im Sinn hatte. Die anschließenden Reaktionen und Äußerungen der Patientin hätten auch deutlich gemacht, daß er sie mit seinem Vorgehen erst ermutigt habe, ihre kritischen Gedanken über den Analytiker etwas angstfreier zu äußern (Fosshage 1990,S.606 f.).

Die entscheidende Frage in einer solchen Situation ist laut Fosshage, welches Vorgehen dem Fortgang der Therapie und der Entwicklung des Patienten eher nützt. Diese Entscheidung ist sehr einleuchtend und kann in dieser Form allgemein unterstützt werden. Immer mehr Analytiker sind heute abgekommen von einem rein an Regeln orientierten Vorgehen und geben an, sich wesentlich flexibler und der jeweiligen Situation angemessen zu verhalten. Sie betonen, daß z.B. die Beantwortung einer Frage davon abhänge, in welcher Übertragungs-Situation sie gestellt werde. Das wiederum setzt jedoch eine sehr schnelle Einschätzung der therapeutischen Situation, der aktuellen Übertragungssituation und der Psychodynamik des Patienten voraus. Auch dafür liegen jedoch keine klaren Kriterien vor, auf die der Therapeut zurückgreifen könnte. Deshalb setzen gerade an diesem Punkt die verschiedenen Konstruktionsversuche der einzelnen Analytiker an. Zudem wird dann auf der Basis des jeweiligen theoretischen Hintergrundes sehr unterschiedlich beurteilt, was dem Patienten in dieser speziellen Situation helfen könnte. Bacal (1985) führt den Begriff der "optimalen Antwortbereitschaft" ein, in der er die Verantwortung des Analytikers dafür sieht, die vom Patienten in der jeweiligen Situation benötigte Intervention zu geben. Allerdings liegt es wiederum allein im subjektiven Ermessen des Analytikers, was er in einer gegebenen Situation als "optimal" ansieht, ob er z.B. bei einem stark regredierten Patienten eine Deutung für erforderlich und ausreichend hält oder ob er sich dafür entscheidet, ihm einen Finger oder seine Hand als Halt zu geben, wie das Kohut bei einer Patientin (1981, zit. n. Bacal 1985, S.215) und offensichtlich auch Freud bei Marie Bonaparte (zit. n. Bacal 1985, S.215) getan hatten. Um zwischen Frustration und reiner Übertragungsbefriedigung für die optimale und die emotionale Präsenz des Analytikers vermittelnde Antwort zu sorgen, hat Melanie Klein ihrer Patientin Eva Rosenfeld (1966) sogar ein Glas Sherry während der Sitzung gegeben (zit. n. Bacal, S. 215).

Mit seinem Konzept der "interaktiven Matrix" versucht Greenberg (1995), eine Grundlage für die Einschätzung der aktuellen therapeutischen Situation zu schaffen, um eine bessere Ausgangsbasis für die Wahl der jeweiligen Intervention zu schaffen. Aufgrund der subjektiven Natur dieser Erkenntnisprozesse kann es jedoch auch diesem Ansatz letztlich nicht gelingen, eine einigermaßen objektive Grundlage für die Beurteilung der therapeutischen Situation zur Verfügung zu stellen.

Statt die subjektive Natur der Konstruktion von Sinn und Bedeutung auch auf seiten des Analytikers anzuerkennen und somit letztlich die relative Beliebigkeit der Interventionsmöglichkeiten zu reflektieren, wird in der öffentlichen Debatte behandlungtechnischer Konstrukte nach wie vor ein rigides Regelsystem vertreten, das den Tatsachen in keiner Weise gerecht wird und das in den realen behandlungstechnischen Situationen oft keine wirkliche Hilfe darstellt. Die Brisanz der oben zitierten "optimalen" therapeutischen Maßnahmen zeigt sich auch darin, daß sie nur im relativ privaten Rahmen und in biographischen Zusammenhängen preisgegeben, in der öffentlichen behandlungstechnischen Diskussion jedoch verleugnet werden oder ihnen bestenfalls ein Ausnahmecharakter zugestanden wird. So hat keiner der oben genannten Autoren mit Ausnahme von Balint (1968) in seinem Buch über die emotionale Grundstörung, solche Maßnahmen berichtet und sie hinsichtlich des therapeutischen Umgangs mit Patienten in regressiven Zuständen reflektiert.

Es wäre eine große Erleichterung, v.a. auch für in Ausbildung befindliche Analytiker, wenn anerkannt würde, daß viele Gedanken über einen Patienten und deshalb notgedrungen auch die publizierten Berichte und Fallvignetten letztlich subjektive Ansichten darstellen, die deswegen aber nicht falsch sind.

Es läßt sich in diesem Zusammenhang die interessante Frage aufwerfen, wie die Aussagekraft eines mit Hilfe eines Gedächtnisprotokolls vorgetragenen Fallberichts einzuschätzen ist. Stellt es einen zuverlässigen Bericht darüber dar, was in einer therapeutischen Sitzung tatsächlich geschehen ist? Oder handelt es sich eher um einen selektiven Bericht des Therapeuten, der auf dem Hintergrund seiner Deutungslinie und seiner Hypothesen das vorhandene Material bereits zu einem sinnvollen Ganzen zusammengedacht hat? Zur Untersuchung dieser Fragestellung ließ Argelander (1984) die Gedächtnisprotokolle von Analytikern mit den Tonbandaufzeichnungen derselben Sitzungen vergleichen. Er stellte fest, daß auf dem komplexen Weg der Protokollwiedergabe das subtile Geflecht von Zusammenhängen etwas verlorengeht. "Unter der Hand des Therapeuten erhält die unbewußte Thematik ein etwas anderes Gewand, aber der Weg zur unbewußten Thematik wird dadurch vermutlich nicht verstellt" (S.395). Er leitet daraus die These ab, daß im Gedächtnisprotokoll "die erinnerten Daten unter dem Einfluß einer unbewußten Thematik organisiert" (S.396) werden. "Trotz der Verkürzung und Veränderung der Manifestationsform der unbewußten Thematik bei der Wiedergabe im Gedächtnisprotokoll bleibt der Weg zur Weiterentwicklung der Thematik offen" (S.397).

Wer sich die Mühe macht, Tonbandaufnahmen von eigenen Sitzungen mit Patienten anzuhören, wird vermutlich mit Interesse und Erstaunen erkennen, wie ein bestimmter leitender psychodynamischer oder genetischer Gedanke oder eine spezielle Deutungslinie die Fakten und Dialoge, die nachträglich noch aus einer Sitzung erinnert werden, organisieren. Manche anderen, durchaus nicht unwichtigen Assoziationen können dabei in Vergessenheit geraten. Brodbeck (1993) beschreibt in einer sehr detaillierten Arbeit anhand seines Umgangs mit dem Bildgeschenk der Patientin, wie "die Wechselbeziehung zwischen Analysand und Analytiker den Erkenntnisprozeß im Analytiker steuert und wie dieser durch Konzepte und Theorien beeinflußt wird" (S.103).

Eine zunehmende Anzahl von Analytikern ist bereit, die ubiquitäre Geltung der konstruktivistischen Erkenntnistheorie anzuerkennen und eine Behandlungstheorie zu entwickeln, die dem Aspekt der "interpretativen Fehlbarkeit" des Analytikers (Cooper 1993, S.95) Rechnung trägt und infolgedessen eine offenere Diskussion von Behandlungen ermöglichen könnte (Brodbeck 1993, Cooper 1993, Fosshage 1994, Goldberg 1994, Greenberg 1995, Hoffman 1991, Levine 1994, Mertens 1991, Pöhner 1994).

Hoffman (1991) spricht in diesem Zusammenhang, unter Verwendung eines Begriffs des Wissenschaftshistorikers Kuhn (1962), sogar von einem Paradigmenwechsel und betont ausdrücklich, daß damit nicht der Wechsel von der Trieb- zur Objektbeziehungstheorie gemeint ist, sondern der viel grundlegendere Fortschritt vom positivistischen zum konstruktivistischen Modell. Beide Achsen, Trieb- vs. Objektbeziehungsmodell und positivistische vs. konstruktivistische Sichtweise sind voneinander unabhängig und dürfen nicht miteinander verwech-

selt werden, um Konfusionen zu vermeiden. Obwohl neuere Ich- und Objektbeziehungstheorien wichtige Bereicherungen erbracht haben und Theoretiker wie
Fosshage der Selbstpsychologie nahestehen, beinhalten diese theoretischen Modelle nicht per se die hier entwickelte konstruktivistische Sichtweise des therapeutischen Prozesses. Konstruktivistisch bedeutet in diesem Zusammenhang
mehr und etwas qualitativ anderes als Beziehungsorientierung und die Anerkennung der Tatsache, daß der Analytiker vom Patienten auch als Person wahrgenommen und als solche für ihn wichtig ist.

Die allgemeine Annahme dieses Modells ist, daß das Verständnis des Therapeuten immer Resultat aktiver Erkenntnissuche ist, die sich zudem in einem interpersonalen Feld (Sullivan 1953) abspielt und dadurch, wie Eisenspäne von einem Magnetfeld, beeinflußt und ausgerichtet wird.

"Konstruktivistisch" bedeutet in diesem Zusammenhang nicht, daß unsere Gedanken, Schlußfolgerungen und Intuitionen einfach falsch sind. Mit Fetscher
(1997) kann darauf hingewiesen werden, daß auf die "Annahme einer objektiven
Realität als eines regulativen Prinzips und (idealen) Ziels von Erkenntnis"
(S.235) in der Behandlungspraxis nicht zu verzichten ist. Der wesentliche Punkt
ist, daß wir uns der relativen Objektivität unserer Erkenntnisprozesse stets bewußt sind und ihr interpersonales Eingebundensein stets anerkennen und berücksichtigen.

3.2 Übertragung - die Aktivierung innerer Schemata des Patienten

Was für die Seite des Therapeuten erst einer ausführlichen Begründung bedarf,
ist auf seiten des Patienten eine schon lange akzeptierte Tatsache und insofern
auch in allen bisherigen Übertragungskonzepten weitgehend erfaßt. Der Vorgang
der Übertragung beinhaltet im Kern die Annahme, daß der Patient nicht eine vorgefundene objektive Wirklichkeit erkennt, sondern daß er im wesentlichen nur
seine Innenwelt wahrnimmt. Durch die Externalisierung und Verschiebung auf
den Therapeuten kann er seine übertragenen Anteile erkennen.

Mehr noch als der Analytiker befindet sich der Patient am Anfang der Behandlung in einer Situation, die dadurch für ihn sehr schwierig wird, daß die üblichen
Diskursregeln für den Alltagsdialog nicht mehr gelten (Flader et al. 1982). Sie ist
deshalb für den Patienten verunsichernd, weil er keine andere ihm bekannte Erfahrung direkt auf die therapeutische Situation anwenden kann. Der Analytiker
verhält sich weder wie ein Arzt, noch gleicht sein Vorgehen dem einer anderen
dem Patienten bekannten Autorität.

Um die unübersichtliche Situation für sich überschaubarer zu machen, muß der
Patient die Komplexität reduzieren. Er sieht sich gezwungen, nach Hinweisen
und Signalen zu suchen, die für ihn bekannt sind, und auch solchen Beobachtun-

gen einen Sinn zu geben, die er aufgrund seiner bisherigen Erfahrung nicht kennt. Dieser Organisierungsvorgang (Fosshage 1995, Herold 1995),in dem der Patient mithilfe seiner erlernten inneren Schemata die gegenwärtige Situation einzuordnen und ihr einen Sinn zu geben versucht, wurde von Piaget (1966) im Hinblick auf die kognitive Entwicklung als Assimilation beschrieben und von Wachtel (1980) zur Beschreibung der Prozesse in der Übertragung verwendet.

Im Prozeß der Organisierung seiner Erfahrung konstruiert der Patient seine Wahrnehmung vom Analytiker und der Situation und nimmt Einschätzungen und Bedeutungszuschreibungen vor (Abend 1993, Levine 1994). Durch die aktualisierten inneren Erlebnisschemata (Gillett 1996) befindet er sich im Zustand einer selektiven Wahrnehmungseinstellung (Herold 1995), die ihn für bestimmte Hinweisreize des Therapeuten besonders empfänglich und für andere entsprechend wenig zugänglich macht. Auf diese Weise entstehen die Feinstrukturen der globalen Übertragungen (z.B. Vater, Mutter, Geschwister, Überich, Es etc.), die am besten als Denk-, Gefühls- und Verhaltensmuster beschrieben werden können und in Einstellungen, Haltungen, Absichten, Erwartungen etc. zu erkennen sind (Gill 1979). Ihre Aktualisierung nimmt sicherlich nicht unbedingt immer, vermutlich aber doch sehr häufig eine spezifische Wahrnehmung bezüglich der Person des Therapeuten zum Anlaß, um die herum das jeweils aktivierte Interpretationsmuster aufgebaut wird (Smith 1990).

Im zweiten Vorgespräch für eine analytische Psychotherapie entsteht eine Gesprächspause, in der die junge Patientin für kurze Zeit nachdenklich und zunehmend verunsichert vor sich hinschaut. Es liegt eine deutliche Spannung in der Luft und der Analytiker spürt einen Druck, ihr etwas zur Spannungslinderung zu sagen oder einen Rat zu geben. Als sich ihr Gesichtsausdruck etwas verändert und der Analytiker etwas später fragt, was denn in ihr vorgehe, sagt sie: "Ich weiß nicht genau, was Sie mir damit sagen wollten. Vielleicht wollten Sie mir sagen, daß ich das nicht machen darf." Es war deutlich, daß die interpretativen Hinweise des Therapeuten für diese Patientin zu wenig greifbar waren. Zwar suchte sie nicht gerade aktiv eine Verhaltensanweisung oder Kritik, sie war jedoch auf eine derartige Reaktion des Analytikers eingestellt. Daraufhin angesprochen, kam ihre Antwort: "Vielleicht kommt das daher, daß mir immer gesagt worden ist, was ich machen muß oder nicht tun darf, bei meinem Vater kenne ich nichts anderes."

Diese Patientin hat in ihrer Erwartungshaltung minimale Hinweise im Verhalten des Therapeuten dafür benutzt, ein für ihr Leben typisches Szenario herzustellen. Sie hatte einerseits befürchtet, der Analytiker würde sich genauso verhalten wie sie es von ihrem Vater gewohnt ist und hatte gleichzeitig die zaghafte Hoffnung, er würde sie annehmender und gleichberechtigter behandeln als dieser. Hier sind die beiden Pole erkennbar, die dem Wiederholungszwang und möglicherweise jeder Übertragung zugrundeliegen. Der Angst vor der Wiederholung der traumatischen Erfahrung steht die Hoffnung auf eine neue und positive Erfahrung oder zumindest auf das Angebot einer Situation gegenüber, die günstigere Bedingungen für die Meisterung einer bisher unlösbaren Konfliktsituation schafft (Weiss 1990).

Die dargestellte Auffassung betrachtet die Übertragung nicht primär und prinzipiell als eine Störung der Realitätswahrnehmung infolge eines Verschiebungs- oder eines sonstigen Abwehrvorganges. Sie sieht darin vielmehr die typische Art, in der ein Patient sein individuelles Erleben gestaltet und wie er sich selbst, seine Beziehungsobjekte und die Beziehung zwischen sich und dem anderen erlebt. Dieser Vorgang bringt demnach die beobachtbaren mehr oder weniger globalen und umfassenden Übertragungen hervor. "Schemas werden aktiviert und nicht übertragen" (Fosshage 1994, S.271), wodurch sie zu Realitätsverzerrungen führen können. Die Realitätsverzerrung ist aber nicht der Kern einer Übertragungsreaktion.

Da mit Fosshage (1994) und Stolorow, Brandchaft und Atwood (1987) davon ausgegangen werden kann, daß es sich bei dieser Fähigkeit zur Organisierung von Erfahrung nach inneren Mustern um eine angeborene universelle Tendenz des Menschen handelt, die seiner lebenswichtigen Orientierung in einer komplizierten belebten und unbelebten Umwelt dient, verliert die Übertragung ihre pathologische Konnotation. Übertragung ist in ihrer formalen Struktur also keine pathologische Reaktion, sondern sie ist der Ausdruck und die Wirkung einer natürlichen menschlichen Tendenz, die dem Überleben dient. Die jeweilige inhaltliche Ausgestaltung eines inneren Schemas kann allerdings mehr oder weniger adäquat und konstruktiv im Sinne des sozialen Überlebens sein.

Im Hinblick auf die historische Entwicklung der Psychotherapie ist es interessant, daß gerade während der letzten Jahre von verschiedener Seite her ein solcher schematheoretischer Ansatz zunehmend favorisiert wurde. Schon vor langer Zeit hatte der Psychiater Sullivan in seiner interpersonalen Theorie der Psychiatrie den Begriff des Musters gebraucht (Sullivan 1953, S.409), um die Ursache für sich wiederholende Erfahrungen zu benennen. Während Fosshage (1994) und Stolorow et al. (1987) dieses Konzept im Rahmen der Selbstpsychologie vertreten, favorisiert auch Thomä die Möglichkeit, die Übertragungsdisposition als Schema oder Klischee zu sehen (Thomä 1991, S.426). In seinem Konzept der "frames of mind" beschreibt der der Psychoanalyse nahestehende Psychotherapieforscher Dahl ebenso sich wiederholende Abfolgen von Ereignissen und inneren Reaktionen, denen eine relativ invariante Struktur zugrundeliegt, die sich also wie ein gleichbleibendes Muster ständig wiederholt (zit. n. Buchholz 1992, S.166, s. a. Dahl 1988). Der Prototyp eines "frame" wäre etwa, wenn ein Patient stets erst kritisch sein muß, bevor er zu jemandem freundlich sein kann, um keinen Verlust seines Selbstwertgefühls zu erleiden. Hier ergeben sich sogar Berührungspunkte mit Grawes Grundlegung einer Allgemeinen Psychotherapie (Grawe et al. 1994), der ebenso davon ausgeht, daß das Erleben und Verhalten durch grundlegende Schemata organisiert und gesteuert wird.

"Schemata bestimmen die Auswahl dessen, was wir wahrnehmen, und nach welchen Kategorien wir unsere Wahrnehmungen organisieren. Gleichzeitig werden die der Wahrnehmung zugrundeliegenden Schemata mit jedem Wahrnehmungsakt durch das Wahrgenommene angereichert, differenziert, modifiziert, da die objektiv gegebene Umweltinformation mehr oder auch anderes enthält als nur das, was wir mit unseren bestehenden Schemata an die Umgebung herantragen. Ein Teil der Umgebungsinformation läßt sich in die bestehenden Schemata einfügen: Sie wird an die Schemata assimiliert. Dadurch werden die bestehenden Schemata allmählich angereichert. In dem Maße, in dem die Umweltinformation sich nicht an die bestehenden Schemata assimilieren läßt, müssen die Schemata sich an die Umgebung akkomodieren ... . Im Vorgang der Akkomodation werden die Schemata differenziert oder neue Schemata herausgebildet. Gelingt es dem Individuum nicht, seine Schemata an die tatsächliche Umgebungsinformation anzupassen, so muß ein Teil dieser Information aus der Wahrnehmung ausgeblendet werden, oder er wird im Sinne der bestehenden Schemata, d.h. objektiv "verzerrt" wahrgenommen." (Grawe et al. 1994, S.758)

"Akkomodation" bezeichnet nach Piaget den Vorgang, in dem die bisher entwickelten und bestehenden inneren Strukturen durch neue und nicht erwartete Erfahrungen verändert werden. Übertragung ist somit der dialektische Prozeß zwischen Assimilation und Akkomodation, in dessen Verlauf die inneren Schemata zunächst die Erfahrungen in der Beziehung zum Analytiker strukturieren und dadurch im Laufe der "realistischen" Begegnung (Bräutigam 1988) mit dem Therapeuten der Bearbeitung zugänglich werden und eine Korrektur erfahren. Die Introjektion dieser Erfahrung mit dem Analytiker als einem neuen Objekt verändert und differenziert das auf ihn übertragene innere Schema, das sich auf diese Weise an die neue Umwelt akkomodiert, also etwas neues aufnimmt und sich dadurch verändert.

Auch Weiss und Sampson (1986) gehen in ihrer control-mastery-Theorie des therapeutischen Prozesses davon aus, daß der Patient sich mit spezifischen unbewußten Plänen in die therapeutische Beziehung einläßt, den Therapeuten in bestimmte Situationen bringt und ihn dadurch testet, ob dieser seine neurotischen Erwartungen bestätigt oder nicht. Das geschieht in der Hoffnung, daß der Analytiker mit dem konflikthaften Material anders umgehen kann als die Personen seiner Vergangenheit. Sie gründen also ihre Behandlungstechnik implizit auf die Annahme innerer Schemata, die bewirken, daß der Patient mit spezifischen Befürchtungen, Erwartungen und unbewußten Plänen in die analytische Situation eintritt und die dort gemachten Wahrnehmungen entsprechend diesem unbewußten Schema organisiert.

Die klassische Übertragung läßt sich in diesem Ansatz so verstehen, daß äußere Geschehnisse zur Aktualisierung bestimmter innerer Schemata führen, unter deren Einfluß diese Geschehnisse auf die dem Schema entsprechende Weise organisiert und interpretiert werden. Diese Interpretationen haben wiederum ein Verhalten der Umwelt gegenüber zur Folge, das die jeweilige Umwelt zu einer Reaktion veranlaßt, die der befürchteten Reaktion, die im Schema selbst schon vorweggenommen ist, entspricht. Die ursprüngliche traumatische Beziehungserfahrung wird so wiederholt.

Die Psyche als geschlossenes System

Die logische Struktur, die im Falle eines mißlingenden therapeutischen Dialoges, etwa wenn der Therapeut die Tests des Patienten nicht besteht, zu einer Retraumatisierung im Sinne des Wiederholungszwangs führt, entspricht den Vorgängen in einem geschlossenen System, in dem zirkuläre rückbezügliche Prozesse ablaufen. "Die zirkuläre Organisation impliziert somit die Voraussage, daß eine Interaktion, die einmal stattgefunden hat, wiederum stattfinden wird" (Maturana 1985, S.36).

In einem operational geschlossenen System (Luhmann 1992) stehen dessen strukturelle Bestandteile und Funktionen in einem solchen Verhältnis zueinander, daß dadurch ebendiese Strukturen aufrechterhalten und immer wieder reproduziert werden. Es findet ein permanenter selbstbezüglicher Rückkopplungsprozeß zwischen den einzelnen Elementen statt, indem ein strukturelles Element einen Prozeß in Gang setzt, durch den dieses Element wiederum erzeugt wird. Der von der Biologie und der Neurophysiologie ausgehende Erkenntnistheoretiker Maturana (1985) verwendet zur Kennzeichnung dieser Dynamik den Begriff der Autopoiese, um den grundsätzlichen Wirkungsmechanismus innerhalb eines geschlossenen Systems zu beschreiben. So assimiliert z.B. eine Nervenzelle ihre biochemische Umwelt auf eine für sie typische Weise, mit der sie sich selbst immer wieder reproduziert und ihre Identität als Nervenzelle aufrechterhält und neu schaffen kann.

Das Ergebnis der autopoietischen Arbeit ist somit weitgehend mit dem Ausgangszustand identisch. Dabei kreieren die strukturellen Bestandteile der Zelle die Zellwand, die ihrerseits wiederum die Voraussetzung dafür schafft, daß der Stoffwechsel der Zelle stattfinden kann (Simon 1995). Ohne es hier in diesem Zusammenhang eingehender diskutieren zu können, halte ich es doch für möglich und naheliegend, diese Position mit der Psychoanalyse zu verbinden und die Psyche bzw. den psychischen Apparat als ein System zu betrachten, das sich im Sinne dieser autopoietischen Prozesse bis zu einem gewissen Ausmaß selbst reproduziert, d.h. daß immer wieder dieselben Erfahrungs- und Interaktionsmuster und dieselben interpersonellen Erfahrungen auftreten. Brocher und Sies (1986) und Kemper (1992) haben diese erkenntnistheoretische Position auf die Psychoanalyse anzuwenden versucht. Schon Sullivan (1953) sprach von einem "äquilibrierenden Selbstsystem" (S.415), das für die Aufrechterhaltung der interpersonellen Sicherheit sorge. Auch nach Piaget (1966) gibt es einen Prozeß der Äquilibrierung, der zwischen Assimilation und Akkomodation so vermittelt, daß das innere Gleichgewicht, die narzißtische Homöostase, nicht über ertragbare Grenzen hinaus verunsichert wird.

In der hier vertretenen Sicht ist der der Übertragung zugrunde liegende Prozeß ubiquitär, und es fehlt ihm somit grundsätzlich auch die pathologische Konnotation des traditionellen Übertragungsbegriffes. Jedoch ist es aus pragmatischen behandlungstechnischen Gründen sinnvoll, ein anderes Kriterium zur Kennzeichnung von Neurotizität einzuführen. Ein übertragenes Muster wird dann dysfunktional, wenn die Flexibilität des Äquilibrierungsprozesses gestört oder eingeschränkt ist. So kann z.B. entweder die Assimilation oder aber auch die Akkomodation chronisch und einseitig überwiegen, so daß das freie dialektische Spiel zwischen beiden Vorgängen nicht mehr möglich ist. Ein angemessenes Handeln setzt ja die Fähigkeit voraus, äußere Eindrücke entsprechend den inneren Mustern zu assimilieren und diese Muster ihrerseits wieder partiell zu verändern, soweit sie die Erfahrungen nicht zu assimilieren vermögen.

3.2.1 Die Beschaffenheit der inneren Schemata

Die hier postulierten inneren Schemata sind Bestandteil der inneren Strukturen, die in der Psychoanalyse als innere Repräsentanzen bezeichnet werden. Ursprünglich wurde von Objekt- und Subjektrepräsentanzen, also von inneren Bildern von den Mitmenschen und von sich selbst (Jacobsen 1964) gesprochen. Die Interaktion zwischen Subjekt und Objekt wurde dabei, wenigstens in der theoretischen Konzeptualisierung, völlig außer Acht gelassen. Man sprach so z.B. von Introjektionen der Mutter ins Überich oder von reiferen Identifikationen mit der Mutter im Sinne einer Aufnahme mütterlicher Aspekte ins eigene Ich oder Überich. Unter dem zunehmenden Einfluß von Objektbeziehungstheorien mußte diese individualistische Sicht jedoch schließlich korrigiert werden. So sprach man davon, daß nicht nur Aspekte der Beziehungsobjekte introjiziert werden, sondern daß es vor allem auch die Interaktionserfahrungen mit diesen Objekten sind, die innerlich repräsentiert werden (Kernberg 1988).

Der Psychiater Ciompi (1982) versuchte, Psychoanalyse und Systemtheorie zu integrieren und griff dabei auf den Schema-Begriff von Piaget zurück. Er führt aus, daß die inneren Strukturen nicht nur aus getrennten kognitiven Vorstellungen und affektiven Komponenten bestehen, sondern daß es sich immer um "affektlogische Schemata" (S.68) handelt, wobei jede Kognition eine bestimmte affektive Tönung aufweist und ebenso jede affektive Erfahrung eine kognitive Komponente beinhaltet. "Wenn das Kind zum Beispiel handelnd-erlebend ein kognitives Schema über den Umgang mit Feuer bildet, so ist es äußerst wichtig, daß darin die möglichen Unlustgefühle und Gefahren, die mit dem Feuer verbunden sind, in Form von Angstsignalen und Geboten zur Vorsicht fest enthalten sind" (S.68 f.).

In einer frühen Rezeption der Kleinkindforschung gehen Sandler und Sandler (1978) in einer Arbeit über die Entwicklung der Objektbeziehungen ebenfalls über die ursprüngliche Theorie hinaus, indem sie postulieren, daß nicht nur von Wünschen und anderen Es-Inhalten gesprochen werden kann.Vielmehr beinhaltet jeder Wunsch neben einer Selbstrepräsentation auch eine Objektrepräsentanz und ein Bild der interaktionellen Beziehung zwischen diesen beiden. "Der Wunsch enthält die Repräsentation einer Objektbeziehung" (Sandler u. Sandler 1978, S.290). Kernberg (1988) formuliert diese Erkenntnis aus, indem er schreibt: "Unbewußte intrapsychische Konflikte sind niemals nur einfache Konflikte zwischen Impuls und Abwehr; vielmehr findet der Triebabkömmling in einer primitiven Objektbeziehung Ausdruck (einer bestimmten Einheit der Selbst- und Objektrepräsentanz), und auch die Abwehr spiegelt sich in einer bestimmten verinnerlichten Objektbeziehung. Der Konflikt besteht zwischen diesen intrapsychischen Strukturen" (S.175). Sowohl das Bedürfnis wie auch die überich-geleitete Abwehr sind in dieser Sicht somit eingebettet in den interpersonellen Kontext, in dem sie entstanden sind. In ihrem dialektischen Konzept des Erlebens beschreibt auch Bauriedl (1994) die "Dialektik zwischen Wünschen und Ängsten" (S.94), wo mit jedem Wunsch eine entsprechende Angst verbunden ist, deren gemeinsame Quelle in einer wiederholten interpersonellen Erfahrung zu suchen ist.

3.2.2 Entstehung der inneren Schemata - der Einfluß der Säuglings- und Kleinkindforschung

Die moderne Kleinkindforschung hat unser Verständnis von der Entstehung der inneren Repräsentanzen und Schemata ein großes Stück vorangebracht. Auf diesem Hintergrund sind inzwischen die verschiedensten theoretischen Konzeptualisierungen entstanden. So sprach Bowlby (1979) in der von ihm entwickelten Bindungstheorie von inneren "Arbeitsmodellen" (S.146), die auf dem Hintergrund der Bindungserfahrungen des Kleinkindes entstehen, "die die Hauptmerkmale der Welt um es herum und die seiner selbst als Handelndem in ihr repräsentieren" (S.146). Diese inneren Arbeitsmodelle bestimmen seine Erwartungen hinsichtlich der Reaktionen des Anderen und bedingen zugleich seine Handlungspläne.

Durch die Rezeption der Kleinkindforschung und den Versuch, ihre Ergebnisse für die Weiterentwicklung der Psychoanalyse zu verwenden, kam es zu einer Reihe weiterer Begriffsbildungen mit dem Ziel, den Vorgang der intrapsychischen Repräsentation dessen, was ein Kind erlebt, sowohl empirisch als auch theoretisch exakter zu erfassen. So entsprechen vermutlich Fosshages (1994) "developmental configurations" (S.277) dem, was Lichtenberg (1991) mit den "affektiven Wahrnehmungs- und Handlungsmustern" (S.85) meint, die sich auf der Basis "angeborener und rasch erlernter Schemapräferenzen" (S.85) entwickeln. Buchholz (1988) spricht von "internalisierten Beziehungsmodellen", die als "invariante Muster" (S.287) im Unbewußten abgelagert werden und kommt damit Daniel Stern (1986) sehr nahe, der diese invarianten und relativ stabilen Repräsentationen von Beziehungsmustern sehr treffend als "representations of interactions that have been generalized (RIGs)", also als generalisierte Interaktionsrepräsentanzen bezeichnet hat.

Zelnick und Buchholz (1991) ziehen zur Definition der inneren Repräsentanzen den Begriff der "unbewußten interaktionalen Organisationsstrukturen" (S.842) vor, der ihrer Meinung nach die verschiedenen erwähnten Einzelbeiträge in sich vereinigt.

Die Entwicklung der Schemata nach D. Stern

Den bisher differenziertesten Beitrag zur Entwicklung der inneren Repräsentanzen hat meines Wissens wiederum Stern (1989) in einer Arbeit über die Repräsentation von Beziehungsmustern geliefert. Hier führt er weitere Differenzierungen ein und macht insbesondere die für die Psychoanalyse sehr wichtige Unterscheidung zwischen Gedächtnis- bzw. Erinnerungsspuren und den eigentlichen inneren Repräsentanzen.

Im Gegensatz zu den vorher genannten Autoren unterscheidet Stern (1989) zwischen dem formalen und dem inhaltlichen Aufbau der Repräsentanzen, wobei sich der inhaltliche Aspekt nicht auf die Struktur, sondern auf den spezifischen Bedeutungsgehalt einer Introjektion bezieht.

Die internalisierten Interaktionseinheiten haben nach Stern (1989) eine hierarchische Struktur. Der formale Aufbau der Bildung eines inneren Schemas beginnt nach Stern mit der kleinsten Einheit einer Interaktion, einer kurzen einzelnen Interaktion zwischen Mutter und Kind, dem sog. "L-Moment" (L=lived) (Stern 1989, S.197), der sich täglich oft wiederholt und direkt im Gedächtnis abgebildet wird. Das Kind lächelt z.B. die Mutter an, und sie lächelt zurück. Dieser gelebte Moment wird als eigene begrenzte Interaktionserfahrung vom Säugling aufgenommen. Hier handelt es sich noch nicht um eine Repräsentanz, sondern nur um die Speicherung einer tatsächlichen gelebten Erfahrung, "eine einzelne Erinnerungsspur an ein gelebtes Moment" (S.199).

Größere Einheiten von Interaktionserfahrungen, die aus einer Sequenz von einzelnen Mikrointeraktionen, den L-Momenten bestehen, bezeichnet Stern als "L-Szenarios" (S.208), d.h. gelebte und direkt im Gedächtnis aufbewahrte Interaktionseinheiten. Ein Beispiel: Das acht Monate alte Kind krabbelt von der Mutter weg und freudig auf eine Wasserpfütze zu. Kurz davor hält es an, dreht sich zur Mutter um und schaut sie etwas ambivalent, halb lächelnd und halb prüfend an. Sie lächelt ermutigend zurück, worauf das Kind lustvoll und ohne Hemmung weiter in die Pfütze krabbelt. Die direkte Gedächtnis- bzw. Erinnerungsspur solcher L-Momente und L-Szenarios nennt Stern "M-Moment" und "M-Szenario" (M=memory), um deutlich zwischen der tatsächlichen Interaktion und der inneren Aufnahme als Erinnerungsspur zu unterscheiden. Gerade bei den M-Szenarios, die ja schon komplexere Interaktionseinheiten sind, die so ins Gedächtnis eingehen, wie sie subjektiv erfahren werden, ist die Verzerrung einer Wahrnehmung durch den jeweiligen affektiven Zustand des Säuglings durchaus schon möglich.

Als nächste Stufe im hierarchischen Aufbau eines inneren Schemas folgt darauf die eigentliche innere Repräsentation der erlebten Interaktionserfahrungen. Aus wiederholten Einzelerfahrungen, den M-Momenten und M-Szenarios, bildet das Kind allmählich ein inneres Bild von einer bestimmten Situation, gewissermaßen einen Entwurf von einer interaktionellen Szene, indem es die immer gleichbleibenden invarianten Merkmale dieser Interaktion erkennt, sie abstrahiert und eine Vorstellung von ihrem typischen Ablauf ausbildet. Diese inneren Modelle, die kognitive und affektive Elemente sowie Handlungsentwürfe enthalten, helfen dem Kind, sich in seiner Umwelt zusehends besser zurechtzufinden, indem es aus dem bisher Erlebten eine Vorstellung davon bildet, was in einer spezifischen Situation zu erwarten ist.

Die ausgebildeten inneren Repräsentationen dienen dem Kind dazu, jede neue Erfahrung im Sinne eines Mustererkennungsprozesses gemäß den bisherigen inneren Bildern nach Bekanntem abzusuchen, sie zu assimilieren und das Muster unter Umständen zu erweitern.

Auf dieser Ebene geht es ausschließlich um innere Verarbeitungsprozesse, die den Charakter von autopoietischen Selbstorganisationsprozessen haben und denen insofern eine eigene Dynamik innewohnt, als sie immer komplexer und von der realen Erfahrung unabhängiger werden, diese jedoch im Sinne dieser inneren Schemata verarbeiten. Es finden Generalisierungen statt, die zu einer fortschreitenden Kategorisierung von Erfahrungen führen. Diese generalisierten Interaktionserfahrungen wurden von Stern (1986) als RIGs bezeichnet.

Um die Entstehungsweise solcher Interaktionsmuster zu verdeutlichen, führt Stern (1989) ein Experiment von Mark Strauss (1979) an, in dem die Bildung eines visuellen Gesichtsmusters verfolgt werden kann. Einer Gruppe von zehn Monate alten Säuglingen wurden mehrere schematische Zeichnungen eines menschlichen Gesichts gezeigt. "Jedes Gesicht war unterschiedlich in Größe und Stellung der Augen oder der Ohren oder der Länge der Nase. Am Ende der Serie wurden die Säuglinge getestet, welche Zeichnung sie als die gesamte Serie "repräsentierend" auswählten, d.h. welche ihnen am wenigsten fremd bzw. am vertrautesten schien. Sie wählten eine Zeichnung aus, die sie noch nicht gesehen hatten, die aber den mathematischen Durchschnitt aller Merkmalsgrößenstellungen darstellte, die sie vorher gesehen hatten. Bei der Beobachtung der Bild-Serie vollzogen die Säuglinge offenbar einen fortlaufenden Prozeß der Durchschnittsbildung und gelangten so zu einem Prototyp, durch den die gesamte Sequenz gut "repräsentiert" wurde - obwohl das ausgewählte Bild in der ursprünglich gezeigten Serie gar nicht enthalten war" (Stern 1989, S.202 f.). Auf diese Weise bildet nach Stern der Säugling die R-Momente und R-Szenarios.

Bowlbys Konzept des inneren Arbeitsmodells läßt sich ohne Schwierigkeiten in die Auffassung von Stern integrieren. Ein inneres Arbeitsmodell ist demnach eine um einen spezifischen Inhalt gruppierte Repräsentationseinheit, die sich aus verschiedenen gelebten Momenten und Szenarios und den entsprechenden generalisierten Repräsentanzen zusammensetzt. So müssen für unterschiedliche Aspekte von Beziehungserfahrungen und auch für verschiedene Situationen und Personen unterschiedliche innere Arbeitsmodelle postuliert werden. Hinsichtlich der Repräsentation von frühen Bindungserfahrungen wurden von Bowlby selbst und seiner Arbeitsgruppe sehr interessante Befunde vorgelegt (Bowlby 1979,

Ainsworth et al. 1978, Grossmann et al. 1989). Für andere Motivationssysteme, die sich neben der Befriedigung der physiologischen Bedürfnisse auf Selbstbehauptung und Exploration, auf Rückzug und Aggression sowie auf sinnliches Vergnügen und Sexualität beziehen (Lichtenberg 1989, 1991), gelten eigene innere Arbeitsmodelle, für die in der Entwicklungspsychologie auch schon interessante Ergebnisse vorliegen.

Da hier innere Verarbeitungsprozesse schon eine zentrale Rolle spielen und es sich um einen sehr aktiven mentalen Vorgang der Informationsverarbeitung handelt, wird auf dieser Ebene die Tatsache, daß reale Erfahrung nicht einfach nur abgebildet, sondern konstruiert wird, besonders wichtig. Gerade auf dem Hintergrund der empirischen Säuglingsforschung ist während der letzten Jahre die Diskussion über den Wahrheitsgehalt der Erinnerungen von Patienten sowie der im Laufe der Behandlung erfolgten Rekonstruktionen von Kindheitserfahrungen überaus heftig entbrannt.

Aus der bisherigen Beschreibung der Schemaentstehung geht jedoch eindeutig hervor, daß es sich schon auf der untersten Ebene der M-Szenarios um Erinnerungsspuren handelt, in denen die subjektiv erlebten Interaktionssequenzen festgehalten werden. Insbesondere bei der Weiterverarbeitung zu generalisierten Interaktionsmustern bzw. Repräsentanzen gibt es reichlich Möglichkeiten, Verzerrungen in die Welt der inneren Repräsentanzen bzw. der verinnerlichten Objektbeziehungen zu bringen. Auch Stern (1989) beansprucht nicht, daß sich in diesen internalisierten Interaktionsmustern eine direkte und einfache Abbildung des tatsächlich Erlebten darstellt. Das wäre angesichts der komplexen Verarbeitungsprozesse zu naiv. Allerdings hat die Kleinkindforschung in der Psychoanalyse, wo im Gegensatz zur frühen Trauma-Theorie der Fantasietätigkeit des Kleinkindes ein zu großes Gewicht beigemessen wurde, zu einer wichtigen Korrektur geführt. Man hat gelernt, sehr viel genauer auf die tatsächlichen Interaktionen zu achten, die oft äußerst subtil zwischen Kind und Eltern stattfinden und ist nun eher bereit, in Kindheitserinnerungen den realen interaktionellen Kern anzuerkennen, um den sich dann mithilfe der komplexen Fantasietätigkeit eine "Narration" (Spence 1982), also eine erzählbare Geschichte (Retzer 1994) herausbildet hat. Auf diese nach wie vor anhaltende Kontroverse (s. Arlow 1991, Reed 1995) braucht hier jedoch nicht näher eingegangen zu werden. Demgegenüber mag man mit Wolff (1996) einwenden, daß diese Kontroverse für die klinische Arbeit mit Patienten nur von beschränkter Relevanz ist, da man ohnehin gewöhnt ist, zunächst eher der Erzählung des Patienten als seiner subjektiven Wahrheit zu folgen und der faktische Kern sich einer eindeutigen Einschätzung meist entzieht.

Auch das von Lichtenberg (1989) eingeführte Konzept der "Modellszene" dient vor allem dazu, die Verstehensarbeit des Analytikers zu erleichtern und zu konkretisieren. Es meint nicht, daß die in der Übertragung entstehende Szene ein wahrheitsgetreues und quasi fotografisches Abbild einer real erlebten kindlichen Szene ist. Der Begriff der "Modellszene" ist unspezifischer als Sterns Begriff der "RIGs", da er sich auf die subjektive Erfahrung einer Kindheitsszene bezieht und im Gegensatz zu Stern (1989) nicht zu differenzieren versucht zwischen tatsächlich erlebten Interaktionsmomenten und deren innerer Repräsentation als RIG. Vielmehr umfaßt er offensichtlich beides, die faktische Interaktion sowie die innere Verarbeitung zu Objekt- und Subjektbildern. Zwar kann der Begriff von Lichtenberg zur weiteren Erforschung dieser Fragestellung nur relativ wenig beitragen, er kann aber doch als behandlungstechnisches Werkzeug sehr hilfreich sein.

Zusammenfassend läßt sich sagen, daß ein inneres Erlebnisschema oder Muster, dem eine internalisierte Interaktionsfigur zugrundeliegt, ein bestimmtes in dieser Erfahrung erlebtes Gefühl und gleichzeitig ein kognitives Bild in erster Linie von der Beziehungsperson umfaßt. Da ein Kind erst sehr spät in der Entwicklung die Fähigkeit entwickelt, den eigenen Anteil an einer interaktionellen Erfahrung zu erkennen, bezieht sich das innere gefühlte Bild lange Zeit vor allem oder ausschließlich auf die Bezugsperson. Das korrespondierende Bild von sich selbst, also der Selbstanteil der inneren Repräsentanz (Kernberg 1988, Sandler 1978) beinhaltet demnach weniger eine Wahrnehmung des eigenen Verhaltens, wie sie etwa von außen her gemacht werden könnte, vielmehr ist sie im Kern ein erschlossenes Bild und eine Interpretation, was das Verhalten der Eltern im Hinblick auf das Kind bedeutet. Wenn sie sich den Bedürfnissen des Kindes entsprechend verhalten (Lichtenberg 1989), fühlt sich das Kind in seiner Art angenommen, geschätzt und geliebt. Für eine sehr lange Zeit ist es das Wesentliche für das Kind, ob es angenommen wird oder nicht, ob es geliebt oder zurückgewiesen wird. Zu einem wesentlichen Teil besteht der Inhalt der Selbstrepräsentanzen aus diesen gefühlten Bedeutungen und nicht aus Bildern des eigenen Verhaltens. Erlebt das Kind die Eltern als ablehnend, so ist es nicht in der Lage, die zugrundeliegende Interaktion symbolisch zu repräsentieren und das eigene Verhalten zu erfassen, wie es einem Erwachsenen möglich wäre, sondern es fühlt sich einfach ungeliebt und hält sich selbst für böse. Im anderen Fall fühlt es sich zufrieden, sicher, in seiner Person bestätigt und hat in dieser Situation ein positives Bild von sich. Dies ist auch die Ebene, die in stark regressiv geprägten Phasen bei der Behandlung von narzißtisch gestörten Patienten aktiviert sein kann, wenn der Patient, wie Balint (1968) beschrieb, das Verhalten des Analytikers nur noch danach beurteilt, ob er sich von ihm angenommen und verstanden oder unverstanden und zurückgewiesen fühlt.

Um diesen inneren Kern eines Schemas oder Musters entwickeln sich die weiteren kognitiven und symbolischen Verarbeitungsmuster. Das Kind integriert eine neue oder wiederholte interaktionelle Erfahrung in seine bisher ausgebildeten inneren Strukturen und muß insbesondere versuchen, die negativen und unverdaulichen Erlebnisse einzuordnen und zu verarbeiten. Es verwendet die bekannten Abwehr- (A.Freud 1936) und Erhaltungsmechanismen (Mahler 1968), um Angst-, Scham-, Schmerz- und Schuldgefühle abzuspalten, zu verdrängen, auszugleichen oder wenigstens auf ein erträgliches Maß zu reduzieren. Es entstehen Kompromißbildungen aus Lebenswünschen und Ängsten (Bauriedl 1994), die im Kern die ursprüngliche interaktionelle Erfahrung und deren kompensatorische Verarbeitung widerspiegeln.

Auch die von Kohut (1977) beschriebenen kompensatorischen narzißtischen Strukturen dienen letztlich dem Ziel, die innere Homöostase und ein möglichst intaktes Selbstgefühl aufrechtzuerhalten, indem sie frustrierende Beziehungserfahrungen auszugleichen oder doch zumindest die Hoffnung auf Sicherheit und Geliebtwerden zu erhalten versuchen. Aus der Erfahrung bedingungsloser elterlicher Liebe wird dann die Sehnsucht nach einer an die Erfüllung bestimmter Bedingungen gebundenen Anerkennung: Wenn ich mich nur genügend nach den Eltern richte und tue, was sie sich vorstellen und erwarten, dann haben sie mich vielleicht doch noch lieb. So geben z.B. depressive Patienten als Kind wesentliche Anteile ihrer analen Trieb- sowie ihrer Autonomieentwicklung auf, um sich mit dem Überich ihrer Eltern (Müller-Pozzi 1988) und der depressionsgenerierenden emotionsfeindlichen Familienstruktur (Bettighofer 1994) zu identifizieren.

Diese Schemastruktur impliziert einen Aspekt, mit der sich Sampson und Weiss (1986) und Weiss (1990) in ihrer Theorie des therapeutischen Prozesses sehr ausführlich befaßt haben. Das Verhalten von Kindern und Erwachsenen wird nicht ausschließlich durch Ursachen motiviert, es beinhaltet vielmehr auch einen finalen Aspekt, d.h., daß damit eine bestimmte Absicht verfolgt oder ein interpersonelles Ziel erreicht werden soll. Die oben genannten Autoren sprechen in diesem Zusammenhang von "pathogenen Vorstellungen" und von sog. "unbewußten Plänen", mit deren Hilfe die Patienten versuchen, über bestimmte interpersonelle Strategien diese pathogenen Vorstellungen zu widerlegen, worauf ich später noch etwas ausführlicher eingehen werde.

3.2.3 Strukturelle Regression

Bei einer Regression handelt es sich nicht einfach nur um eine chronologische Rückkehr zu früheren Objekt- und Subjektbildern, die auf den Analytiker übertragen werden und dort zu einem "Irrtum in der Zeit" (Greenson 1967, S.163) führen. So wie die inneren Repräsentanzen oder Schemata aufgebaut sind, besteht der strukturelle Aspekt der Regression vielmehr in einer Aktivierung von früheren und primitiveren Denk- und Erlebnisstrukturen (Ermann 1996). Denn die inneren Schemata enthalten ganz unterschiedliche Ebenen der Abstraktion, der Integration und der Verarbeitung durch Symbolisierungs- und Gedächtnisprozesse, die zudem den verschiedenen Lebensaltern entstammen und die jeweiligen altersgemäßen Verarbeitungsmodi repräsentieren. So kann in der Übertragung bei einem strukturell gefestigten neurotischen Patienten z.B. eine relativ hohe Verarbeitungsform eines RIGs aktualisiert werden, wohingegen Borderline-Patienten eher dazu neigen, auch die frühen Vorformen der RIGs, also gelebte Momente und direkte im Gedächtnis gespeicherte interaktionelle Erfahrungen zu aktivieren,

die traumatischen Charakter hatten. Auf dieser strukturell sehr tiefen Regression-
sebene sind es praktisch einfache unverarbeitete Erinnerungen mit intensiven affektiven Begleitreaktionen ohne symbolische Verarbeitung, deren Aktualisierung
sehr schnell und affektiv intensiv sein kann und den Therapeuten deshalb ebenso
stark emotional ansprechen und einbeziehen kann.

3.2.4 Transgenerationale Weitervermittlung innerer Schemata

Innere Schemata, Arbeitsmodelle oder RIGs zeigen interessanterweise auch eine
ausgeprägte Konstanz über die Generationsgrenzen hinweg. So konnten beispielsweise hinsichtlich des Bindungsverhaltens hochsignifikante Zusammenhänge gefunden werden zwischen der Feinfühligkeit der Mutter für die Signale
ihres Kindes und ihren eigenen internalisierten Elternbildern. Mütter, die über
positive Bindungserfahrungen mit ihren eigenen Müttern berichteten oder wenigstens die Bereitschaft hatten, eigene bindungsrelevante, wenn auch negative
Erfahrungen zu überdenken, hatten ein feineres Gespür für die Bindungsbedürf-
nisse ihres Kindes als solche Mütter, die ihre Eltern einfach entwerteten, sie einseitig idealisierten oder nur wenige Erinnerungen an ihre Kinderzeit hatten. Bei
Kindern derjenigen Mütter, die die Erfahrung einer sicheren Bindung und somit
diesbezüglich ein überwiegend positives mütterliches Introjekt hatten, ließ sich
ebenfalls überwiegend ein sicheres Bindungsmuster ihren Kindern gegenüber
feststellen (Grossmann et al. 1988, Levine et al. 1991, Steele und Steele 1995).
Auch Fonagy und seiner Arbeitsgruppe (Fonagy et al. 1993) war es aufgrund von
Elterninterviews über deren eigene Kindheitserfahrungen möglich, die Bindungs-
qualität, die deren Kinder entwickeln würden, richtig vorherzusagen. Dabei wurden die Gespräche mit diesen Eltern selbstverständlich vor der Geburt der später
untersuchten Kinder durchgeführt.

3.2.5 Die Aktualisierung der generalisierten Interaktionsschemata
    in der therapeutischen Beziehung

Anhand eines Beispiels soll im nächsten Kapitel (3.3.1.2) gezeigt werden, wie
eine Übertragung dadurch zustande kommt, daß eine Patientin in dem Versuch,
mit der ihr unvertrauten und befremdlichen analytischen Situation zurechtzukommen, verschiedene innere Denk- und Interpretationsmöglichkeiten auspro-
biert, um das Verhalten und die Absichten des Therapeuten verstehen und einschätzen zu lernen und in ihnen einen Sinn zu erkennen.

3.3   Die Interaktion zwischen Therapeut und Patient

3.3.1   Der Einfluß des Analytikers auf die Übertragung

Es ist nur schwer nachvollziehbar und fast nur unter gruppendynamischen und organisationssoziologischen Aspekten verstehbar, daß sich der gestaltende Einfluß, den der Analytiker mit seiner Person, seinen Einstellungen, Erwartungen und seinem Verhalten auf die spezifische Ausformung der jeweiligen Übertragung hat, sich in der Konzeptualisierung des analytischen Prozesses so lange der gezielten Aufmerksamkeit und der systematischen Erforschung entziehen konnte. Berühmte Fälle wie Guntrips (1975) Bericht über seine beiden Analysen bei Fairbairn und Winnicott sowie die Berichte von Margaret Little (1990) über den völlig unterschiedlichen Verlauf ihrer Langzeitanalysen bei einem Herrn "Dr. X.", anschließend bei Ella F. Sharpe und Winnicott hätten ebenso mit aller Deutlichkeit das Augenmerk auf den bestimmenden Einfluß des Analytikers auf die Ausgestaltung der Übertragung lenken können.

Offensichtlich war jedoch die Zeit nicht reif dafür. Zu stark war noch der Einfluß des ursprünglichen Übertragungsparadigmas, wonach der Einfluß des Therapeuten, seiner Deutungen wie auch der therapeutisch wirksamen Aspekte der Beziehung, erst in der Durcharbeitung und der Auflösung der Übertragungsbeziehung zur Geltung kommen. Der Beitrag des Analytikers zur Entstehung der Übertragung und zur Aktivierung bestimmter innerer Schemata beim Patienten wurde hingegen noch nicht genügend gesehen. Die Übertragung als "falsche Verknüpfung" (Freud 1895) oder als "Irrtum in der Zeit" (Greenson 1967) zu sehen, beläßt den Analytiker und seine Verletzlichkeit in einem Schonraum, der nicht angetastet wurde, "denn was kann beruhigender für einen Therapeuten sein, als sich der Auffassung zu vergewissern, daß der Patient nicht ihn persönlich meint, sondern Vater oder Mutter?" (Mertens 1990, S.172). Diese Theorie hat es dem Analytiker ermöglicht, sich vom Patienten zu distanzieren und sich künstlich aus dem interpersonellen Feld herauszulösen, seinen Einfluß bei der Herstellung der Übertragung zu verleugnen und sich ausschließlich in seiner Funktion als einem therapeutischen Katalysator zu sehen.

3.3.1.1   Die Einladung des Patienten zum Dialog und die Antwortbereitschaft des Therapeuten

Schon in den ersten Momenten einer therapeutischen Begegnung, angefangen vom Erstkontakt am Telefon über die erste persönliche Begrüßung bis hin zu der verbalen Eröffnung des Gespräches konstelliert sich eine Anfangsszene, die für den Patienten und den Analytiker kennzeichnend ist. Die initialen und mehr oder weniger intensiven Gegenübertragungsreaktionen, denen schon eine zentrale diagnostische Bedeutung zukommt (Wegner 1992), sind unvermeidlich und zeigen, daß von jedem Patienten eine spezifische Wirkung ausgeht, auf die der Analytiker in einer ebenso typischen Weise innerlich reagiert. Es entsteht immer und unvermeidlich ein spezifischer Handlungsdialog (Klüwer 1983), zumindest die Voraussetzungen dafür im Inneren jedes Therapeuten, der allerdings solange beherrscht werden kann und nicht ausagiert werden muß, solange die durch den Patienten vermittelten Eindrücke und Emotionen nicht allzu intensiv sind und der Analytiker mit ihnen innerlich gut zurechtkommen und äußerlich adäquat reagieren kann, indem er sich diese Antwortneigungen zunutze macht. Dafür haben Sandler und Sandler (1978) die bereits beschriebene theoretische Vorraussetzung geliefert, indem sie die inneren Repräsentanzen als aus einem Objekt- und einem Subjektpol bestehend konzipierten, wobei sowohl dem Selbst- wie auch dem Objektaspekt ein bestimmtes Rollenverhalten entspricht.

Diese "intrapsychische Rollenbeziehung" (Sandler 1976) wird in der therapeutischen Beziehung unweigerlich aktiviert. Sie beinhaltet den Kern eines inneren Schemas und die der Abwehr und Bewältigung dienenden Mechanismen und Kompromißbildungen, durch deren Aktualisierung der Therapeut das vom Patienten ausgehendes "Drängen" (Sandler 1976, S.299) spürt, auf eine typische Weise zu reagieren. Je nach Tiefe und Ausprägung der Persönlichkeitsstörung können diese unbewußten Übertragungsmanipulationen und Provokationen sehr unterschiedlich stark sein. Vorhanden sind sie jedoch in jedem Fall, manchmal so subtil, vertraut und kaum spürbar, daß wir uns keine Rechenschaft darüber abgeben und sie der Bearbeitung entgehen.

Das kann z.B. geschehen, wenn der Patient auf der Basis eines guten Arbeitsbündnisses aktiv mitarbeitet, der Therapeut sich zufrieden zurücklehnt und die darin evtl. aktualisierte subtile unterwürfige Übertragung nicht bearbeitet wird, wie dies Ermann (1992) und Deserno (1990) anhand eines ausführlichen Fallbeispieles von Greenson herausgearbeitet haben.

Die Unvermeidlichkeit und Universalität dieses Handlungsdialoges kann nicht genug betont werden, wenn der therapeutische Kontakt auf eine realistische Weise konzipiert werden soll, mit der in der Behandlungspraxis sinnvoll gearbeitet werden kann. Jeder Therapeut entwickelt mit jedem einzelnen Patienten einen ganz spezifischen Umgang, der den aktualisierten inneren Schemata und Rollenbeziehungen des Patienten und den Möglichkeiten des Analytikers entspricht. Er läßt sich kaum vermeiden, daß der Therapeut zumindest partiell auch auf deren neurotische Anteile handlungsdialogisch einsteigt und sie erst später zur Bearbeitung aufgreifen kann (Siebert 1996, Steiner 1996).

Die jeweils in der Übertragung aktualisierten inneren Schemata zeigen sich oft nicht nur in großen und globalen Übertragungsreaktionen, sondern schon anhand von kleinen Nuancen in der konkreten Interaktion und in der Reaktion des Therapeuten, wie u.a. die von Sandler (1976) zur Demonstration angeführten Kurzberichte und das folg. Beispiel von Buchholz (1988) zeigen:

"Frau H. kommt nach einer von mir verursachten einwöchigen Unterbrechung ... zur Stunde und knüpft an das in der letzten Stunde vor der Unterbrechung Besprochene an, indem sie mir indirekte Erinnerungshilfen gibt; ich merke, sie behandelt mich dabei, als ob sie annehme, ich hätte das Besprochene vergessen, ich hätte sie "verloren". Ich sage nun nicht korrigierend, daß ich mich sehr wohl erinnere; vielmehr spreche ich an, daß sie wie selbstverständlich davon auszugehen scheint, daß ich mich nicht erinnere. Sie lacht daraufhin und merkt an, daß sie eigentlich immer davon ausgehe, nicht so wichtig zu sein. Sie fühlt sich als "Gast", den man freundlich behandelt, aber nicht so wichtig nimmt. Nachdem ihre Prozeßfantasie, die den Kontext ihrer Äußerungen bestimmt hat, zum Inhalt geworden ist, kann der Inhalt selbst in eine Bearbeitung gelangen: Nachdem sie einjährig ihre Mutter infolge von Vertreibungen und Flucht durch deren Tod verloren hat, war sie stets Gast in fremden Familien gewesen; die Prozeßfantasie, der Andere könne sich nicht erinnern, sie dürfe nicht so wichtig sein, die sie handelnd am Therapeuten reinszeniert, entpuppt sich als Abwehr immenser Beziehungswünsche" (S.286).

Eine ähnliche Beziehungssituation war entstanden, als eine Patientin, nachdem sie sich hingelegt hatte, die Stunde mit den Worten begann, sie wisse gar nicht mehr, wo wir beim letzten Mal aufgehört hätten. Ich verstand das für mich als Ausdruck ihres Gefühls, unwichtig zu sein und gleichzeitig als einen unbewußten Test, ob sie mir so wichtig ist, daß ich mir das gemerkt habe. Da ich mich in diesem Moment tatsächlich nicht mehr erinnern konnte, sagte ich spontan und unreflektiert, wir könnten ja auch da weitermachen, wo jetzt ihre Gedanken hinwanderten. Diese Erinnerung an die Grundregel war zwar eine Interventionsmöglichkeit und nicht unbedingt falsch, ich empfand sie angesichts meines plötzlichen Gefühls des Ungenügens dennoch als einen pädagogischen Lapsus und als ein abwehrendes Agieren. Anschließend fand ich den Mut, ihr zu sagen, daß ich mich momentan auch nicht an die letzte Stunde erinnern könne, und dann war es möglich, diese gemeinsame Szene gewinnbringend zu bearbeiten.

Oft sind es sehr subtile nonverbale Signale, die den Therapeuten manipulieren und ihn zu einer bestimmten Reaktion provozieren sollen. So spürte ich z.B. bei einer Patientin, die sich in ihrer künstlerischen Tätigkeit nie ernstgenommen fühlte, oft den mir sonst unbekannten starken Drang, mich provokativ über sie lustig zu machen und dabei ein ihr sehr bekanntes Beziehungsmuster mitauszuleben. Mir war das erst bewußt geworden, nachdem ich einigemale auf sie "hereingefallen" war und sie sehr gekränkt hatte, obwohl ich dabei durch meine bewußte Absicht geleitet war, sie zu einem selbstbewußteren Verhalten zu animieren.

Bei einer angstneurotischen Patientin bemerkte ich schon nach einigen Sitzungen, wie ich immer wieder bemüht war, Sätze, die sie begonnen hatte, fortzusetzen oder zu beenden. Ich konnte dann feststellen, daß sie sehr unsicher und zaghaft sprach, immer wieder Pausen machte und ich dabei das Bedürfnis hatte, ihr entgegenzukommen. Deshalb beendete ich ihre begonnenen Sätze, wie wenn ich ihr die Hand reichen oder ihr eine Brücke bauen wollte, um eine Beziehung herzustellen.

3.3.1.2   Vom spiegelnden zum aktiven Analytiker

Das ursprüngliche Übertragungsmodell ist sehr einseitig und hat Analytiker häufig in schwere Gewissenskonflikte zwischen eigenem Anspruch oder analytischem Überich und der Realität ihres behandlungstechnischen Vorgehens gebracht. Psychoanalytiker haben das Bedürfnis, ihre Arbeit auch dann noch als analytisch zu betrachten, wenn sie vom offiziell vertretenen Standard aus gebotener Notwendigkeit einmal abweichen und nicht die Souveränität haben, die aus Freuds Worten spricht, wie sie von Blanton im Tagebuch seiner Analyse bei Sigmund Freud (1971) wiedergegeben wurden: "Was nun die Schriften über die Technik der Analyse anbelangt, so meine ich, daß sie völlig inadäquat sind. ... Natürlich brauchen Anfänger einiges Wissen zu ihrem Start. Andernfalls hätten sie nichts, womit sie fortfahren könnten. Aber wenn sie den Direktiven wissentlich folgen, werden sie bald in Verlegenheit kommen. Dann müssen sie beginnen, ihre eigene Technik zu entwickeln" (S.43).

Trotz einer wesentlich größeren Offenheit im Hinblick darauf, was als analytische Behandlungstechnik gelten kann, befinden sich doch nach wie vor viele Analytiker in einem Dilemma zwischen den offiziell vertretenen behandlungstechnischen Standards und der davon abweichenden Umsetzung in der konkreten Behandlungspraxis. Eine Ursache für dieses Dilemma liegt in einem an eher rigiden Regeln orientierten Ausbildungs- und Behandlungssystem, dessen Kern die Forderung nach Wahrung von Abstinenz und Neutralität ist, wie es früher schon aufgezeigt wurde.

Viele Jahre lang wurde der Standpunkt vertreten, daß die optimale therapeutische Reaktion auf die "Einladungen" und die unbewußten interaktionellen Rollenzuweisungen des Patienten in einer möglichst gleichbleibenden wohlwollenden und neutralen Reaktion bestehe. Das dem Analytiker dabei angesonnene Rollenverhalten sollte vom ihm als Gegenübertragung zwar durchaus gespürt und via "gleichschwebender Introspektionsbereitschaft" (Wegner 1992) kognitiv verarbeitet werden. Aber es sollte zu keiner diesbezüglich antwortenden Reaktion kommen, indem der Analytiker auf die ihm zugewiesene Rolle interaktionell eingeht. Er sollte sich mit seinen Interventionen in einem relativ eng begrenzten und vorwiegend deutenden Verhaltensspielraum bewegen.

Diese neutrale Haltung, die zudem immer wieder als Passivität, Zurückhaltung und Schweigen mißverstanden wurde (siehe z.B. den Lehranalyse-Bericht von Kaiser 1996), sollte gewährleisten, daß der Patient durch den Analytiker nicht beeinflußt, manipuliert oder gar zur Befriedigung dessen eigener narzißtischen oder libidinösen Bedürfnisse mißbraucht würde. Es wurde dabei jedoch übersehen, daß in keiner Interaktion zwischen zwei Personen - und eine solche ist auch die analytische wie jede andere therapeutische Situation - die Wahrung von Neutralität im Sinne einer Nicht-Beeinflussung durch die Person des Therapeuten möglich ist.

In einer mitmenschlichen Kommunikation wie der analytischen Situation ist es nicht möglich, sich persönlich herauszuhalten und nicht zu kommunizieren (Watzlawick et al. 1967), wie es bereits betont wurde. Auch Nicht-Kommunikation ist ein kommunikativer Akt, der vom Anderen wahrgenommen und interpretiert wird. Die Negation einer Handlung existiert nicht, denn schon die reine Anwesenheit des Therapeuten ist eine kommunikative Handlung. Auch der um Passivität, Neutralität und Anonymität bemühte Analytiker wird, wie immer er diese Ziele konkret umsetzen mag, von seinem Patienten wahrgenommenen und entsprechend dessen vorherrschender Übertragungsbereitschaft interpretiert und verstanden. Gill (1982) im angloamerikanischen und Thomä (1981, 1984) im deutschen Sprachraum gehörten zu den ersten Analytikern, die den Standpunkt vertraten, daß auch die sog. Neutralität ein aktives Verhalten des Therapeuten ist. Deshalb hat es keinen Sinn, den Einfluß der Person des Therapeuten auf den Patienten vermeiden zu wollen. Es kann behandlungstechnisch nur darum gehen, diesen Einfluß vorauszusetzen, ihn ernst zunehmen und seine konkrete Wirkung auf den Patienten systematisch zu untersuchen, um ihn für das Verstehen der gesamten Übertragungssituation fruchtbar zu machen. In jeder therapeutischen Situation tragen sowohl der Patient als auch der Therapeut im Sinne einer "interaktionellen Symmetrie" (Ermann 1992, S.289) gleichermaßen dazu bei, die jeweils aktivierte Übertragung mitzugestalten. Der Analytiker bietet Anlässe für die Aktualisierung von bestimmten infantilen Modellszenen oder inneren Schemata des Patienten. Die Übertragung ist wohl immer eine Schöpfung von beiden, wobei nicht außer acht gelassen werden darf, daß der Einfluß des Analytikers bei der Ausgestaltung der Übertragung eine große Bandbreite umfassen oder auch nur sehr gering sein kann.

Grundsätzlich ist es wichtig, in jeder speziellen Ausprägung einer Übertragung zu berücksichtigen, inwieweit sie eine unmittelbare und oft unbewußte Antwort des Patienten auf das jeweilige Interaktionsangebot des Analytikers ist. Die Übertragung entfaltet sich nicht naturgemäß in der Form, daß festgelegte verinnerlichte Objektbeziehungen einfach nur externalisiert oder projiziert werden, denn der Patient bezieht sehr wohl seine auf der Basis einer spezifischen Übertragungsbereitschaft gemachten Beobachtungen über die Person des Therapeuten in seine Übertragungsfantasien aktiv mit ein (Smith 1990).

Fallbeispiel:
Das nun folgende Beispiel verdeutlicht, wie eine Patientin versucht, mit der vorgefundenen analytischen Situation zurechtzukommen und dabei eine wichtige Übertragung entwickelt, die aber erst sehr spät als solche erkannt wurde. Die Patientin aktiviert innere Schemata, macht sich ihre Gedanken und versucht, in der sie sehr verunsichernden Situation etwas mehr an Sicherheit und Orientierung für sich zu gewinnen, indem sie sehr angestrengt versucht, dem für sie ungewöhnlichen Verhalten des Therapeuten eine sinnvolle Bedeutung abzugewinnen.
Ich habe die Patientin für ca. 2 Jahre mit einer Frequenz von ein bis zwei Wochenstunden analytisch orientiert behandelt. Die schizoide und sehr mißtrauische junge Frau war oft von so großer Unruhe erfüllt, daß sie kaum ruhig sitzen konnte und unruhig und ängstlich im Raum hin- und herging. So versuchte sie, eine stärkere Begegnung mit dem Analytiker zu vermeiden und ihre Abhängigkeitsbedürfnisse und -gefühle in einigermaßen erträglichen Grenzen zu halten. Das gelang ihr jedoch letztlich nicht und sie geriet in eine zunehmende Regression, auf deren Höhepunkt sie eine Freundin fand, die sich ihrer zunächst hilfreich annahm und mit der sie einige Zeit danach eine sehr intensive lesbische Beziehung einging. Inzwischen hatte sie die therapeutische Behandlung beendet und agierte die nicht bearbeitete präödipale Mutterübertragung mit dieser Freundin.
Etwa 10 Jahre später kam sie wieder zu mir und wollte ihre Behandlung fortsetzen. Ihre Freundin hatte sich von ihr getrennt und war inzwischen verheiratet. Sie selbst hatte nach zwei kürzeren Behandlungen bei Therapeutinnen ein Psychologie-Studium begonnen und stand kurz vor dem Abschluß. Wegen Prüfungsschwierigkeiten in zwei Diplom-Fächern stellte sie sich wieder bei mir vor und begann eine zweite Behandlung bei mir. Dabei kam es zu einer ähnli-

chen Sprachlosigkeit wie bei der ersten Behandlung und nach einem Jahr ebenfalls wieder zu einer malignen Regression, wobei ihr die massiven Abhängigkeitsbedürfnisse unbewußt waren. Diese wurden der Bearbeitung erst dann zugänglich, als sie nach einer Therapiesitzung, in der sie nicht mehr reden konnte und in der auch ich keinen Zugang zu ihr gefunden hatte, einen Zusammenbruch erlitt, bei dem sie sich selbst in einem tranceartigen Zustand Schnittwunden am Unterarm und Oberschenkel zugefügt hatte.

Durch ein in der Folge aktiveres Vorgehen meinerseits konnte allmählich das volle Ausmaß ihrer regressiven Abhängigkeit von mir zugelassen werden. Es erfüllte die Patientin zunächst mit großer Scham. Erst jetzt zeigte sich, daß durch die bisher ausschließlich positive und idealisierende Übertragung bestehende negative Übertragungsanteile abgewehrt und agiert worden waren. So stellte sich auch jetzt erst heraus, daß sie das Psychologie-Studium unter anderem in einer Identifikation mit mir und aus dem vorbewußten Bedürfnis heraus gemacht hatte, mein ihr unverständliches Verhalten begreifen zu können. Jetzt konnte sie sich und mir allmählich eingestehen, wie sehr sie sich durch meine empathisch gemeinte und nicht verletzen-wollende oft schweigende Zurückhaltung überfordert und hängen gelassen gefühlt hatte und diese meine Haltung unbewußt eigentlich als äußerst gemein ihr gegenüber empfunden hatte. Im Rahmen der Durcharbeitung dieser Situation begann sie, ihre Tagebuch-Aufzeichnungen wieder zu lesen, die sie damals als Kommentierung der Übertragung und als Bewältigungsversuch geschrieben, jedoch mir gegenüber nie erwähnt hatte. Aus diesem Tagebuch stammt das folgende leicht gekürzte Protokoll der 37.Stunde:

"Ich ging zuerst im Zimmer auf und ab und fing zugleich zu reden an (ich war nicht total real da, fühlte mich schwebend abwesend). Ich setzte mich dann für den Rest der Stunde auf den leeren Schreibtisch und quasselte beinahe ununterbrochen, das totale Gegenteil von der letzten Stunde, soviel wie heute habe ich noch nie geäußert. Alles, was ich mir vorgenommen hatte, machte ich nacheinander durch (Weinbedürfnis unterschwellig vorhanden, z.T etwas wässrige Augen). Anschauen konnte ich ihn ein paar mal durch bewußtes Vornehmen. Zu alledem, was ich erzählte, nahm er wie üblich keine Stellung, ließ es einfach so stehen. Als ich dann mal auf die Uhr schaute, war es schon 10 Minuten nach halb drei (ich war überrascht, erschrocken, die Zeit ging so rasch vorbei). Ich sagte: "Die Zeit ist um, ich bitte Sie, daß Sie mich jetzt allein lassen" (Da ich mit der Patientin nicht in meinem üblichen Behandlungszimmer war, stimmte ich ihrem Wunsch, noch eine Weile dableiben zu können, ziemlich unreflektiert zu. S.B.). Er sagte ja, stand sofort auf und verließ das Zimmer, beinahe fluchtartig. Er verstand nicht, was ich bezwecken wollte, wenn er mich verläßt und nicht, wie üblich, ich aus seinem Raum gehe. Ich fühlte mich auch nicht zurückgelassen. Ich hielt mich dann noch am Boden sitzend und liegend ca ½ Stunde auf. Es tat gut - es konnte nachklingen (kleines Freudempfinden wurde sofort unterdrückt). Ich fühlte mich mit mir zufrieden, weil ich meine Vornahme so gut verwirklichen konnte. Es war heute nichts spontanes aufgetreten, alles lief nach Plan. Das Störfaktorempfinden war nicht spürbar. Mich würde jetzt sehr interessieren, was er aus dem heutigen Schwall herausgefiltert hat, was ihm wichtig erschien. Ich habe ihn heute überfordert, wenn er richtig zugehört hat. Jetzt zuhause fühle ich mich schon wieder unsicher, bereue alles.

Was ich glaube, daß er herausgefiltert hat: Daß ich eine Bitte an ihn richtete, aktiv auftrat, eine Änderung wagte. Daß ich unter Mitteilungsdruck stehe, nur ausgewählte Dinge anspreche. "Sauhund" hat er sich bestimmt gemerkt. "Power of love-Tod", akzeptier oder stirb, eine Beziehung ist für mich ein Ichverlust. Was habe ich heute für mich gewonnen? Da ich mich selbst beobachte, dadurch verstandesmäßig kontrollieren kann, bin ich also außer mir und beobachte mich von außen, analysiere meine Gefühle als Außenstehende. Deshalb bin ich u.a. auch in Zweifel mit der Therapie, da dies meiner allzu hingebungsvollen Introspektion nur förderlich ist. Verzichtet er deshalb auf rationale Einwürfe, Fragen, Hinweise, Problematiken, Widersprüche und dergl.? Er geht also nicht auf rationaler Ebene mit mir um, sondern auf zwischenmenschlicher Beziehung, die er auf Schweigen, Zuhören und Verständnis reduzieren muß. Aber er könnte doch zumindest sagen, ob ich da falsch oder richtig denke.

Sein Verhalten, was er damit bezwecken will: Möglichst wenig Fremdeinmischung, ich soll selbst erkennen. Abhängigkeit auf ein maximales Minimum zu beschränken. Er hält sich zurück (brauche seinen Rat nicht, komme selbst drauf, erwachsen werden, redet mir nicht drein). Ich überlege ja eh schon viel zu viel, er will nicht noch mehr herausholen. Bremsung, damits nicht zu viel wird. Es soll sich Stück für Stück entwickeln. Er geht mit mir nicht rational um, sondern ist einfach da, auf einer anderen Ebene. Ich bekomme von ihm keine Sicherheit. Er läßt mich hier im Stich. Will er eine frühere Situation wieder herstellen? Ich, das Kind in Hilflosigkeit, wie es damals war. Mit dieser Situation muß ich ja fertig werden und sie überwinden lernen. Deswegen meine Angst? Für diese Theorie spricht, daß er immer noch zurückhaltender geworden ist, je mehr er annehmen konnte, daß ich bleibe. Er ist ja dann in der Schwierigkeit, mir das Gefühl von Hilflosigkeit zu vermitteln und zugleich größtes Vertrauen aufzubauen. Was ist sein oberstes Prinzip?"

Von all diesen Gedanken hatte ich damals überhaupt nichts erfahren, sodaß wir ihre innere Situation auch nicht bearbeiten konnten. Als die Patientin diese Tagebucheintragung eines Tages vorlas, war ich sehr beeindruckt und berührt darüber, mit welch verzweifelter Anstrengung sie sich Gedanken über den Prozeß und mich gemacht hatte, um gewisse für sie unverständliche Aspekte meines Verhaltens für sich verständlich zu machen und ihnen eine Bedeutung zu geben, mit der sie sich besser orientieren konnte. Meine passive, mitfühlende und zu vorsichtige Haltung hatte eine maligne regressionsfördernde Wirkung, ebenso mein unreflektiertes Angebot, noch einige Zeit da zubleiben, vor allem jedoch deshalb, weil es nicht mehr in den Prozeß einbezogen und bearbeitet, sondern totgeschwiegen wurde. Meines Wissens habe ich bei dieser Patientin nie nach der Wirkung meiner Haltung und meines Verhaltens ihr gegenüber gefragt, denn sonst wäre es vielleicht eher möglich gewesen, diese aus der therapeutischen Beziehung abgespaltenen Erfahrungen der Patientin wenigstens partiell zu integrieren. In der jetzigen Behandlung habe ich nach ihrer malignen Regression mein Verhalten geändert, habe viel mehr geredet, interpretiert und meine Gedanken gesagt. Jedoch erst dann, als sie mir ihre Tagebucheintragung vorgelesen hatte und wir diese andere Seite kennenlernten, konnten wir allmählich besser verstehen, daß wir zusätzlich zu der Bearbeitung ihrer aktuellen Konflikte ganz nebenbei und unbemerkt auf einer anderen Ebene die Beziehungs- und Sprachlosigkeit wiederholt hatten, die in der Kindheit zwischen ihr und ihren Eltern bestanden hatte. Ich war damals der Überzeugung, eine empathische Haltung der Patientin gegenüber gut verwirklicht zu haben. Das war mir durchaus auch gelungen, denn sonst hätte sie sich angesichts ihres extremen schizoiden Mißtrauens gar nicht auf eine therapeutische Beziehung zu mir einlassen können. Meiner Aufmerksamkeit war allerdings entgangen, daß mein wohlwollendes und eher vorsichtig zurückhaltendes Vorgehen, das zwar durchaus auch therapeutische Effekte hatte, für die Patientin noch eine andere Bedeutung bekommen hatte, sodaß ein Grundtrauma ihrer Kindheit sich auch in der therapeutischen Beziehung zu mir konstellierte, das lange Zeit unerkannt geblieben war.

3.3.1.3 Der aktive Anteil des Analytikers an der Entwicklung der therapeutischen Beziehung

Die konkrete Ausgestaltung der therapeutischen Situation durch den Analytiker bietet sehr viele Möglichkeiten und hängt in hohem Maße von der Person des Analytikers ab. Er bringt seine eigenen inneren Schemata, bewußte und unbewußte Arbeitsmodelle und seine Kompromißbildungen in die therapeutische Situation mit ein. Daß auch der sog. "durchanalysierte" und somit qua definitione weitgehend konfliktentstörte Analytiker mit einem sog. genitalen Charakter und reifer Liebes- und Konfliktfähigkeit ein nur selten erreichtes Ideal ist, ist heute weitgehend erkannt und akzeptiert.

Manche Determinanten der entstehenden therapeutischen Beziehung entstammen nicht der therapeutischen Situation selbst, sondern sind bereits vorher entschieden und entstammen anderen Quellen. Bereits die Berufswahl und die Entscheidung für die Psychoanalyse oder irgendeine andere therapeutische Methode, insbesondere jedoch die jeweilige individuelle Gestaltung der therapeutischen Arbeit durch den Analytiker zeigen seine spezielle Eigenart. Sie haben sich auf dem Hintergrund seiner eigenen psychodynamischen Kompromißbildungen zwischen Bedürfnissen und Ängsten entwickelt. Seine spezielle Art, psychoanalytisch zu arbeiten, ist ein organischer Bestandteil seiner Lebensart und seiner speziellen Kompromißbildungen. Sie beruht auf diesen und hält sie gleichzeitig wiederum aufrecht. Seine inneren Schemata fließen in seine therapeutische Arbeit und in die Gestaltung seiner therapeutischen Beziehungen mit ein und vermitteln ihm seinerseits ein gewisses Maß an emotionaler Befriedigung und narzißtischer Gratifikation. Im Rahmen seiner eigenen vertrauten Interaktionsmuster zu arbeiten, sorgt zugleich für ein ausreichendes Maß an innerer Sicherheit.

Die andere Seite ist zwangsläufig, daß die psychosozialen Kompromiß- und Abwehrstrukturen des Psychotherapeuten (Heigl-Evers u. Heigl 1979, Mentzos 1976) durch ihre unbewußte Funktion als Abwehr unlustvoller Erfahrungen dessen Erlebnis- und Handlungsfreiheit selektiv einengen können und die Konstruktion seiner eigenen Wahrnehmungen erheblich beeinflussen. So ist es zu verstehen, daß - wie oben bereits ausführlich beschrieben wurde - anhand ein und desselben Patientenmaterials verschiedene Analytiker zu völlig unterschiedlichen Sichtweisen gelangen können und vermutlich auch in der Praxis unterschiedliche Aspekte aufgreifen und ein voneinander differierendes Vorgehen realisieren würden.

Den Aspekt des Selbstschutzes, den die Wahl einer bestimmten Therapiemethode dem jeweiligen Therapeuten bietet, zu erkennen und zu hinterfragen, ist nicht nur verunsichernd. Er stellt auch lang geübte, liebgewonnene und vertraute Umgangsweisen mit Konfliktmaterial infrage. Erschwerend kommt hinzu, daß die eigenen Kompromißbildungen auf ihrer professionellen Ebene durch das offizielle theoretische und behandlungstechnische Regelsystem oft unterstützt werden, darin eingebunden sind und fachlich rationalisiert werden können.

So ist es z.B. einem depressiv strukturierten Therapeuten ohne weiteres möglich, seine eigenen unbewußten Ängste vor Verlassenwerden und Konfrontation zu vermeiden, indem er einen schwerpunktmäßig empathischen Behandlungsstil entwickelt und für dessen Notwendigkeit und Sinnhaftigkeit auch entsprechende gute Argumente finden kann. Die gleiche Situation würde jedoch wiederum ein hysterisch strukturierter Analytiker ganz anders wahrnehmen und gestalten. Auch würde er vermutlich andere behandlungstechnische Schwerpunkte setzen.

Das jeweilige Unbewußte bleibt durch die stabilisierende Kraft der individuellen Technik in der Verdrängung. Das haben Balint und Balint (1939) wohl gemeint, als sie davon sprachen, "daß wir höchst persönliche Motive dafür haben, unsere individuelle analytische Methode so eifrig zu verteidigen" (S.253).

"Mutative" Deutungen, die sich nach Strachey (1934) immer auf die gegenwärtige Übertragungssituation beziehen, sind deshalb manchmal so schwer, weil sie nicht selten auch realitätsgerechte Wahrnehmungen über den Therapeuten aufgreifen müßten und in das Abwehr- und Kompromißsystem des Analytikers eingreifen könnten, wodurch sie zu einer Bedrohung für dessen eigenes narzißtisches Gleichgewicht würden.

3.3.1.4   Die therapeutische Beziehung als zirkulärer Prozeß

Kommen Analytiker und Patient mit ihrem je persönlichen Hintergrund zusammen, beginnt eine aufeinanderfolgende und sich gegenseitig bedingende Abfolge von Interaktionen, in der sich beide in subtiler Weise aufeinander einstellen und sich miteinander abstimmen. Durch ihre jeweiligen Beiträge erschaffen sie sehr schnell und schon in der nonverbalen Anfangsszene des Erstinterviews (Wegner u. Henseler 1991) eine gemeinsame Übertragungssituation, die nicht nur etwas über den jeweiligen Patienten aussagt, sondern auch das charakteristische Interaktionsangebot des Analytikers in sich trägt. Für das Verständnis dieses subtilen Aufeinander-Bezogensein-Seins von Patient und Therapeut eignen sich deshalb auch Begriffe aus der Kleinkindforschung wie "matching" und "affekt attunement" wie sie von Stern (1986) beschrieben und von Rayner (1992) zur Kennzeichnung prä- und nonverbaler Vorgänge im Rahmen des analytischen Gesprächs verwendet wurden.

Patient und Therapeut stellen sich aufeinander ein, wie es Bateson (1971) anhand eines Baumfällers beschrieben hat, wo keiner der aufeinanderfolgenden Axthiebe vom vorhergehenden unabhängig ist, sondern vielmehr durch ihn bedingt wird und den nächsten partiell mitbestimmt. "Jeder Hieb der Axt wird entsprechend dem Aussehen der Schnittkerbe ..., die durch den vorherigen Schlag hinterlassen wurde, modifiziert und korrigiert." (S.410)

Der Patient ist durch seine Hilfsbedürftigkeit in einem erhöhten Maße bereit, sich mehr oder weniger bewußt dem Interaktikonsangebot des Analyikers anzupassen, "um so mehr, als der Mensch hinter einem so viel bedeutet" (Moser 1974, S.75). Die meisten Anpassungen an den therapeutischen Stil des Analytikers dürften jedoch eher auf einer vorbewußten Ebene erfolgen, wo sich dann möglicherweise eine bestimmte Erfahrung in der Übertragung unerkannt wiederholt. Auch die anschließend zitierte Episode konnte von der Patientin nicht im Rahmen der Übertragung mit ihrer Analytikerin bearbeitet werden. Vielmehr wurde sie, wie das auch bei der Tagebuchaufzeichnung meiner vorher genannten Patientin der Fall war, als eigene Entscheidung für sich behalten und entzog sich somit der weiteren systematischen Bearbeitung.

"Dieser abgrundtiefe Haß war ein Teil von mir. Sie (die Analytikerin) hat gesagt: Kein Schreien! Ich habe mich abgelehnt gefühlt von ihr deswegen. Das hat etwas Verstandesarbeit gefordert von mir, da habe ich zu mir gedacht: Halt! So schafft sie die Möglichkeit, wie sie bei mir bleiben kann. Ich versuchte, es so herum zu sehen, daß sie bereit ist, mit mir weiterzumachen, und daß sie für sich eine Möglichkeit sucht, das auch zu können, und dafür muß sie sich für sich selber schützen. Das war die Basis, die ich dann gefunden habe."

Weiter oben war das gesamte psychische Erleben eines Menschen mit den Eigenschaften eines Systems verglichen worden, in dem die verschiedensten inneren Schemata komplex zusammenwirken und immer wieder zu vergleichbaren Erlebnissen führen, wie bei der genannten Patientin zu dem Gefühl, erneut abgelehnt zu werden. Solche inneren Zirkel wiederholen sich im Rahmen der therapeutischen Interaktion, die im ungünstigen Fall ein sich selbst regulierender zirkulärer Prozeß mit zunehmender Geschlossenheit wird. D.h., daß die starke Tendenz vorhanden ist, sich auf bestimmte Interaktionen und Kommunikationsverläufe einzuspielen. Dabei ist jede Aktion selbst schon wieder eine Reaktion und bedingt ihrerseits die darauf folgende Reaktion und die Reaktion auf diese Reaktion usw.. Durch diese Aufeinanderfolge vergrößert sich die Wahrscheinlichkeit bestimmter Verhaltensweisen sowohl beim Patienten wie auch beim Analytiker, während das Auftreten anderer Interaktionen sich verringert.

Es entsteht hier also eine spezifische Übertragungssituation, die sowohl die Inszenierung des Patienten beinhaltet und andererseits die Züge der persönlichen Gleichung des Therapeuten trägt.

Besonders soll hier nochmals betont werden, daß dabei nicht nur der Patient auf den Analytiker reagiert und ihn in seine pathologische Übertragungsszene einbaut oder sich wachstumsfördernd seiner Person bedient, sondern daß ebenso auch der Therapeut sehr subtil auf das Interaktionsangebot des Patienten reagiert. So zieht Strupp (1996) als Fazit seiner langjährigen Erfahrung als Psychotherapeut und Psychotherapieforscher, daß Therapeuten "sehr schnell etwas, was man als allgemein positive oder negative Einstellung gegenüber dem Patienten bezeichnen könnte" (S.84) entwickeln und daß "diese Einstellung ... einen großen Einfluß auf die diagnostischen und prognostischen Beurteilungen des Patienten durch den Therapeuten, auf Behandlungspläne und ... auf die empathische Qualität der hypothetischen Mitteilungen des Therapeuten an den Patienten" (S.85) hat. Diese grundsätzliche positive oder negative Einstellung aufseiten des Therapeuten kann nicht ausschließlich linear und kausal als Reaktion auf den Patienten konzipiert werden, sie hat allerdings viel mit dessen aktivierter Übertragungsbereitschaft zu tun und ist letztlich das Ergebnis eines vielfältigen Interaktionsvorganges.

Auch der Analytiker ist nicht unabhängig vom Patienten und von der analytischen Situation. Er steht in einem interpersonellen Feld, das teils vorgefunden und teils gemeinsam aufgebaut wurde und auch die Geschichte der bisherigen therapeutischen Begegnungen in sich trägt. Der Analytiker kann nicht mehr als ein unabhängiger Beobachter seines Patienten gesehen werden, vielmehr gehen in seine Beobachtungen und Beurteilungen, somit in seine inneren kognitiven und emotionalen Konstruktionen, schon die Wirkungen der bisherigen Transaktionen zwischen den beiden ein. Somit sind auch seine freischwebende Aufmerksamkeit, ebenso seine innere Antwortbereitschaft (Sandler 1976) und "gleichschwebende Introspektionsbereitschaft" (Wegner 1992) nur bedingt frei und unterschwellig subtil wie durch ein Magnetfeld beeinflußt und gelenkt durch die zwingende Macht der jeweiligen Szene und der bisherigen Interaktionen.

Dadurch, daß der Therapeut als Beobachter mit dem Beobachteten in einer gemeinsamen Beziehung steht, beeinflußt er selbst den beobachteten und behandelten Patienten und ist wiederum selbst durch das Beobachtete in seiner Beobachtung beeinflußt (Maturana 1985, Maturana u. Varela 1984). Viele Sicherheiten und Gewißheiten, in deren Besitz sich die Psychoanalytiker glaubten, werden somit hinfällig und zumindest fragwürdig.

Wird damit alles relativ? Ist eine Erkenntnis überhaupt noch möglich? Oder wird alles beliebig? In einer Antwort auf Hoffmans "sozial-konstruktivistischen" Ansatz (1991), in dem auch er die Teilnahme des Analytikers am analytischen Pozess, die Konstruktion von Bedeutung und die gegenseitige Beeinflussung betont, und auf Reniks (1993) Betonung der unvermeidlichen Subjektivität des Analytikers greift Almond (1995) zurück auf das Konzept der "analytischen Rolle", die dem Analytiker als Gesamtergebnis seiner professionellen Sozialisation im Strudel der Übertragungsereignisse zur Verfügung steht und ihm Modelle dafür liefert, wie er diese beurteilen und wie er damit umgehen kann. Anläßlich eines Fallbeispiels bezieht sich Almond auf seine "... Fähigkeit, von einer rein reaktiven Position überzuwechseln auf eine mehr auf den Patienten gerichtete und selbstreflektive Haltung. Es war das Vorhandensein der analytischen Rolle, die aus einem Agieren nicht nur eine Wiederholung im Rahmen der Übertragungs-Gegenübertragungs-Beziehung hat werden lassen, sondern daraus eine analytische Erfahrung gemacht hat" (S.287). "So hat sich sogar inmitten meiner emotionalen Reaktion ein Teil von mir daran erinnert, daß wir uns im Rahmen einer professionellen Rollen-Beziehung befanden (Analytiker-Patient), die im Gegensatz zu der Beziehung stand, die wir gerade affektiv erlebten. Nach meiner emotionalen Reaktion half mir meine analytische Rolle, halbbewußt zu erkennen, was ich getan hatte, und den speziellen Punkt im Prozeß zu lokalisieren, der meine Reaktion zu einem Ausagieren der übertragenen Objektbeziehung gemacht hat" (Almond 1995, S.488).

Alle Psychotherapeuten arbeiten mit solchen Modellen. Insofern ist Almond ohne weiteres beizupflichten. Worauf es jedoch ankommt, ist nicht, diesen behandlungstechnisch sinnvollen Modellen und Konstrukten ihren heuristischen Wert abzustreiten, sondern sie gegebenenfalls in Frage zu stellen und zu erkennen, inwieweit sie den analytischen Prozeß behindern.

So hat Ermann (1992) das Konstrukt der "Realbeziehung" (Greenson 1967) einer Kritik unterzogen und Deserno (1990) wies in einer Untersuchung über den allgemein akzeptierten Begriff des "Arbeitsbündnisses" (Greenson 1967) nach, daß Greenson, "indem er die Herstellung und Vertiefung des Arbeitsbündnisses anstrebte, sich in wesentlichen Situationen nicht analytisch, sondern pädagogisch verhielt und dabei die Bedeutung seines pädagogischen Verhaltens im Rahmen der Gesamtübertragung nicht erkennen konnte. Während Greenson beruhigt und zufrieden das wiederhergestellte Arbeitsbündnis registriert, bleibt völlig verborgen - und das vermutlich während der gesamten Behandlung -, daß er auf einer latenten Ebene die Grundsituation des Patienten, seine Neigung zur Unterwerfung, mit ihm zusammen noch einmal durchgespielt hatte." (Bettighofer 1994, S.119). "Greenson äußert sich genau dann, wenn er der Frage nachgehen könnte, wie Herr Z. das Vorgehen seines Analytikers erlebt, zum Stand des Arbeitsbündnisses" (Deserno 1990, S.61). Deserno (1990) diskutiert auch einen eigenen Fall und stellt fest, wie er, "geleitet von einem allgemeinen anerkannten technischen Vorgehen, der Orientierung an der Grundregel, in eine erwartungsvolle und fordernde Haltung geratend war" (S.85). Er wies "immer wieder auf den Widerstand im Zusammenhang mit der Grundregel hin" (S.76f.), wodurch das analytische Gespräch zunehmend wie die "Auseinandersetzungen mit ihrer Mutter " (S.79) wurde, die für die Patientin stets mit dem Gefühl geendet hatten, "sie könne der Mutter nichts von sich erklären" (S.79).

Diese Beispiele können verdeutlichen, wie der Rekurs auf behandlungstechnische Konzepte das Ausagieren einer unbewußt zugewiesenen Übertragungsrolle begünstigen kann.

Wann und wo beginnt nun dieser zirkuläre Prozeß, der zur Ausgestaltung der Übertragung führt? Im allgemeinen wird davon ausgegangen - und die behandlungstechnischen Modelle legen das nahe -, daß der Patient zur Stunde kommt, womit er schon den ersten Schachzug getan hat. Der Therapeut versucht sich empathisch auf ihn einzustellen, stellt seine eigenen Interessen hintan und eröffnet dem Patienten so den Raum, den dieser mit seinen Assoziationen, Projektionen und Transaktionen ausfüllen und gemäß seinen eigenen Bedürfnissen gestalten kann. Der Patient bestimmt das Thema der Sitzung (Greenson 1967). Diesem hier implizierten Bild des Analytikers als einer tabula rasa, einer freien Projektionsfläche, wurde von mir bereits energisch widersprochen, weil es irreal ist.

Die Übertragung beginnt vor der ersten Begegnung. Ich vertrete hier die Ansicht, daß sowohl von seiten des Patienten wie auch vom Therapeuten aus die Beziehung zu einander, die innere Beschäftigung miteinander, schon vor der ersten tatsächlichen Begegnung im Erstinterview beginnt. Beide, nicht nur der Patient, sondern ebenso auch der Analytiker, haben eine Übertragung auf den

Anderen in dem Sinne, daß beide zum Verständnis der Situation und zur Orientierung in der Interaktion anläßlich bestimmter auslösender Hinweise - Smith (1990) spricht von "cues" - innere Schemata oder Muster aktualisieren, die von einem zentralen Gefühl begleitet sind und Hinweise für die Einschätzung und die Bewältigung der Situation enthalten.

Übertragung und Gegenübertragung sind aus dieser Perspektive nicht mehr zeitlich aufeinanderfolgende Vorgänge, wobei die Gegenübertragung als eine Reaktion auf die Übertragung folgt, sondern sind gleichzeitige Vorgänge im Patienten und beim Analytiker. Übertragung und Gegenübertragung entstehen als Folge intrapsychischer und interpersoneller Organisations- und Regulationsvorgänge (Fosshage 1994, Levine 1994), die eng ineinandergreifen, aufeinander folgen und sich gegenseitig bedingen. Unbewußt sind beide bestrebt, durch ihre Begegnung ihr inneres Gleichgewicht nicht über ein erträgliches Maß hinaus stören zu lassen und versuchen, sie so zu gestalten, daß ihr Wohlbefinden und ihre Selbstachtung möglichst wenig verunsichert werden.

Auch der Patient ist, trotz seiner Hilfsbedürftigkeit und trotz der häufigen Projektion magischer Heilserwartungen auf den Therapeuten, nicht zu allem bereit, sondern achtet vorbewußt sehr wohl auf den Erhalt eines wenn auch relativ minimalen Wohlbefindens. Er vermeidet die Gefahr weiterer Traumatisierung.

3.3.1.5   Die Eigenübertragung des Analytikers

Man kann den Schwerpunkt in diesem zirkulären therapeutischen Prozeß durchaus auch anders setzen. So geht nach Neyraut (1974) die Gegenübertragung der Übertragung voraus. Auch der französische Analytiker de M'Uzan (1989) spricht von einer "Vor-Gegenübertragung" (S.88), von "vorbeugenden Maßnahmen ...., die der Therapeut ohne sein Wissen ergreift" (S.86), so daß sich "der Widerstand möglicherweise auf die Seite des Therapeuten verschiebt." Der Patient werde als "möglicher Eindringling" (S.86) empfunden, der durchaus in der Lage sei, den Therapeuten aufs höchste zu verunsichern und ihn in große Schwierigkeiten zu bringen, indem er im allgemeinen stabil verdrängte und gegenbesetzte Tendenzen bei ihm freisetzt. Der Analytiker strukturiert unbewußt durch sein übliches Vorgehen und die gesamte Gestaltung des therapeutischen Settings die Beziehung mit dem Patienten so, daß die Gefahr der eigenen Labilisierung und Regression gering gehalten werden kann. Gegen diese Bedrohung ergreift der Therapeut "elementare Maßnahmen des Selbstschutzes", "die zwar seine Fähigkeit zur Deutung gewährleisten, ihn aber auch vor eventuellen schädlichen Folgen seiner Beziehung zum Patienten schützen" (S.84). Die Maßnahmen des Selbstschutzes "reichen von einer übertriebenen Beobachtung bis zur Zerstreutheit, vom Schweigen bis zur verführenden Deutung, von der Suche nach Triebbefriedigungen, einschließlich masochistischer, bis zur Suche nach narzißtischer Gratifikation" (S.84).

Auch die Deutung sieht M'Uzan als eine Funktion des Gegenübertragungs-Widerstandes, um zu vermeiden, "daß sich die Situation auf beunruhigende Weise entwickelt" (S.85). Vor allem wenn in intensiven analytischen Prozessen die Identifizierung mit dem Patienten sehr stark wird, daß die Stabilität der narzißtischen Besetzung des Therapeuten über das erträgliche Maß hinaus bedroht ist, müßten sämtliche "Bremsfähigkeiten" (S.85) mobilisiert werden. Deutungen könnten u.a. dazu dienen, in diesem Strudel das Gefühl der Abgrenzung wiederzugewinnen.

Das in diesen Überlegungen vermittelte Bild entspricht mitnichten dem des souveränen Psychotherapeuten, als den wir uns gerne sehen möchten. M'Uzan beschreibt zwar die Situation eines um sein inneres Überleben ringenden Analytikers, die in dieser Dramatik nicht gerade alltäglich ist, aber er greift einen äußerst wichtigen und zu wenig beachteten Bereich auf. Der Analytiker wird als Person in der Begegnung mit dem Patienten miteinbezogen, beeinflußt, verändert, unter Umständen auch in Mitleidenschaft gezogen und verletzt.

In meinem Verständnis der therapeutischen Situation, wie es oben entwickelt wurde, ist die Tatsache der sog. Eigenübertragung des Analytikers selbstverständlich und müßte nicht eigens betont und auch nicht begrifflich hervorgehoben werden. Ich will jedoch kurz darauf eingehen, weil die allgemein akzeptierte und weitverbreitete Definition in der Gegenübertragung nach wie vor vorwiegend die "... spezifische, nicht-neurotische Reaktion des Analytikers auf die Übertragung seines Patienten", also "die notwendige Ergänzungshälfte der Übertragung" sieht (Moeller 1977, S.145). Demgegenüber ist das Hervorheben der Möglichkeit einer Eigenübertragung ein entscheidender Fortschritt, weil so die Person des Analytikers mit ihren Idiosynkrasien, ihren eigenen Mustern und Selbstschutzmechanismen ins Blickfeld gerät. Heuft (1990) definiert Eigenübertragung wie folgt:

"Mit 'Eigenübertragung' des Therapeuten in der analytischen Situation werden hier somit alle die innerseelischen Konflikte des Analytikers beschrieben, die ihn nachhaltig daran hindern, die Gegenübertragungsabbildungen im Dienste des Prozesses zu analysieren - entweder aufgrund persistierender neurotischer Fixierungen, deren Konfliktpotential zu Trieb- und Über-Ich-Konflikten beim Analytiker führen, oder noch unreflektierter Werthaltungen, oder wegen bisher ihm unbekannter, z.B. den Patienten traumatisierender Situationen, deren Einfühlung bisher nicht 'eingeübt' werden konnte. Eigenübertragung markiert damit stets eine aktuell auf der Therapeutenseite wirksame Begrenzung, die über reflexionswürdige momentane Abwehrleistungen des Therapeuten hinausgehen kann." (Heuft 1990, S. 306).

"Wenn das Faktum einer möglichen Eigenübertragung offener diskutiert werden könnte" (Heuft 1990, S.307), könnten mit Sicherheit therapeutische Prozesse besser verstanden und der analytische Prozeß insgesamt zutreffender konzeptualisiert werden.

Auch in der amerikanischen analytischen Literatur hat diese Auseinandersetzung erst während der letzten Jahre begonnen. So wurde z.B. das Ergebnis eines durch die Amerikanische Psychoanalytischen Gesellschaft abgehaltenen Panels über nicht erfolgreiche Behandlungen von Chused mit der zentralen Aussage zusammengefaßt, daß bei dreien der vier vorgestellten Fälle für den Mißerfolg die "Psychologie des Analytikers" eine Rolle gespielt hatte und daß im vierten Fall der Mißerfolg nach einer bewußten Reflexion der Situation unter Einbeziehung der Person des Analytikers noch vermieden werden konnte (Nuetzel 1993, S.751). Auch Levine (1994) betont die unvermeidliche Entwicklung von Übertragungen auf seiten des Analytikers und schließt das Verhaken seiner eigenen unbewußten Konflikte mit dem Übertragungsangebot des Patienten nicht aus.

Caper (1995) entdeckte erst in der Reflexion seines Falles eine auf den Patienten bestehende archaische Überich-Projektion, die ihn bis dahin unbewußt daran gehindert hatte, eine bestimmte Deutungslinie, die er nachträglich für sinnvoller gehalten hätte, einzuschlagen. Er hatte diese verworfene Deutungsrichtung vermieden, weil er den Patienten nicht unnötigerweise verletzen und die Beziehung zu ihm nicht aufs Spiel setzen wollte. Derartige Rationalisierungen mithilfe behandlungstechnischer Konzepte, mithilfe von Wert- und Zielvorstellungen sind in der täglichen Praxis sicherlich sehr häufig und fallen oft nicht auf, da sie mit behandlungstechnischen Strategien, die ja durchaus einleuchtend sind, deckungsgleich sind. Jacobs (1986) liefert dafür einige Fallbeispiele, die sich auf das Schweigen, auf Empathie, Neutralität und das Beenden der Behandlung beziehen, wo er stets nachweist, daß mit dem jeweiligen therapeutischen Vorgehen immer auch eine Eigenübertragung kaschiert worden war.

Dazu ein konkretes Beispiel von Jacobs (1986) aus der Behandlung einer berufstätigen Patientin in mittlerem Alter:

"Während einer bestimmten Sitzung wurde mir bewußt, daß ich ein besonders starkes Mitgefühl hatte. In dieser Stunde konnte ich richtig mit den Augen der Patientin sehen, konnte ihr Erleben nachvollziehen und nachempfinden, wie sie sich gefühlt hatte. Nachdem die Patientin meine Praxis verlassen hatte, bemerkte ich mit Staunen, daß ich etwas verwirrt war, und mir fiel auf, daß sie mir nur eine Seite der komplexen Geschichte erzählt hatte. Diese Reaktion veranlaßte mich, mir nochmals Gedanken über diese Sitzung zu machen. Dabei wurde mir klar, daß mir die Szene, die die Patientin herausgegriffen hatte, selbst sehr vertraut war und daß ich während meiner eigenen Adoleszenz schon eine ähnliche Rolle gespielt hatte. Aufgewühlt durch einen Streit mit ihrem Ehemann, konnte die Patientin nicht schlafen. Sie wartete, bis ihr adoleszenter Sohn von seinem abendlichen Ausgang nachhause gekommen war und erzählte ihm ziemlich ausführlich von ihren Problemen. Er hatte ihr zugehört und Verständnis gezeigt, ebenso wie ich selbst das getan habe, als meine Mutter mir unter ähnlichen Umständen erzählt hatte, wie sehr sie das Verhalten meines Vaters verletzte und wütend machte. Als ich Frau A. zuhörte, wurde ich unbewußt wieder der Junge am Küchentisch, der zuhörte und die Aufregung seiner Mutter mit ihr teilte. Ich war wieder zum guten Zuhörer mit viel Mitgefühl geworden, der aber gleichzeitig auch vor sich selbst verbergen mußte, daß er sich gegen das, was er anzuhören hatte, auch wehren wollte. Ich war auch erst dann, als die Patientin gegangen war und ich allein war, in der Lage ... , mir darüber klar zu werden, daß meine Reaktionen während der Sitzung nur die eine Seite einer komplexen Gegenübertragungsreaktion waren. Die andere Seite, mein Ärger darüber, daß sich die Patientin als hilfloses Opfer und ihren Mann als den brutalen

Aggressor darstellte, hatte ich wie früher abgewehrt, indem ich mein starkes Mitgefühl überbetonte" (S.296f.).

3.3.1.6   Agieren und Mitagieren der Übertragung

In der eben zitierten kleinen Fallvignette beschreibt Jacobs die Situation eines Gegenübertragungsagierens auf dem Hintergrund einer Eigenübertragung. Solche Konstellationen waren den Analytikern immer schon bekannt. Relativ neu ist allerdings die ehrliche Bereitschaft, den pseudo-objektiven Charakter von behandlungstechnischen Konstrukten und Parametern zu erkennen und sie u. U. in ihrer Funktion im Rahmen einer Gegenübertragung zu sehen. Dadurch werden diese Konstrukte nicht falsch und unbrauchbar. Aber es wird deutlich, daß ihr Ursprung in einer lebendigen Interaktion liegt, aus der ein Teil herausgelöst, abstrahiert und zum Begriff verfestigt wurde. Der Begriff bekommt dadurch einen substantiellen Charakter, die Qualität eines Dinges, während seine interaktionelle Herkunft völlig verloren geht. So entsteht der trügerische Eindruck, man könnte mit ihm arbeiten wie mit einem beliebigen Handwerkszeug.

Oft geraten Therapeuten, während sie ein bestimmtes Ziel verfolgen oder mit einem methodischen Prinzip arbeiten, unerkannt in die Falle der Übertragung und merken nicht rechtzeitig, daß sie in der Verfolgung ihres behandlungstechnischen Vorgehens die Übertragung unbewußt mitagieren, wie es z.B. in dem bereits erwähnten Bericht von Deserno (1990) gezeigt wurde. Ich kann den Beschreibungen von Jacobs (1986) in ihrer sympatischen Offenheit nur beipflichten, weil er aufzeigt, wie er bei der Verwirklichung so zentraler Konzepte wie der Empathie, der Neutralität, dem analytischen Schweigen usw. in einer zunächst unerkannten tiefen Identifikation mit dem Patienten von der Übertragung erfaßt wurde und sie unwissentlich mitagiert hatte.

Ferenczis Experimente: Modifizierte Technik oder Gegenübertragungsagieren?

Derartige Vorgänge des Mitagierens waren den Analytikern schon sehr früh bekannt. Sie bezogen sich zunächst auf sehr grobe libidinös-sexuelle Abstinenzverletzungen (Krutzenbichler u. Essers 1991). Etwas später löste die Frage des Umgangs mit Regression im Hinblick auf die Experimente von Ferenczi, seinen "Kinderanalysen mit Erwachsenen" (1931, s.a. Fortune 1993), eine kontroverse Diskussion aus. In der Behandlung von tief regredierten und offentsichtlich psychotischen Patienten war er mit seiner "Technik der Mutterzärtlichkeit" (Freud 1931, nach Jones 1962, S.198). auf die regressiven prädipalen Bedürfnisse antwortend eingegangen und hatte damit eine Situation geschaffen, wo er tatsächlich zur Mutter geworden war und reale mütterliche Funktionen wie für ein kleines Kind hatte.

Diese Kontroverse hinsichtlich des Umgangs mit regressiven Prozessen in der Analyse hält an (Haynal 1988) und wurde durch Ermann (1994) wieder neu aufgegriffen. Er sieht in Ferenczis Vorgehen eine Verstrickung mit den Patienten, denen er durch sein Entgegenkommen den Schmerz des Ungeliebtseins ersparen wollte. So verfolgte er das Ziel, ihnen in der therapeutischen Beziehung eine korrigierende Erfahrung zu vermitteln, und bot sich als bessere und fürsorglichere Mutter an.

Ermann (1994) betrachtet dieses Vorgehen von Ferenczi unter dem Gesichtspunkt des Mitagierens auf seiten des Therapeuten unter dem Einfluß eines Gegenübertragungswiderstandes. Aus dieser Perspektive nutzten Ferenczis Analysanden die therapeutische Beziehung zur Inszenierung der unbewußten Fantasie, ein traumatisiertes abgelehntes Kind zu sein. Indem Ferenczi auf die ihm angetragene Rolle der idealen Mutter einging (Sandler 1976) und sich auf einen nicht mehr analysierten, sondern agierten Handlungsdialog (Klüwer 1983, Lachauer 1990) einer Mutter-Kind-Beziehung einließ, nimmt er nach Ermann die eigentliche negative Übertragungsfantasie nicht an. Vielmehr setzt er ihr etwas Neues entgegen. "Er wehrt sich dagegen, der frustrierende Analytiker zu sein. Aber in der unbewußten Phantasie des Analysanden ist er das bereits" (S.713).

Obwohl er auf der Ebene seines bewußten therapeutischen Handelns den Patienten immer weiter entgegenkam, sah er sich irgendwann doch gezwungen, ihnen Grenzen zu setzen. Ermann bringt Ferenczis Schwierigkeit, die negative Übertragung auszuhalten, in Zusammenhang mit dessen von ihm selbst beklagter unvollständigen Lehranalyse bei Freud und mit seiner ungelösten ambivalenten Mutterbeziehung.

Hat Ferenczi nun, indem er auf einen Teil der Übertragung real antwortend einging, wild mitagiert und möglicherweise seine eigene positive Übertragung auf die Patientin sowie insbesondere die von Ermann aufgezeigte Abwehr der negativen Übertragung ausagiert? Oder war Ferenczi mit seinem Mut, sich auf solche Prozesse einzulassen, ein genuin psychoanalytischer Forscher und auf dem Weg zu neuen und wichtigen Entdeckungen, von deren Konsolidierung er nur durch seinen verfrühten Tod abgehalten wurde? Eine eindeutige und schlüssige Antwort darauf gibt es nicht, denn beide Sichtweisen haben auf ihre Weise Recht.

Ferenczi hat ohne Zweifel in dieser Übertragungssituation nicht analysiert, sondern agiert und befand sich mit seinen Patienten wohl auch in einer gemeinsamen Verstrickung. In seinem Versuch, den Patienten gerecht zu werden, neigte er immer schon zum Ausprobieren und Experimentieren. Es ist äußerst schwer, eine klare Trennlinie zu ziehen zwischen dem Experimentieren mit neuen behandlungstechnischen Möglichkeiten und einem simplen Mitagieren (Bokanowsky 1996). Sicherlich läßt sich nicht abstreiten, daß Ferenczi mit seinen Experimenten und seiner Kreativität der Psychoanalyse neben einem Trauma auch einen Steinbruch an kreativen Ideen geliefert hat, der noch keineswegs ausgeschöpft ist und erst während des letzten Jahrzehnts zu intensiven Diskussionen

geführt hat (Cremerius 1983). So bezieht sich z.B. ein Teil dieser Auseinandersetzung in der Tradition Ferenczis auf die erneute Reflexion des konstruktiven
Gebrauchs tiefer regressiver Prozesse im Rahmen von therapeutischen Behandlungen (Balint 1968, Khan 1977, Little 1990) und bei der Behandlung von Borderline-Patienten (Bettighofer 1992, Volkan 1987). Zum ersten Mal hat Ferenczi
auch die Person des Analytikers in den Mittelpunkt seiner Betrachtungen gerückt
und damit eine "kopernikanische Wende" vollzogen (Haynal 1988, S.566).

Interaktionelle Verwicklungen sind keine Ausnahme

Die Auseinandersetzung um Ferenczi weist deutlich auf die weitverbreitete Tendenz hin, auch in der psychoanalytischen Tradition die interaktionelle Verwick-
lung zwischen Therapeut und Patient eher als Ausnahmefall anzusehen, der erst
dann bewußt reflektiert wurde, wenn bereits unerwünschte Behandlungsergeb-
nisse wie Stagnation (Rosenfeld 1987), Verschlimmerung der Symptomatik, zunehmende Regression oder andere Fehlentwicklungen eingetreten waren. Hier
wurde man dann auf die Verstrickung des Therapeuten mit der Übertragung des
Patienten aufmerksam und hat analog zur Übertragungsneurose des Patienten den
Begriff der sog. Gegenübertragungsneurose (Racker 1959) eingeführt. Der Begriff kennzeichnet eine pathologische Situation in der Beziehung zwischen Therapeut und Patient, bei der der Analytiker selbst mit eigenen neurotischen Anteilen einbezogen ist. Da der Begriff im wesentlichen auf die Kennzeichnung einer
Behandlungskrise und eines pathologischen Interaktionsprozesses reduziert
wurde, was impliziert, daß es sich um eine Ausnahme handelt, wurde sein allgemeiner Erklärungswert für das Verstehen von therapeutischen Interaktionen auf-
gegeben.

Heute muß zunehmend anerkannt werden, daß die therapeutische Situation ein
gemeinsames Handeln, ein Miteinander-Umgehen darstellt, bei dem der Therapeut naturgemäß nicht anders kann, als mehr oder weniger miterfaßt zu werden,
somit mitzuagieren und aus eigenen Übertragungen heraus in die Szene hinein-
zugeraten. Man kann darin nicht länger einen therapeutischen Verfahrensfehler
sehen, wie das lange Zeit üblich war. Ein theoretischer Erkenntnisfortschritt ist
nicht dadurch zu erzielen, daß solche die neurotische Übertragung partiell mita-
gierenden Handlungsdialoge auf die Wirkung einer neurotischen Störung des
Therapeuten oder seiner sogenannten Restneurose zurückgeführt werden. Denn
sie beruhen letztlich nicht auf den neurotischen Anteilen der Therapeutenpersönlichkeit, sondern verweisen auf die anthropologische Grundtatsache, daß Menschen sich einander interaktionell "anstecken" und dadurch überhaupt erst in
Kommunikation zueinander kommen.

Mitagieren ist unvermeidlich und erwünscht

Das Involviertwerden des Therapeuten in einen interaktionellen Prozeß, bei dem nicht nur auf seiten des Patienten, sondern auch beim Therapeuten neurotische Strukturen sichtbar werden können, ist somit ein ubiquitärer Vorgang. Er ist nicht nur unvermeidlich, sondern im Interesse der Einsichtsgewinnung (Klüwer 1983) und der Verlebendigung der therapeutischen Beziehung auch erwünscht (Hoffman und Gill 1988).

Mit diesen Gedanken soll weder einer relativistischen Beliebigkeit das Wort geredet werden noch soll der Eindruck hervorgerufen werden, daß ein bedenkenloses und unreflektiertes Mitagieren unterstützt wird. Es geht, ganz im Gegenteil, ausschließlich darum, gerade dadurch sich der großen Verantwortung für den Verlauf des Prozesses zu stellen, daß man das Bewußtsein für das unvermeidliche Involviertwerden in den therapeutischen Prozeß schärft und als Grundlage für eine Reflexion des gemeinsamen therapeutischen Handlungsdialogs nimmt.

3.3.1.7   Übertragungswiderstand und Gegenübertragungswiderstand -
            Von der Psychodynamik zur Interaktion des Widerstandes

In der ursprünglichen Behandlungstheorie wurde der Widerstand individualistisch und nur auf seiten des Patienten lokalisiert: Der Patient hält eine innere, wenn auch partiell neurotische, Kompromißbildung zwischen Wünschen und Abwehr z.B. durch Verdrängung und Gegenbesetzung aufrecht und wehrt sich unbewußt gegen die Labilisierung des dadurch erreichten, bestmöglichen Gleichgewichts. In der Behandlungssituation manifestiert sich dieser Vorgang als Widerstand gegen Veränderung, der im Patienten lokalisiert ist und von ihm aus die therapeutische Situation bestimmt. Glover (1927) hat schon vor langer Zeit zum ersten Mal von einem Gegenübertragungs-Widerstand gesprochen. Auch Ehrenberg (1985), der interpersonellen Schule Sullivans nahestehend, gebraucht dieses Konzept, das im deutschen Sprachraum vor allem durch Ermann (1984, 1987) eingeführt wurde (s.a. Blankenburg-Winterberg 1988).

Der Patient dringt in den Analytiker ein

Der Ambivalenz, mit der Patienten eine Psychotherapie beginnen, wo dem Heilungswunsch Ängste vor der Aktualisierung innerer Konflikte in der therapeutischen Beziehung gegenüberstehen, entspricht spiegelbildlich die Ambivalenz auf seiten des Analytikers. Wenn er sich dem Patienten zuwendet und sich auf eine therapeutische Beziehung einläßt, werden auch bei ihm konflikthafte innere Schemata aktualisiert. Dies ist insbesondere bei Patienten mit schweren Persönlichkeitsstörungen und starken regressiven Tendenzen der Fall, mit denen der Umgang sehr schwierig ist (Reimer 1991). Diese Patienten können intensive Übertragungsfantasien und -gefühle entwickeln und den Therapeuten sehr schnell in eine Interaktion zwingen, die häufig die Charakteristik einer projektiven Identifizierung annimmt.

Je stärker der Patient regrediert und je intensiver sein Übertragungsangebot deshalb ist, desto mehr wird es vom Psychotherapeuten als intrusiver Akt, als ein Eindringen in die eigene innere Gefühlswelt empfunden. Aus dem Bedürfnis heraus, die dadurch entstehende Verunsicherung des eigenen Selbstgefühls und potentielle Verletzungen und Kränkungen zu vermeiden oder wenigstens auf einem erträglichen Niveau zu halten, wird er selbst, meist unbewußt, Widerstand leisten, um sich zu schützen. Dem Widerstand liegt somit auch aufseiten des Therapeuten eine Angst vor Traumatisierung oder Retraumatisierung zugrunde (Bacal und Newman 1990). Er muß sich nicht nur vor dem Auftauchen von als gefährlich erlebten Trieben, Wünschen und Gefühlen schützen, sondern fürchtet auch die Wiederholung einer früheren psychischen Verletzung, z.B. Angriffe auf sein Selbstwertgefühl, denen er als Kind hilflos ausgeliefert war.

Wie der Patient eine Übertragung und eine Gegenübertragung auf den Analytiker entwickelt, so entsteht auch beim Analytiker eine mehr oder weniger latente Übertragung eigener Schemata sowie die sog. Gegenübertragung auf den Patienten. Und ebenso verhält es sich beim Widerstand. So wie der Patient einen Übertragungswiderstand hat, so verspürt auch der Therapeut ein inneres Streben gegen die Entwicklung einer Übertragung bzw. Gegenübertragung sowie gegen die Auflösung dieser Übertragung - eine Differenzierung, die von Gill (1979, 1982) eingeführt wurde.

Gegenübertragungswiderstände sind vermutlich sehr häufig, sie äußern sich jedoch meistens sehr subtil und sind deswegen schwer zu erkennen. Wie der Widerstand begleiten auch Gegenübertragungswiderstände des Therapeuten auf Schritt und Tritt die Behandlung.

Solche Widerstände können sich beispielsweise darin äußern, daß der Analytiker zu spät kommt, keine Lust hat, lustlos zuhört oder auch überengagiert ist, abschweift, vergißt und merkt, daß er mit dem Patienten nicht in Kontakt ist. Es ist dann ein leichtes, zu deuten, daß der Patient den Kontakt vermeiden, den Therapeuten ermüden wolle usw.. Möglicherweise ist ihm diese Kontaktlosigkeit zunächst jedoch ganz angenehm. "Manchmal spürt man einen deutlichen Unwillen, einen Patienten auf einen Widerstand aufmerksam zu machen, und die Tendenz, sich einfach zurückzuziehen; manchmal ertappt man sich dabei, ausführliche Schilderungen von Einzelheiten zu verlangen, ohne sie zu deuten. Gelegentlich spürt man, wie man sich gegen Vorwürfe verschließt oder eine Deutung als Mittel mißbraucht, sich zu verteidigen oder zu verbergen. Das sind Widerstände, die man als Analytiker bei sich selbst erfahren kann. Im Laufe der Jahre spürt man vielleicht deutlich seine Verletzlichkeit als Analytiker oder daß man sich gelegentlich schützt, wenn Wut und Haß sich offen gegen einen richten, oder daß man in Loyalitätskonflikte gerät, wenn man sich vom Liebeswerben seiner Patienten wirklich berühren läßt. Man erkennt rascher: man ist neugierig, schaut gern einmal durchs Schlüsselloch, fühlt sich sadistisch, neidisch, gierig oder voll Eifersucht. Solche Gefühle und Reaktionen bringen einen in Konflikt zwischen seiner triebhaften und seiner vernünftigen Persönlichkeit ... . Solange dieser Konflikt unbewußt bleibt und nicht greifbar ist, ist es schwierig, im Widerstand die analysierende Rolle nicht aufzugeben. Dann behandelt man den Patienten unbemerkt, als wollte er einen wirklich ausrauben, und vergißt eine Stunde; oder dann fühlt man sich durch seine Angriffe so verletzt, daß man sich unbemerkt zurückzieht; oder dann weidet man sich unbewußt an Fantasien, statt sie zu analysieren" (Ermann 1984, S.66f.).

Insbesondere im Falle von Stagnationen in einer Behandlung und bei ausbleibendem Behandlungsfortschritt, ebenso wenn sich der analytische Prozeß nicht vertieft, sondern abflacht und energielos wird und v.a. bei Behandlungskrisen ist es dringend geboten, die Möglichkeit eines Gegenübertragungs-Widerstandes ernsthaft in Betracht zu ziehen.

Ein Beispiel von Ermann (1992):

"Das Institut, in dem ich arbeite, mußte neue Räume beziehen. Ich war natürlich darauf vorbereitet, daß meine Analysanden auf diesen Umzug reagieren würden. Dennoch war ich über die Intensität und Dauer der Reaktionen überrascht. Einer fühlte sich durch die neue Situation dermaßen irritiert, daß er sich in den Analysestunden völlig isolierte und wie erstarrt wirkte, ein zweiter reagierte mit einer Symptombildung, ein dritter mit drastischen Vorwürfen gegen das Institut und weitreichenden Befürchtungen, dieser Umzug sei ein Symptom für ein bevorstehendes Ende der Psychoanalyse. Von dem ersten fühlte ich mich wie abgeschnitten, im Kontakt blockiert; der zweite gab mir das Gefühl verzweifelter Hoffnungslosigkeit und Aussichtslosigkeit; und der dritte erweckte in mir, nach anfänglichen Regungen, ihn zu beschwichtigen, Angriffe - ich fand die Vorwürfe und Befürchtungen "überzogen" und "unrealistisch". In meinen Deutungen zentrierte ich auf die verleugnete Enttäuschung, die wohl alle drei erlebten, weil ich sie nicht genug vor der "Willkür" des Instituts schützen konnte, und auf die schmerzliche Erfahrung, daß ich mein Haus/ meinen Raum/ mich selbst verändert hatte und damit womöglich nicht nur fremd, sondern verfolgend geworden war. Ich bemerkte, wie schwer es ihnen war, die auf mich bezogenen Gefühle zuzulassen, und ich deutete das als Ausdruck der Angst darüber, daß sie mich überfordert und verletzt erlebten, ihren Angriffen nicht gewachsen, und sich vor Gegenangriffen fürchteten. Dabei ließ ich mich von einem Gefühl diffuser innerer Verwunderung leiten, das ich seit dem Abschied aus den alten Räumen erlebte, und zwar verstärkt in den Analysestunden, wenn ich mich zurückwünschte. Doch obwohl ich mich bei diesen Deutungen auch auf Wahrnehmungen meines eigenen Erlebens bezog, wirkten sie kühl und distanziert und brachten kein weiterführendes Verständnis. Erst im Laufe der Zeit bemerkte ich, wie sehr der Umzug mich selbst tatsächlich belastete; es kam hinzu, daß ich mein persönliches Arbeitszimmer in den neuen Räumen noch nicht beziehen konnte und vorübergehend mit einem Kollegen das Zimmer teilte. Uralte Gefühle der Heimatlosigkeit kamen in mir auf, die ich in der Hektik des Umzugs gar nicht gespürt und durch meine Aktivität wohl auch zur Seite geschoben hatte. Zugleich spürte ich, wie sehr auch die Analysestunden mich belasteten und ich mir wünschte, endlich mit meinen Analysanden wieder zu anderen Themen als dem Umzug zu kommen. Dabei irritierte es mich, wie parallel die Thematik in den drei Analysen in Erscheinung trat; dies ließ bei mir den Verdacht aufkommen, möglicherweise selbst an diesem Verlauf mehr Anteil zu haben als mir deutlich war. Schließlich wurde mir der Wunsch bewußt, von meinen Analysanden durch Intimität und Gefühle der Geborgenheit , die sie in mir erzeugen sollten, vor der Verlorenheit geschützt zu werden, die ich in diesen Wochen verspürte.

Ich erblickte darin eine eigene Übertragung, die mit gleichsinnigen Tendenzen meiner Analysanden zusammentraf und diese möglicherweise fixierten. Seit ich diesen eigenen Anteil klarer wahrnahm und ihn nicht mehr bekämpfte, wurden meine Deutungen lebendiger. Ich bekam das Gefühl, meinen Analysanden wieder besser gerecht zu werden. Dabei bezog ich meinen eigenen Anteil als konstitutiven Faktor der Übertragungsbeziehung auch direkt in eine Deutung mit ein: Ein Analysand zum Beispiel beschäftigte sich in dieser Zeit mit der Erinnerung, wie er als Kind durch eine Unachtsamkeit seiner Mutter gestürzt war und sich die Hand gebrochen hatte. Er berichtete, wie die Mutter in Tränen ausgebrochen war und er sie tröstete. In diesem Zusammenhang sagte ich ihm, daß seine Einfälle auf unsere Situation Bezug nahmen; daß er meine Belastung spürte und nun mich tröstete; und daß dabei für seinen Schmerz kein Raum blieb" (S.290 f.).

Ermann (1987) unterscheidet folgende Widerstände im Analytiker:

1. Widerstand dagegen, sich als Objekt vom Patienten verwenden zu lassen. "Wir können uns den Übertragungsprojektionen des Patienten verschließen und einen Widerstand dagegen aufrichten, uns als Objekte für die Inszenierung von Übertragungen zur Verfügung zu stellen, weil die damit verknüpften Ängste in uns selbst Abwehr hervorrufen.
2. Wir können uns mit dem Widerstand des Patienten verbünden und eine Gegenübertragung entwickeln, die den Widerstand legitimiert ... " (S.106).
3. Ausagieren der Gegenübertragung. "In diesen Fällen bleibt die Identifikation mit den Übertragungsprojektionen des Patienten uns unbewußt und wir verhalten uns tatsächlich so, wie die Übertragung des Patienten es uns vorschreibt.... Diese Art des Widerstandes enthält die Gefahr, mit Krisen in der Behandlungsbeziehung manipulatorisch umzugehen" (S.106).

3.3.2 Die latente szenische Übertragungs-Gegenübertragungs-Beziehung - die reale Wiederholung des Traumas in der therapeutischen Beziehung

Die in der therapeutischen Situation aktivierten inneren Schemata des Patienten können einen solch starken subtilen Einfluß auf den Therapeuten ausüben, daß sich unweigerlich die entscheidende traumatische Situation oder die traumatisierende kindliche Beziehungskonstellation des Patienten im Rahmen der therapeutischen Situation wiederholen kann. Diese Wiederholung kann auf unterschiedlichen Ebenen geschehen:

3.3.2.1   Die direkte Antwort in der Gegenübertragung

Jeder praktizierende Analytiker kennt Patienten, die ihr Gefühl des Ungeliebtseins auf eine Weise ausagieren, daß der Analytiker nach einiger Zeit tatsächlich
das Gefühl und die Fantasie bekommt, ihn am liebsten los zu sein.

Eine Patientin, deren Mutter in ihrer Selbstobjektfunktion versagt hatte, und die in sozialen
Gruppierungen meist außenstehend war, brachte sowohl in Einzel- wie in Gruppengesprächen
ihre Bedürfnisse nach Zuwendung und Zugehörigkeit nonverbal in einer subtilen depressiv-for-
dernden und unterschwellig aggressiven Art und Weise zum Ausdruck, die ihr selbst völlig unbewußt war. Obwohl sie ihrer Ansicht nach nur versuchte, ihre berechtigten Bedürfnisse und
Wünsche zu äußern, erlebte ihr jeweiliger Interaktionspartner wie auch ihr Analytiker in einer
geradezu frappierenden Gleichförmigkeit das komplementäre (Racker 1959) zurückweisende
Gefühl, das sie von ihrer Mutter kannte und immer wieder erlebt hatte.
    Ein anderer Patient hatte in der analytischen Situation den Spieß umgedreht, wodurch der
Therapeut nun mit der Selbstrepräsentanz des Patienten identifiziert war, während der Patient
selbst mit der Rolle seiner Mutter identifiziert war. Insofern hatte er den Therapeuten in eine
Situation gebracht, in der dieser partiell die schmerzende Abwertung zu spüren bekam, unter
der der Patient selbst bei seiner Mutter gelitten hatte.
    Eine Kollegin berichtete von einem Patienten, dessen Angstsymptomatik die Angst vor Ob-
jektlosigkeit zugrundelag. In der therapeutischen Beziehung suchte er die dringend ersehnte
Nähe zu seiner idealisierten Therapeutin auf eine für sie sehr distanzlos und grenzüberschrei-
tend wirkende Weise, indem er sie z.B., wenn er die erste Stunde hatte, nicht im Wartezimmer,
sondern vor der Praxistür oder auf der Straße erwartete oder vor Beginn seiner Stunde schon
dicht vor der Tür ihres Behandlungszimmers stand. Die Kollegin reagierte mit heftigen Gefühlen des Bedrängtseins, der Angst und sogar des Ekels vor ihm und mit dem Impuls, ihn wegzu-
drängen und loszuwerden - letztlich in die Objektlosigkeit und Einsamkeit, aus der er her-
kommt.

Im Sinne einer konkordanten Identifizierung reagierte Jacobs (1986), als er mit
überengagiertem Mitgefühl seiner Patientin zuhörte und sich mit ihr gegen ihren
Ehemann verbündete. Von der identifikatorischen Übernahme eines Introjekts
des Patienten spricht auch Holderegger (1993) in seinem Konzept der
"traumatisierenden Übertragung". Hier setzt der Patient im Sinne einer Rollen-
umkehr vom passiven Erleiden zum aktiven eigenen Handeln den Analytiker der
von ihm selbst erlebten Traumatisierung aus (Wurmser 1987). Der Therapeut erlebt entsprechend beängstigende, bedrohliche und schmerzhafte Erfahrungen
durch die verbalen und nonverbalen Aktionen des Patienten, woran zu erkennen
ist, "daß der Patient dem Analytiker das bedrohte innere Kind anvertraue, damit
er dieses halte und vor Übergriffen bzw. vor einer psychischen Vernichtung be-
schütze, dessen Gefühle ausspreche und sich an seiner Stelle auf die Gefahr ein-
lasse, die sich durch die Neuinszenierung des Traumas ergibt" (Holderegger
1993, S.24). Der Patient ist dabei mit seinem destruktiven Introjekt, also einer
frühen destruktiv erlebten Bezugsperson identifiziert, vertritt dessen Gefühle, Interessen und Absichten und bringt den Therapeuten in die Position des Opfers,
das er damals selbst gewesen war. Diese Form der Übertragung, die sicherlich jedem Therapeuten zur Genüge bekannt und bei Borderline-Patienten mit der Nei-

gung zum Agieren besonders ausgeprägt ist, kann leicht eine solche Intensität annehmen, daß der Analytiker trotz des Kampfes um Neutralität und Abstinenz sich zu Aktionen verleiten läßt, indem er etwa auf subtile Weise gegenaggressiv ist oder subaggressive Deutungen gibt, indem er Grenzen setzt oder mit der Beendigung der Behandlung droht.

Diese Ebene der therapeutischen Beziehung läßt sich sehr gut mit dem interaktionellen Gegenübertragungskonzept von Körner (1990) erfassen. Er konzipiert Übertragung und Gegenübertragung als eine "Einheit im Widerspruch". "Sie bilden eine Einheit, weil sie einander "antworten", aufeinander hinweisen, vor allem aber, weil sie getrennt darstellen, was eigentlich zusammengehört. Übertragung und Gegenübertragung sind "Spaltungsprodukte" eines einzigen intrapsychischen, ehemals interpersonalen Konfliktes. Der Widerspruch von Übertragung und Gegenübertragung liegt darin, daß sie getrennt voneinander bleiben müssen, um das Geheimnis des Patienten zu wahren. In der Übertragungsbeziehung trennt der Patient also zwei Seiten eines inneren Konfliktes und hält sie doch zusammen" (Körner 1990, S.98f.).

Thea Bauriedl (1994) knüpft an den gleichen Sachverhalt wie Körner an und bringt einen systemischen Aspekt in die Betrachtung. Anhand ihres Konzepts der "Ambivalenzspaltung" beschreibt sie einige der Möglichkeiten des Patienten ausführlicher, seine inneren Konflikte in der therapeutischen Beziehung zu externalisieren und sie zu Übertragungs-Gegenübertragungs-Inszenierungen zu machen.

Nach Anna Freud (1936) besteht Neutralität darin, daß der Analytiker zu den inneren Strukturen des Es, Ich und Überich und zu den inneren Objekten einen möglichst gleichen Abstand wahrt, sich also nicht zu sehr oder gar chronisch mit einem bestimmten Anteil der inneren Welt des Patienten identifizert. In der praktischen Arbeit mit Patienten ist es jedoch die Regel, daß diese äquidistante Neutralität immer wieder gestört wird und daß sowohl Überidentifizierungen als auch komplementäre Rollenübernahmen stattfinden. Wenn der Therapeut zu einseitig den progressiven Aspekt verkörpert, indem er z.B. einer sehr selbstunsicheren Patientin aufzeigt, wieviel besser sie schon in ihrer Arbeit zurechtkommt, kann es sein, daß die Patientin vermehrt die regressive Seite übernimmt, weil sie sich in ihrer Ängstlichkeit und Überforderung nicht wahrgenommen fühlt und diesen Aspekt deshalb umso mehr zur Geltung bringen muß. Es ist offensichtlich, wie schnell ein solcher "polarisierender Austausch von abgespaltenen Ambivalenzen" (Bauriedl 1994, S.147) zur zwanghaft und sado-masochistisch verclinchten Beziehung zwischen Therapeut und Patient entgleisen kann, in der der Patient sich gegen Einsichten wehrt oder sie nicht umsetzt, obwohl der Therapeut doch so oft die Wünsche, die Abwehr und die genetische Herkunft gedeutet hat; wo er doch immer wieder versucht hat, die guten und konstruktiven Seiten des Patienten aufzuzeigen. Und doch will dieser partout nicht mit einer Verbesserung seines Selbstwertgefühls und seiner Beschwerden reagieren (bzw. danken).

In all diesen Fällen ist der Therapeut mit einer Seite des inneren Konflikts des Patienten identifizert und lebt diese aus, indem er eine bestimmte Behandlungsstrategie verfolgt, ohne zu erkennen, daß er damit einseitig den übernommenen

Anteil verkörpert und der Patient deswegen gar nicht anders kann, als auf dem anderen Anteil und dem damit verbundenen Erleben und Handeln zu beharren. Gerade wenn der Patient in einem intensiven Austauschprozess mit dem Therapeuten steht, übernimmt dieser oft einseitig die Verantwortung für die symptomatische Verbesserung und die persönliche Veränderung und nimmt sie dadurch dem Patienten ab. Aufgabe des Analytikers ist es, solche Konstellationen irgendwann zu erkennen und, wenn irgend möglich, mit dem Patienten daran zu arbeiten, sie zu verändern. Das ist ganz bewußt vorsichtig und nachsichtig formuliert, denn mein Eindruck geht dahin, daß solche neurotischen Konstellationen in vielen Therapien nicht erkannt werden, sondern vielmehr den Behandlungsplänen als rationalisierte Ziele und Strategien unerkannt und somit unreflektiert zugrundeliegen.

3.3.2.2   Die latente Übertragung als Inszenierung

Eine andere Ebene der Übertragung wurde weitaus seltener beschrieben. Das liegt v.a. daran, daß sie auf viel indirektere Weise zum Ausdruck kommt und daher nicht leicht zu erkennen ist. Sie entsteht eher nebenbei und durchzieht oft unbemerkt den analytischen Prozeß. Sie ist jedoch insofern von zentraler Bedeutung, als sich auf dieser Ebene die eigentliche Traumatisierung in der therapeutischen Beziehung oft unerkannt und auch unsspektakulär wiederholt, und zwar in der Art und Weise, wie der Therapeut mit dem Patienten umgeht.

Ich will dies zunächst an einem ausführlichen Fallbericht verdeutlichen:

Ein 30-jähriger Patient, der aus einer erfolgreichen Akademikerfamilie stammt und als einziger das Studium wegen seiner schweren Depressionen und Angstzustände abbrechen mußte, kam nach mehreren therapeutischen Vorbehandlungen und stationären psychiatrischen Behandlungen in analytische Therapie. Schon während der ersten Sitzung bahnte sich eine Übertragungsszene an, die durch mein eigenes Entgegenkommen entstehen konnte und trotz meines diffusen Unbehagens über einen relativ langen Zeitraum unerkannt blieb. Nach der Schilderung seiner Beschwerden fuhr der Patient mit der Bemerkung fort, er habe seine letzte psychotherapeutische Behandlung vor einiger Zeit aufgeben müssen, weil die Therapeutin keine längere Behandlung über die Krankenkasse abrechnen könne. Die Stunden bei ihr hätten ihm geholfen, sie habe ihn reden lassen, ihn nicht unterbrochen, und so sei es ihm möglich gewesen, nach einiger Zeit zu seinen echten Gefühlen zu kommen. Durch diese beiläufige Bemerkung hatte er in mir einen leichten Druck erzeugt, ich wäre gerne ebenso hilfreich für ihn gewesen wie diese Therapeutin, von der er eigentlich gegen seinen Willen hatte gehen müssen. Gleichzeitig spürte ich bereits zu diesem Zeitpunkt eine subtile Versagensängstlichkeit.

Es entwickelte sich relativ schnell eine starke Übertragung von Vater- und Mutterimagines mit intensiven Emotionen, die er jedoch sehr zurückhielt, sodaß sie als wirkliche Affekte kaum zu erkennen waren. Seine Assoziationen waren sachliche Schilderungen ohne deutlich spürbare emotionale Beteiligung. Obwohl er häufig von "fürchterlichen" Erlebnissen und Gefühlen berichtete und sich in völliger Wertlosigkeit als der "allerletzte Dreck" vorkam, blieben die Schilderungen seiner inneren Katastrophen für mich eigentümlich blaß und erzeugten in mir nur ein relativ geringes Mitgefühl. Das fiel mir jedoch noch nicht sonderlich auf, da ich meine Sicherheit und Ungerührtheit auf seine Zuverlässigkeit und ein gutes Arbeitsbündnis bezog. Hinzu kam, daß wichtige psychodynamische Kernkonflikte der Bearbeitung durchaus zugänglich waren. So hatte er in einer direkten Vaterübertragung z.B. "panische Angst" vor mir und spürte andererseits in einer Identifikation mit seinem sadistisch erlebten Stiefvater und mit archaischen destruktiv-sadistischen Über-Ich-Anteilen eine ungeheure Lust, mich zu quälen und zu zerstören: "... daß Sie nach meiner Behandlung total fertig sind und gar nichts mehr machen können". Diese Übertragung hatte zugleich eine weitere dynamische und genetische Ursache in einer pathologischen Beziehung zu seiner geschiedenen alleinlebenden Mutter, zu der er als Kind nie eine wirklich befriedigende und echte Beziehung gehabt hatte und von der er sich nun auch im Erwachsenenalter nicht abgrenzen und ablösen konnte. Beide lebten immer noch in einer wechselseitigen und höchst ambivalenten Abhängigkeit im Haus der Mutter zusammen. Der Patient hatte Angst, durch Autonomieimpulse ihr Leben zu gefährden.

In einer Mutterübertragung auf mich entfalteten sich zunehmend intensive präödipale Fusions- und Abhängigkeitsbedürfnisse, die zunächst unbewußt waren, daraufhin durch Fantasien voller Haß abgewehrt wurden und von ihm erst im Laufe eines Jahres allmählich unter Schamgefühlen eingestanden werden konnten. Es wäre ihm am liebsten gewesen, wenn ich ihn als einzigen Patienten gehabt hätte und mich 24 Stunden am Tag um ihn hätte kümmern können. Zu diesem Zeitpunkt begann zugleich die innere und äußere Ablösung von seiner Mutter. Er machte auch wieder den Versuch einer zunächst vielversprechenden, wenn auch letztlich doch scheiternden Partnerbeziehung.

Trotz dieser positiven Veränderungen bestand die Katastrophenstimmung des Patienten fast unverändert weiter. Auch ich selbst konnte mich eines diffusen Gefühls der Unzufriedenheit nicht erwehren. Im Rahmen einer Supervision wurde mir deutlich, daß ich einerseits zwar durchaus stringent zentrale Übertragungen auf mich bearbeitet hatte, daß ich aber zugleich auch selbst auf einer subtilen und unterschwelligen Beziehungsebene die zentrale Übertragung mitgelebt hatte. So fiel mir jetzt auf, daß ich während der Sitzungen angesichts des vor mir ausgebreiteten Leids nicht nur auffallend gleichmütig war, sondern daß ich mich innerlich auch wie gelähmt fühlte. Bei dem Versuch, den Patienten nicht von sich abzulenken und ihn wenig zu unterbrechen, so wie es die vorangehende Therapeutin mit Erfolg gemacht hatte, wußte ich bald nicht mehr, was ich sagen sollte oder konnte, zog mich auf lange Phasen des Zuhörens zurück und hatte die Fantasie, den wie von einer Blase umgebenen und für mich unzugänglichen Patienten nicht mehr erreichen zu können. Zwischen ihm und mir bestand ein tiefer unüberbrückbarer Spalt, über den hinweg die beschriebenen Übertragungen bearbeitet worden waren. Jetzt mußte ich mir allmählich eingestehen, daß es mir - zumindest nach meiner eigenen Einschätzung - bisher nicht gelungen war, zu ihm den gleichen empathischen Kontakt herzustellen wie meine Vorgängerin. Somit schien sie die bessere Therapeutin und für ihn die bessere Mutter zu sein. Dabei erlebte ich ähnliche Versagensgefühle ihm gegenüber, wie er sie in seiner Familie gegenüber den Eltern und all den erfolgreichen Geschwistern erlebt hatte.

Mir fiel auf, daß zwar seine frühe mißglückte Mutterbeziehung bearbeitet und die abgewehrten symbiotischen Fusionsbedürfnisse in der Übertragung auf mich bewußtseinsfähiger geworden waren. Gleichzeitig war mir aber unbewußt geblieben, daß ich diese zentrale Übertragungslinie auf einer latenten Beziehungsebene subtil mitagiert hatte. Zwischen uns bestand der gleiche Spalt wie zwischen ihm und seiner Mutter. Meine oben aufgezeigten Deutungen waren in sich durchaus richtig und zutreffend, ich hatte allerdings übersehen, daß ich nicht nur die Übertragung seiner Mutterbeziehung auf mich inhaltlich bearbeitet, sondern ihn gleichzeitig genauso behandelt und die gleiche grundlegende Beziehungslosigkeit zu ihm erlebt hatte, die er schon von ihr kannte.

Das bedeutet nun auch, daß seine sadistischen Fantasien und Aggression mir gegenüber nicht nur auf der Übertragung der internalisierten destruktiven Objektbeziehungen auf mich beruhten, also nicht ausschließlich im Rahmen der Mutterübertragung zu verstehen waren. Vielmehr war ich für ihn kein ausreichend gutes Selbstobjekt gewesen und er erlebte in der realen Beziehung mit mir eine ähnliche Beziehungslosigkeit wie mit seiner Mutter. Zwar war sein Haß auf mich partiell eine Übertragungsreaktion, spiegelte jedoch andererseits auch seine unbewußte Enttäuschung über mein Verhalten wider, weil sich auf dieser tiefen Ebene ein grundsätzlicher Teil seiner Mutterproblematik wiederholte. Dieser Teil seiner Enttäuschung und seiner Aggression auf mich war realitätsgerecht und angemessen. Wie viele andere Menschen vor mir konnte auch ich diesen Spalt in seinen Objektbeziehungen nicht überbrücken. Stattdessen entwickelte sich ein destruktiver Interaktionszirkel, in dessen Verlauf sich die primäre Beziehungsstörung wiederholte. In meinem gleichmütigen Ungerührtsein spiegelte sich nicht nur seine narzißtische Abgeschlossenheit wider, meine Gleichgültigkeit war vielmehr auch eine subtile aggressive Gegenübertragungsreaktion auf seine narzißtische Wut.

Unbewußt hatten wir beide versucht, eine Superleistung zu erbringen, ich, indem ich versuchte, für ihn hilfreicher als die Therapeuten und Psychiater oder mindestens so gut wie meine Vorgängertherapeutin zu sein, und er, indem er wie immer höchste Ansprüche an seine Leistungen stellte, wie sie in seiner Familie ständig gefordert worden waren. Durch seine Anfangsbemerkung hatte er in Identifikation mit diesem absoluten Leistungsideal seiner Familie einen Idealanspruch an mich gestellt. Ich war auf dieses neurotische Beziehungsangebot eingegangen und befand mich selbst in einem unbewußten Konflikt zwischen rivalitätsbedingten Größenfantasien, für ihn ebenso wohltuend zu sein wie meine Vorgängerin, und den entsprechenden Versagensängsten. Meine eigene Persönlichkeitsstruktur (König 1991) stellte für das neurotische Interaktionsangebot des Patienten einen passenden Resonanzraum zur Verfügung, der zu einer gemeinsam agierten neurotischen Übertragungs-Gegenübertragungs-Szene führte. Auch meine unterschwellige Aggression ist somit nicht nur als eine Antwort auf die destruktive Aggression des Patienten zu sehen, sondern bezog sich im Rahmen eines nicht befriedigend gelösten inneren Konflikts unbewußt ebenso auf meine eigenen Introjekte. Der Patient hatte also ein loses Ende meiner Konfliktbereitschaft aufgespürt und daran seine eigene pathologische Objektbeziehungsstruktur angeknüpft. Diese Erkenntnis hatte für mich eine sehr befreiende Wirkung und führte in der Folgezeit auch zu einer deutlich gesteigerten Lebendigkeit des Patienten in der analytischen Situation. Ich hatte den Mut, in meinen Interventionen freier, kreativer und etwas weniger vorsichtig zu sein.

Der Kern der latenten Übertragung ist die reale Wiederholung einer grundlegenden frühen Beziehungserfahrung in der tatsächlichen Interaktion zwischen Therapeut und Patient. Beide gehen so miteinander um, daß sie die u.U. pathogene infantile Szene tatsächlich unerkannt inszenieren und somit den darin implizierten Rollenerwartungen voll entsprechen.

Zwischen beiden besteht dann ein "unbewußter Pakt" (Deserno 1990, S.130), durch den der Patient die frühe Traumatisierung noch einmal erlebt. Langs (1982) hat in einem ähnlichen Zusammenhang von einer "psychotherapeutischen Verschwörung" zwischen dem Therapeuten und seinem Patienten gesprochen, in der sie in einer für beide unbewußten Beziehungssituation eine traumatische Szene aus der Kindheit des Patienten gemeinsam ausagieren. Er erwähnt die Möglichkeit, daß selbst in einer solchen im Grunde genommen pathologischen therapeutischen Beziehung der Patient von der Behandlung profitieren kann. So beschreibt er einen Fall, in dem sich der Therapeut in einem sadistisch-masochistischen Clinch mit seiner Patientin befand, der für Außenstehende offensichtlich war. Obwohl die Patientin immer wieder die Sitzung am Tag nach einem solchen massiven Agieren wegen Krankheit absagen mußte, fiel dem Therapeuten diese Situation nicht auf, da er seinen Sadismus in Form von Deutungen austrug, die inhaltlich seiner psychodynamischen Sicht auf die Patientin entsprachen (Langs 1982, S. 59ff.).

Eine latente Übertragung kann somit auch dann vorliegen, wenn die Behandlung über weite Strecken offensichtlich gut und nach den Regeln der Kunst zu verlaufen scheint, wie das ja auch in meiner dargestellten Behandlung durchaus der Fall war (s.a. den Fallbericht von Ermann (1987, S.102 ff).

So hatten Silber (1996) und sein Lehranalytiker die 7-jährige hochfrequente Lehranalyse als erfolgreich beurteilt. Sie war nach den Regeln der Kunst verlaufen und alles war gutgegangen. Erst im Rahmen einer notwendigen zweiten Analyse konnte er aus der rückblickenden Distanz heraus und insbesondere durch das differente Vorgehen des zweiten Analytikers und den unterschiedlichen Verlauf allmählich erkennen, wie sehr er unter der Passivität seines ersten Analytikers gelitten hatte. Diese technische bzw. charakterliche Eigenart und die dadurch iatrogen entstandenen schmerzlichen Affekte und die negative Übertragung mußten verleugnet werden, da sie als zu irritierend und bedrohlich wahrgenommen wurden. So hatte Silber analog zu seiner Kindheitssituation ein idealisiertes Fantasiebild seiner Kindheit auch auf den Analytiker übertragen, sodaß die in der Ursprungssituation verdrängten Triebe und Affekte nicht durchgearbeitet werden konnten. Wiederum erst Jahre später fiel ihm bei seiner Selbstanalyse auf, daß er in dieser zweiten Analyse zwar eine genaue Rekonstruktion der traumatisierenden und verdrängten Kindheitserlebnisse bekommen hatte. Sie hatten fruchtbar miteinander gearbeitet, erkannten jedoch nicht, daß sich zugleich auch die idealisierende Abwehr wieder zwischen ihnen entwickelt hatte. Sie wurde wieder nicht als Wiederholung erkannt, und somit war auch hier die Durcharbeitung der verdrängten Aggression und die Relativierung der starken Idealisierung in der Übertragung nicht möglich gewesen.

Das Erkennen der latenten Ebene setzt voraus, daß wir uns als Therapeuten auch Gefühle und Fantasien eingestehen, die uns unangenehm sind, weil sie unserem bewußten Selbstverständnis zuwiderlaufen und unserer bewußten und beabsichtigten Einstellung dem Patienten gegenüber nicht entsprechen. So war ich erst dann an einem Wendepunkt angelangt, als ich mir eingestehen konnte, daß mich das Leid meines Patienten tatsächlich kalt und gleichgültig ließ. Das war erschreckend und peinlich, weil ich mich meinem Selbstverständnis nach doch durchaus empathisch mit ihm befaßt hatte und wir eine gute therapeutische Beziehung hatten. Er machte Fortschritte, fühlte sich von mir auch verstanden, war aber dennoch verzweifelt darüber, daß sich seine Symptomatik nur wenig verbesserte. Er verstand auch nicht, warum er seine Gefühle in der therapeutischen Situation abspalten mußte und überhaupt nicht spüren konnte. Ich selbst war der Meinung, ihm die weniger kontrollierte und heftige Äußerung seiner manchmal extremen Wut innerlich erlaubt zu haben und sie durchaus aushalten zu können.

Ich machte mir jedoch nicht klar, daß es sich dabei nicht nur um eine Projektion mütterlicher Aspekte auf mich handelte, sondern die Wut sich teilweise auf mich und mein wirkliches Empathieversagen richtete, weil ich mich partiell so abwesend wie die Mutter des Patienten verhalten hatte. So deutete ich dem Patienten seinen Haß auf die Mutter und die dazugehörigen Objektverlustängste. Ich mißverstand seinen Widerstand rein individualistisch und lehnte mich innerlich zurück, ohne den gerade darin enthaltenen und agierten Gegenübertragungswiderstand zu erkennen.

Als ich bei mir wahrnehmen konnte, daß mir dieses Unberührtsein durchaus angenehm war, weil nicht nur der Patient wie durch eine Glasscheibe von mir abgetrennt war, sondern auch ich wie hinter einer Mauer geschützt saß und er mir somit mit seinen Emotionen nicht wirklich etwas antun konnte, änderte sich die Situation. Wenn ich ihn ernstgenommen hätte, hätte ich Angst bekommen müssen, von ihm verletzt und gekränkt zu werden. Erst jetzt konnte ich mir eingestehen, daß es mich wirklich kränkte, bei ihm trotz mancher positiver Veränderungen letztlich keinen wirklichen positiven Durchbruch erzielen zu können. Damit war auch ich wieder in einen wirklichen Kontakt mit ihm eingetreten.

In solchen therapeutischen Beziehungskonstellationen, die zwar oft nicht so dramatisch, aber doch sehr häufig sind, ist es von entscheidender Bedeutung, daß die Aufspaltung und Externalisierung von Objektbildern durch den Therapeuten irgendwann erkannt, reflektiert und aufgelöst werden. Die Entwicklung des Therapeuten muß der des Patienten vorangehen, indem er die Ganzheit in sich selbst wieder herstellt, dem Patienten dessen Teil der Verantwortung für den Fortschritt wieder abtritt und auch ihn wieder in seiner Gesamtheit sieht.

Besonders schwer ist das für einen Therapeuten in Fällen, in denen er vom Patienten solche externalisierten Anteile übernimmt, die mit eigenen habituellen Verhaltensweisen, mit Aspekten seines Behandlungsstils oder mit anderen Aspekten seiner Persönlichkeit zusammenfallen und deshalb ichsynton sind. Dann ergeben sich unbewußte Formen des Mitagierens, die schwer zu erkennen sind, weil sie sich an charakterstrukturellen Kompromißbildungen des Therapeuten festmachen, die dem jeweiligen Therapeuten selbst nicht unbedingt bewußt sind, wo er vielmehr einen eigenen abwehrbedingten blinden Fleck hat.

Gegenübertragungs-Kollusion

Nicht selten kommt es vor, daß unbewußte Motive, unbewältigte Konflikte und spezifische Kränkbarkeiten des Therapeuten mit bestimmten Teilübertragungen des Patienten zusammenpassen. Auf diesen Sachverhalt bezieht sich vermutlich auch Tyson (1986, S.269), der hier von einer "Gegenübertragungs-Kollusion" spricht. So kann die Angst des Patienten, bestimmte Übertragungsauslöser oder Wahrnehmungen über den Analytiker direkt zu benennen, zwar durchaus auf einer neurotischen Basis beruhen. Sie kann aber auch Folge des richtigen Gespürs sein, daß er den Analytiker verletzen und kränken könnte, wenn er seine Eindrücke und Fantasien unverblümt äußern würde. "Wir haben ... bemerkt, daß jeder Praktiker nur soweit kommt, als seine eigenen Komplexe und inneren Widerstände es gestatten ... " (Freud 1910, S.108).

In solchen Konstellationen entscheidet die innere Toleranz und Belastbarkeit des Therapeuten, ob sie in einer pathologischen Wiederholung enden oder ob sich für den Patienten die Möglichkeit zu einem Neubeginn bietet.

Insbesondere hier ist es auch notwendig, die Auflösung der Übertragung nicht nur als eine Aufgabe des Patienten zu betrachten, bei der er durch den Analytiker unterstützt wird, sondern es auch als eine genuine Aufgabe und Möglichkeit des Therapeuten zu sehen, sich gemeinsam mit dem Patienten aus der jeweiligen Übertragungs-Gegenübertragungs-Konstellation heraus zu entwickeln. Patient und Therapeut müssen auch nach Levenson (Purcell 1995) "... gegenseitig ihr miteinander gekoppeltes Problem lösen, weil sie zwei Seiten derselben Münze sind, und das macht es möglich, zuzugeben, daß der Patient etwas wahrgenommen hat, das dem Analytiker unbewußt ist" (S.547). Das geht über die Containing-Funktion des Analytikers hinaus, da er nicht nur die durch den Patienten bei ihm ausgelösten bzw. in ihn "hineinverlagerten" Anteile in sich verdauen und in einem genießbaren Zustand wieder zurückgeben muß, sondern zusätzlich die durch den Patienten berührte eigene unbewältigte Konflikthaftigkeit zu lösen hat. Der Unterschied zwischen ihm und dem Patienten besteht dabei v.a. darin, daß er sich mit seinen inneren Konflikten vermutlich schon häufiger auseinandergesetzt hat als die meisten seiner Patienten und daß er in der Wahrnehmung und der Reflektion von bewußten und unbewußten intrapsychischen und interpersonellen Prozessen und mit deren Umgang besonders geschult ist (Almond 1995).

3.3.2.4 Die Wahrnehmung des Analytikers durch den Patienten und das Bedürfnis nach Beziehungsdefinition

Auf dem Hintergrund eigener und fremder Erfahrungen vertrete ich hier die These, daß ein innerer und gleichzeitig beidseitiger interaktioneller Organisationsprozeß unweigerlich dazu führt, daß die ursprüngliche pathogene Beziehungssituation sich in der Beziehung zum Therapeuten wiederholt, und zwar nicht nur als Projektion, sondern als tatsächliche, oft allerdings sehr subtile Interaktion zwischen Therapeut und Patient. Das geht um einen ganz wesentlichen Punkt über den ursprünglichen, schon bei Freud angelegten Übertragungsbegriff hinaus, der schon sehr luzide bemerkt hatte: "Alle diese unerwünschten Anlässe und schmerzlichen Affektlagen werden nun vom Neurotiker in der Übertragung wiederholt und mit großem Geschick neu belebt. Sie streben den Abbruch der unvollendeten Kur an, sie wissen sich den Eindruck der Verschmähung wieder zu verschaffen, den Arzt zu harten Worten und kühlem Benehmen gegen sie zu nötigen ... ." (Freud 1920, S.19). Freud konnte zwar den Einfluß des Analytikers auf diese Verläufe noch nicht theoretisch konzeptualisieren, aber er erkannte in dieser Beschreibung sehr deutlich die Bereitschaft des Therapeuten zur Rollenübernahme (Sandler 1976) und zum Mitagieren.

Die latente Übertragungsebene entsteht zwar u.a. durch eine solche subtile identifikatorische Übernahme von Patientenanteilen, findet jedoch noch auf einer grundsätzlicheren Ebene statt, "... quasi unterhalb der dem jeweiligen inhaltlichen Material entsprechenden und zuordenbaren relevanten Übertragungs-Gegenübertragungssituation" (Dantlgraber 1989, S.992).

Übertragungs-Auslöser

Hier spielen bestimmte interaktionelle Prozesse eine wichtige Rolle, die meistens vorbewußt oder unbewußt ablaufen und auf die schon des öfteren hingewiesen worden war. Im traditionellen Vorgehen wurde häufig übersehen, daß der Patient den Therapeuten genau beobachtet und auf ihn reagiert. Es wurde nur wenig berücksichtigt, wie er das Verhalten und die Eigenschaften des Analytikers wahrnimmt und wie er diese Wahrnehmungen in das eigene gerade aktualisierte innere Schema integriert. Vielleicht wäre es richtiger, zu sagen, daß der Patient den Therapeuten mit selektiver Aufmerksamkeit nach Hinweisen absucht, die er zum inhaltlichen Ausfüllen seiner bereits aktualisierten Schemata benötigt. Entsprechende Beobachtungen kann man dann als Ursache für seine emotionale Reaktion ansehen.

Fallbeispiel   (Heigl-Evers und Ott 1996):

Im Zusammenhang mit der Aktualisierung einer emotionalen Mangelsituation in der Übertragung erlebt ein Patient die Raumtemperatur als zu kalt. Als eine mögliche Vorgehensweise beschreiben die Autoren folgenden Dialog: "Der Therapeut wird zunächst etwa wie folgt intervenieren: Sie erleben hier eine große Kälte; und es ist natürlich scheußlich. Es ist alles andere als angenehm, es kalt zu haben. Der Patient würde dann möglicherweise sagen: Das ist sehr milde ausgedrückt. Es ist ja nicht nur die äußere Kälte hier im Raum, sondern es ist auch die innere Kälte, und das hängt mit Ihnen zusammen, von Ihnen geht eine solche Kälte aus. Daraufhin der Therapeut: Wie meinen Sie das jetzt, woran machen Sie das fest, daß das von mir ausgeht? Aber es könnte ja etwas daran sein, an dem was Sie da erleben. Daraufhin der Patient: Sie sind unfreundlich, abweisend, unzugänglich. Merken Sie das gar nicht? Der Therapeut: Sollte es sein, daß ich unzugänglich bin? Ich will darüber nachdenken. Im Augenblick kann ich es nicht so spüren. Ich wünschte schon, daß Sie es innen und außen wärmer hätten. Doch was kann ich dazu tun? Der Patient: Das müssen Sie doch wissen! Sie sind doch der Therapeut! Der Therapeut: Es geht dabei doch um Ihr Erleben, um Ihre Empfindungen und Gefühle, um Ihr Inneres und natürlich auch um unsere Beziehung. Vielleicht können Sie mir noch etwas mehr über das sagen, was Sie da erleben. Der Patient: Was soll ich da noch sagen?! Mir geht es nicht gut, und Sie tun nichts dagegen. Der Therapeut: Es bewegt mich schon, daß es Ihnen nicht gut geht, doch was sollte ich dagegen tun, ich allein? Vielleicht können wir es gemeinsam versuchen. Der Patient: Mir ist kalt, Sie kommen mir nicht entgegen, tun nichts für mich. Der Therapeut: Ich finde es schade, daß Sie nicht merken, daß ich da bin und daß es mich schon bewegt, was Sie sagen. Der Patient: Sie müßten etwas tun. Warum tun Sie nichts?! Der Therapeut - etwas traurig: Ich weiß, daß ich das nur mit Ihnen zusammen versuchen kann, Sie besser zu verstehen und vielleicht auch etwas zu verändern" (S.82).

In diesem Beispiel soll eine psychoanalytisch-interaktionelle Methode dargestellt werden, die der Deutung das Prinzip "Antwort" hinzufügt und als ein spezifisches Behandlungsangebot für strukturell gestörte Patienten konzipiert worden ist. Es dürfte also im wesentlichen nicht als Beispiel für eine Übertragungsbearbeitung gedacht sein. Ich möchte es dennoch dafür verwenden, um auf einige Punkte aufmerksam zu machen. Der Therapeut versucht, für den Patienten, seine Wahrnehmungen und Bedürfnisse offen und zugänglich zu sein. Er möchte offensichtlich, daß der Patient sich ernstgenommen und angehört vorkommt. Zugleich ist es ihm wichtig, dem Patienten als Mensch mit guten Absichten zu erscheinen, er nimmt die Empfindung des Patienten an, stellt sich sogar selbst in Frage und sagt, er wolle über seine Empfindung der Kälte nachdenken. Dieses

Angebot erscheint aber wie rein rhetorisch dahingesagt, denn es hat keine wirkliche Konsequenz. Indem er in seiner Intervention weitergeht und sagt, "Im Augenblick kann ich es nicht so spüren", steigt er sofort wieder aus der Bearbeitung der Beziehungsstörung aus und verwickelt sich immer mehr in den Zustand einer Sprachverwirrung, der auch ihn traurig und resigniert macht.

Es findet an keiner Stelle eine Reflektion dessen statt, was in der Übertragungs-Gegenübertragungs-Beziehung stattgefunden hat. Der Therapeut wird durch den Patienten in die Rolle einer kalten und frustrierenden Bezugsperson gedrängt. Der Patient bietet sogar selbst an, daß es nicht nur um die Kälte im Raum, sondern um die Unzugänglichkeit des Therapeuten geht. Dieser macht einen guten Ansatz, indem er mit der Frage, woran der Patient das denn festmache, nach einem potentiellen Übertragungsauslöser nachfragt. "Aber es könnte ja etwas daran sein, an dem, was Sie da Erleben." Daraufhin wird er von seinem Patienten massiv abgewertet, er sei unfreundlich, abweisend und unzugänglich.

Meines Erachtens gibt es in der inneren Haltung des Therapeuten ein Problem. Er hat offensichtlich das Bedürfnis, vom Patienten als überwiegend gutes Objekt wahrgenommen zu werden und ist vermutlich durch dessen Angriffe verletzt und gekränkt. Deshalb haben seine Interventionen hinsichtlich eines vielleicht realistisch beobachteten Übertragungsauslösers und sein Angebot, sich selbst zu hinterfragen, die Qualität des Klein-Beigebens und etwas Unterwürfiges. Innerlich hat er bereits die Verantwortung für den Patienten und sein Wolhlergehen übernommen, so daß die versuchte Übertragungsbearbeitung keine Kraft hat und durch den Patienten einfach abgeschmettert wird. Dieser weist ihm die Rolle der guten Mutter zu, und der Therapeut identifiziert sich ohne erkennbares Widerstreben mit dieser ihm angetragenen Rollenerwartung. Vermutlich hat er Angst, in dieser Rolle zu versagen, ist ja eh schon gekränkt und versucht, sich innerlich zu verteidigen. Als der Patient dann aggressiv und fordernd wird, "das müssen Sie doch wissen!", scheint auch der Therapeut mit mehr Nachdruck zu reden und wird pädagogisch, indem er hilflos und ohnmächtig versucht, aus der Schußlinie zu kommen und den Patienten wieder auf sich selbst zurückzuzwingen. "Es geht dabei doch um Ihr Erleben ..." und "... natürlich auch um unsere Beziehung". Der Therapeut hat offensichtlich gemerkt, daß er die Bearbeitung der Beziehungsstörung abgebrochen hat, aber sein Angebot klingt mehr wie ein schuldbewußtes Zugeständnis und greift die Arbeit an der therapeutischen Beziehung und den Eindrücken des Patienten nicht wirklich wieder auf. Ein nochmaliges Angebot des Therapeuten, "noch etwas mehr über das zu sagen", wird vom Patienten wieder abgeschmettert. Der Therapeut wird zusehends hilflos in seinem bewußten Bedürfnis, für den Patienten etwas Gutes zu tun. Statt sein Scheitern anzuerkennen und dann die entstandene Beziehungsituation und Beziehungsstörung zu bearbeiten, äußert er händeringend seine guten Absichten und nimmt das Mittel der Selbstoffenbarung zu Hilfe, "es bewegt mich schon ... ." Er merkt, daß er den tragfähigen Kontakt zum Patienten verloren hat, spürt auch, daß ihm die ganze Verantwortung für dessen Wohlergehen aufgebürdet worden ist. Wiederum setzt er hier keinen Pflock, nimmt diese Situation nicht zum Anlaß der Bearbeitung, sondern bittet den Patienten um dessen Mithilfe, "vielleicht können wir es gemeinsam versuchen." Er spürt deutlich, daß der Patient in einem massiven Übertragungswiderstand ist, agiert jedoch immer wieder in dieser Rolle weiter, ohne auch nur andeutungsweise aussteigen zu können.

Er hätte durchaus noch eine Chance gehabt. So benennt er sehr deutlich die Beziehungsstörung, indem er aufzeigt, daß der Patient offensichtlich nicht merkt, "daß ich da bin und daß es mich schon bewegt, was Sie sagen." Daß ihm das leid tut, entspricht der Rolle der Mutter, deren Fürsorge von ihrem Kind nicht als solche erlebt wird, die die Vergeblichkeit ihrer Bemühungen und ihre Hilflosigkeit deutlich sieht. Die Ungeschicklichkeit dieses Therapeuten besteht meines Erachtens darin, daß er nicht in der systematischen Bearbeitung der Beziehung bleibt. Anstatt zu bedauern, daß er den Patienten nicht erreicht, hätte er das zunächst als ein Faktum ernstnehmen sollen, um anschließend daran zu arbeiten, warum der Patient nicht mitbekommt, daß er da ist. Er hätte nachforschen können, wie seine Interventionen vom Patienten wahrgenommen werden und welche Bedeutung sie für ihn haben. Es ist kommunikationstheoretisch schlichtweg naiv, zu glauben, daß die bewußte Meinung, als verständnisvoll und hilfreich wahrgenommen zu werden, auch dem Eindruck des Patienten entsprechen müßte. Dieser hat vielmehr ein bestimmtes inneres Schema aktiviert, aufgrunddessen alle Interventionen des Therapeuten, selbst wenn sie inhaltlich zutreffend wären, in einem bestimmten Licht erscheinen.

Eine ähnliche Chance hat der Therapeut auch schon vorher in diesem Dialog ungenutzt verstreichen lassen, als er zunächst sehr überzeugend nach einem Übertragungsauslöser gefragt hatte. Sein Problem bestand dann allerdings darin, daß er die Zuschreibungen des Patienten, er sei unfreundlich, abweisend und unzugänglich, zu schnell als relativ objektive Beschreibungen seines Verhaltens aufgegriffen und sich damit identifiziert hatte. Dadurch hatte er die ihm zugeschriebene Rolle innerlich bereits übernommen und unternahm seine weiteren Interventionen aus der Position des versagenden Objekts heraus. Anstatt sich zu rechtfertigen, hätte er länger in dieser Situation verweilen können, hätte den Patienten noch nach konkreteren Beobachtungen fragen und bearbeiten können, was diese beim Patienten emotional und assoziativ auslösen und welche Bedeutung sie für ihn dadurch bekommen. Es mag jetzt der Eindruck entstanden sein, als wäre diese Darstellung ein Beispiel für ein recht deutliches Agieren gewesen. Aber ohne Zweifel sind solche drastischen Dialoge und Verstrickungen in der täglichen Arbeit eines jeden Analytikers und Psychotherapeuten häufig zu beobachten, manchmal mehr und manchmal weniger deutlich, oft aber sicherlich auch sehr subtil. Unabhängig von ihrem Wahrheitsgehalt sollten die Beobachtungen des Patienten immer ernst genommen und aufgegriffen werden.

Das Bedürfnis nach Beziehungsdefinitionen

Unabhängig davon, ob Patienten in einer therapeutischen Situation sitzen oder liegen und dadurch in ihren Wahrnehmungsmöglichkeiten eingeschränkt sind, sind alle objektal oder narzißtisch auf den Therapeuten eingestellt, der eine große Wichtigkeit für sie erlangt und den sie daher sehr genau beobachten und hinsichtlich für sie relevanter Merkmale einschätzen.

Als grundlegend kann das Bedürfnis nach einer Definition der Beziehung zwischen den Menschen angesehen werden. Mit wem immer wir es zu tun haben, es ist für uns wichtig zu wissen, wie der andere uns gegenüber eingestellt ist und welche Beziehung er zu uns hat. Oft wird diese affektive Beziehung nicht explizit mitgeteilt, so daß es darauf ankommt, aus den die verbale Botschaft begleitenden nicht-verbalen Signalen die darin implizierte Beziehungsdefinition zu erschließen (Watzlawick et al. 1967).

Gerade für Patienten, die sich ja in eine relativ starke emotionale Abhängigkeit von ihrem Therapeuten begeben, ist es von entscheidender Wichtigkeit, aus dem, was er von sich gibt und dem, was ihn in seinem Behandlungszimmer umgibt, herauszuhören, wie er zu ihnen steht, was er von ihnen hält, was er von ihnen erwartet, ob er sie mag oder mit Ablehnung kämpft usw.. Ein solcher Vorgang der Beziehungseinschätzung läuft meist vorbewußt während der gesamten Behandlung neben dem "offiziellen" therapeutischen Austausch ab, hat aber eine entscheidende Wirkung darauf, wie der Patient seine Beziehung gestaltet, was er zu äußern wagt und was er eher für sich behält.

Fragen wie „Versteht er/sie mich?", „Akzeptiert er mich?", „Mag er mich?", „Wie wirke ich auf ihn?", „Bin ich anstrengend für ihn?", „Freut er sich über meine Fortschritte?", „Ist er zufrieden mit mir?", „Mache ich genügend Fortschritte?" sind sehr wichtig für jeden Patienten und deshalb unvermeidbar. Sie spielen vielleicht die entscheidenste Rolle für den Verlauf einer analytischen Behandlung. Wir müssen davon ausgehen, daß der Patient alles, was wir tun oder nicht tun, implizit nach solchen Kriterien abtastet und danach sein Verhalten ausrichtet.

Wenn der Therapeut der Meinung ist, Verständnis zu haben und dies auch zu signalisieren, so hat er noch keine Gewißheit, daß das vom Patienten auch dementsprechend erlebt wird. Er hat es auch oft nicht in der Hand, welche Bedeutung der Patient einer bestimmten Intervention beimißt, wie er sie versteht und interpretiert und in welchen inneren Bedeutungszusammenhang er sie dann stellt. Wir wissen meistens sehr wenig davon, was die Patienten aus dem, was wir ihnen sagen und mit ihnen tun, innerlich konstruieren (Abend 1993). Die Patienten beobachten uns sehr genau, weil sie wissen möchten, was sie zu erwarten haben. Sie aktivieren ihre inneren Arbeitsmodelle und introjizierten Interaktionsmuster, um auf der Basis des aktivierten Schemas die gegenwärtigen Beobachtungen einzuschätzen. Nebenbei kommt es dadurch auch zu einer erheblichen Einschränkung der Assoziationsfreiheit, wobei die Patienten oft relativ genau auswählen, was sie dem Therapeuten berichten oder lieber noch für sich behalten (Sandler und Sandler 1985).

Blanton aus seiner Analyse bei Freud: "Freud war besonders zuvorkommend. Ich glaube, er mag mich und findet mich interessant. In der Tat, er gab dies zu verstehen - "es ist sehr interessant" -, als ich heute fertig war" (Blanton 1971, S.25).

Aus seiner "Nachanalyse" berichtet Junker (1993): "Dennoch war der Patient enttäuscht, daß der Analytiker offensichtlich seine Kinderszenen nicht hören wollte, jedenfalls nicht danach suchte. ... Er versuchte, mit den alten Geschichten in sich auszuharren und aufzuspüren, wodurch sie ihn weiter ängstigten" (S.34). Die unmittelbare Folge davon war: "Dies milderte sein Bedürfnis, sich und seinen Analytiker durch Reden zu überwältigen. Die Selbstanalyse begann ... ." (S.34) "Der Patient erzählte also sich selbst die Geschichten aus der Kindheit, die in der ersten langen Analyse ... sicher berichtet worden und in den Fluß des therapeutischen Sprechens gekommen waren" (S.35).

Der Patient ist also etwas gekränkt und nimmt sich zurück. Wurde das vom Analytiker jemals bemerkt? Beginnt hier ein natürlicher und wichtiger Autonomieprozeß, der aus kindlicher Abhängigkeit und Bedürftigkeit herausführt? Oder handelt es sich vielleicht um den Ursprung eines Übertragungswiderstandes, der nie mehr reflektiert werden und schließlich zu einer Pseudoautonomie führen wird?

Chused (1992) weist darauf hin, daß es für Therapeuten insbesondere dann sehr schwierig ist, solche inneren Entscheidungen ihrer Patienten zu erkennen und aufzugreifen, wenn das Verhalten des Patienten, das solchen neurotischen Entscheidungen folgt, den Vorstellungen des Therapeuten entspricht, für ihn deshalb erwünscht und nicht auffällig ist. Beachtenswert ist weiterhin, daß auch Wahrnehmungen des Patienten über den Analytiker, die dieser für berechtigt hält, durchaus einen neurotischen Übertragungsaspekt beinhalten können. Je intensiver die therapeutische Beziehung des Patienten zum Analytiker wird, desto stärker wird auch sein Bedürfnis, sich narzißtisch abzusichern und herauszufinden, welche Beziehung der Analytiker ihm gegenüber implizit durch sein Verhalten signalisiert.

In dem den inhaltlichen therapeutischen Dialog ständig begleitenden Prozeß der Beziehungsdefinition sind die Patienten unbewußt auch stets auf der Suche nach Hinweisen im Verhalten des Therapeuten, die ihre neurotischen Befürchtungen, nicht ernstgenommen, nicht akzeptiert und verletzt zu werden, bestätigen könnten. Diese selektive Aufmerksamkeit ist vermutlich ein wesentlicher Bestandteil des sog. Wiederholungszwanges. Sie bezweckt aber nicht eigentlich die Wiederholung einer traumatischen Beziehungskonstellation; der primäre Zweck ist vielmehr, auf diese Weise auf Hinweise zu achten, die bestimmte Befürchtungen im Sinne einer Signalangst beim Patienten auslösen, um die Wiederholung einer traumatischen Erfahrung vermeiden zu können. So wird ein sehr mißtrauischer Patient mit latenten Verlassenheitsängsten den Therapeuten zu kontrollieren versuchen, indem er ihn sehr genau beobachtet. Stellt er dann bei ihm irgendwelche Müdigkeitszeichen fest, wird er das vermutlich auf sich beziehen, sich uninteressant fühlen und schon damit sein Grundtrauma der Verlassenheit in Ansätzen wieder beleben.

Im Erstgespräch hatte eine Therapeutin, offensichtlich auf dem Hintergrund einer ambivalenten Gegenübertragung, ihrer Borderline-Patientin gesagt: "Ich kann Ihnen keine Garantie geben, aber lassen Sie uns sehen, wie wir miteinander zurechtkommen." Die folgende fast zweijährige Behandlung erbrachte keinerlei positive Entwicklung, bis die Patientin von ihrer Therapeutin an einen Kollegen verwiesen wurde, bei dem sie wegen ihrer interpersonellen Probleme in eine Gruppentherapie gehen sollte. Da soziale Probleme in gravierendem Ausmaß vorhanden waren, hatte die Therapeutin die Beziehungsstörung zwischen ihr selbst und der Patientin ausschließlich der Patientin angelastet und dabei ihren eigenen Anteil an deren Entstehung in der therapeutischen Situation übersehen. Sie hatte nie daran gedacht, nach der Wirkung ihrer Interventionen auf die Patientin zu fragen und somit auch nicht erfahren, was die Patientin ihrem nächsten Therapeuten, allerdings auf Nachfrage und gegen einen gewissen Loyalitätswiderstand, mitteilte: "Schon beim Vorgespräch hat sie etwas gesagt, was bei mir etwas Negatives bewirkt hat. Sie wüßte nicht, ob sie mit mir arbeiten könnte, ob sie mein Mißtrauen aushalten könnte. Wenn ein Therapeut schon so skeptisch mir gegenüber ist, was soll ich da machen? Sie hat auch mein Selbstvertrauen nicht gehoben. Ich habe das oft so empfunden, daß sie mich schlechter sieht als ich mich selber. Da mußte ich mich immer selbst wieder aufbauen. Oft gings mir nach den Stunden schlechter. Ich mußte mich dann zum Teil schützen vor ihr, das war teilweise ein Rückzug." Das Grundmißtrauen der Patientin war somit wieder aktualisiert und hatte in ihren Augen auch seine Berechtigung. Das Problem in diesem Fall bestand meines Erachtens nicht darin, daß die Therapeutin vermutlich sehr ambivalent war und dies auch indirekt zum Ausdruck gebracht hatte, sondern darin, daß diese Reaktion und die durch sie entstandene Situation zwischen beiden nicht in den therapeutischen Dialog aufgenommen und durchgearbeitet werden konnte. Die beiderseitige starke Ambivalenz blieb in einem gemeinsamen Unbewußten und wirkte sich letztlich sehr zerstörerisch in der Beziehung aus.

Mit den Augen des Patienten sehen

Psychoanalytikern wird traditionellerweise ein Regelsystem gelehrt, mit dem sie den Patienten behandeln können. Sie lernen Theorien und Sichtweisen, mit deren Hilfe sie das Material der Patienten ordnen und sinnvolle Zusammenhänge konstruieren können, um es zu verstehen und es dann dem Patienten in Form von Deutungen und anderen Interventionen zu vermitteln. Analytiker haben an sich immer noch sehr häufig den Anspruch, die Einfälle des Patienten und seine Inszenierungen in und außerhalb der Übertragung schnell erkennen zu können. Hierbei wird oft übersehen, daß der Therapeut nicht wissen kann, was die Einfälle für den Patienten im einzelnen bedeuten. Dieses Mißverständnis vermittelt ihm die trügerische Sicherheit, zu wissen, was er beim Patienten jeweils bewirkt.

Demgegenüber vertritt insbesondere die amerikanische Analytikerin Edith Schwaber (1981, 1986) unter dem Begriff der Empathie eine alternative Form des Zuhörens, die im Grunde genommen keine wirklich neue Errungenschaft darstellt, sondern eine Fähigkeit ist, die jeder gute Therapeut mitbringt. Unter dem Begriff Empathie versteht sie kein Mitgefühl mit dem Patienten im Sinne einer konkordanten Identifizierung mit seinem Leiden, wie auch der Kohutsche Empathiebegriff immer wieder mißverstanden wurde; vielmehr vertritt sie die Auffassung, daß den subjektiven Ansichten und Verknüpfungen, die der Patient innerlich für sich macht, größtes Gewicht beizumessen sei. Es geht nicht darum, die Perspektive des inneren Erlebens des Patienten für richtig zu halten, aber sie wenigstens aktiv zu ergründen und kennenzulernen, um seine Reaktionen nachvollziehen und verstehen zu können. Dies bedeutet den Verzicht auf eine Haltung, die schon von Ferenczi (1933, S.305) als "berufliche Hypokrisie" problematisiert worden war. Es gibt so viele Varianten, Handlungen und Deutungen aufzufassen, daß wir uns eingestehen müssen, daß wir vieles nicht wissen und einschätzen können, was in unseren Patienten vorgeht. Auch wenn wir Verständnis, Offenheit, Zugewandtheit und emotionale Präsenz empfinden und zu signalisieren meinen, kann uns nur der Patient selbst darüber Auskunft geben, ob er unser Verhalten tatsächlich auch so empfindet, wie wir es uns vorgestellt haben.

Dazu ein Beispiel:

Bei einer sehr ängstlichen Patientin, die in der Übertragung eine so ausgeprägte Angst vor Beschämung, Verletzung und Kränkung erlebte, daß sie eine Zeit lang nur noch sehr wenig und unter größter Mühe sprechen konnte, verhielt ich mich sehr zugewandt und freundlich zurückhaltend, versuchte sie zu unterstützen und ihr Mut zu machen, ihre Gedanken und Gefühle mir gegenüber etwas mehr zu äußern. Um sie nicht zu erdrücken und zu überfahren, hielt ich mich auch verbal sehr zurück, versuchte ihr Raum zu lassen und schwieg, wobei ich immer wieder einmal nachfragte, wo sie in ihren Gedanken denn sei. Erst nach einiger Zeit konnten wir klären, daß sie sich durch mein freundliches Schweigen keineswegs empathisch wahrgenommen und begleitet fühlte. "Schweigen bedeutet Verlassenheit oder Desinteresse."

In dieser kleinen Vignette wird deutlich, daß auch Fallbeschreibungen mit Vorsicht zu betrachten sind und wir uns immer darüber im klaren sein müssen, daß es sich dabei nicht um Realitäten, sondern um Beschreibungen handelt. Vermutlich hätte mich ein außenstehender Beobachter als freundlich zugewandt und als nicht bedrängend erlebt. Partiell konnte die Patientin diese Qualität meines Verhaltens ihr gegenüber auch wahrnehmen. Viel gravierender war jedoch die dennoch bei ihr ausgelöste Angst, die immer mehr zugenommen hatte und die ich nicht richtig nachvollziehen konnte. Ihr inneres System von emotinalen Konnotierungen blieb mir zunächst unbekannt. Und es würde oft unbekannt bleiben und ein Stück des gemeinsamen Agierens werden, wenn Therapeuten ihr Augenmerk nicht auf diese latente Ebene richten und unter Umständen gezielt nachfragen würden.

Übertragungsauslöser, Beziehungsdefinition und Wiederholungszwang

Es ist sehr wahrscheinlich, daß sich die Patienten über diese inneren und oft unbewußten Konnotierungen ihre traumatische Beziehungskonstellation in der therapeutischen Beziehung über selektive Wahrnehmungs- und Erwartungseinstellungen konstruieren. Diese Konstruktionen oder Übertragungen haben wir als Therapeuten nicht in der Hand, wir können sie auch nicht kontrollieren oder vermeiden. Unsere Aufgabe besteht darin, auf sie aufmerksam zu werden, sie bewußt zu machen und mit ihnen in der analytischen Beziehung zu arbeiten. Negative Zuschreibungen müssen nicht durch unser therapeutisches Wohlverhalten widerlegt werden. Mit ihrer Hilfe kann vielmehr die innere Erlebnis- und Bedeutungsstruktur des Patienten erhellt und verstanden werden.

Wie sich anhand einer an sich unbedeutenden Einzelheit im Verhalten der Analytikerin eine zunächst verborgene neurotische Szene aufbaut, wird von Schwaber (1986) in einem Bericht herausgearbeitet, der etwas ausführlicher zitiert werden soll:

"Eine Patientin kam zu einer Sitzung, die ich verlegt hatte, und sagte mir, sie habe irrtümlich für den gleichen Zeitpunkt einen Termin beim Zahnarzt vereinbart. Sie war sicher (!), daß der Irrtum etwas zu bedeuten habe. Da mir der Nachdruck auffiel, fragte ich: "Was macht Sie sicher?" Sie war überrascht, daß ich ihr diese Frage stellte; ich sei doch die erste, die davon ausgehe, daß alle Handlungen etwas bedeuteten. Sie fuhr fort zu assoziieren, und ich beobachtete, wie ich etwas unaufmerksam und unruhig wurde; es fiel mir etwas schwerer, bei der Sache zu bleiben. Mir fiel auf, daß sie irgendwo zögernd und zerstreut - fast monoton - redete, und ich sagte ihr, sie scheine wohl ins Stocken geraten zu sein und taste irgendwie herum. "Ja", sagte sie, sie könne das jetzt sehen, und als sie weiter darüber nachdachte, kam sie zu dem Schluß, daß sie wohl durch meine Frage "Was macht Sie sicher?" ins Stocken geraten sei. Wie das? fragte ich. Die Frage beinhaltete, wie sie sich dann überlegte, daß ihr Irrtum vielleicht gar keine Bedeutung hatte; in diesem Fall könnte sie ihn nur aus Dummheit begangen haben. Es machte ihr Angst, für dumm gehalten zu werden. Schon als Kind war sie immer wieder der Dummheit bezichtigt worden - und dieser Vorwurf hatte zu ihrem eben durchschauten, nunmehr von früher wohlbekannten Rückzug geführt.

Gehen wir diese Stunde noch einmal durch: Sie war sicher, daß der Irrtum etwas zu bedeuten habe. Da mir der Nachdruck auffiel, fragte ich: "Was macht Sie sicher?" Sie war überrascht, daß ich ihr diese Frage stellte ....Auf meine Frage erfolgt unmittelbar eine affektive Reaktion. Ich beobachtete, wie ich etwas unaufmerksam und unruhig wurde: es fiel mir etwas schwerer, bei der Sache zu bleiben. Mir fiel auf, daß sie irgendwie zögernd - fast monoton - redete, und ich sagte ihr, sie scheine wohl ins Stocken geraten zu sein... Ich erwähne an dieser Stelle die offensichtliche Veränderung ihrer inneren Verfassung und ihrer Redeweise. Ich weiß noch nicht, wie es zu dieser Veränderung kam. Ich gehe außerdem nicht davon aus, daß meine Reaktion des Abschaltens eine Motivation der Patientin widerspiegelte, ein Bedürfnis oder einen Wunsch, mich wegzuschieben; ich gewinne vielmehr aus dem Gewahrsein meiner selbst den Anhaltspunkt dafür, daß ich die Ebene der Patientin verlassen und mich zurückgezogen habe. "Ja, sagt sie, sie könne das jetzt sehen..." Während sie ihr Zögern beobachtet, denkt sie weiter darüber nach und findet, in Beantwortung meiner Frage, seinen Ursprung: "Es macht ihr Angst, für dumm gehalten zu werden." Vielleicht hatte sie tatsächlich deswegen so nachdrücklich gemeint: "Ich bin sicher." "Schon als Kind war sie immer wieder der Dummheit bezichtigt worden - und dieser Vorwurf hat zu ihrem eben durchschauten Rückzug geführt." Meine Frage kam also wie ein Vorwurf an; nachdem dies klar geworden war - und zwar, ohne daß die "Richtigkeit" ihrer Ansichten in Frage gestellt oder objektiv bestätigt worden wäre - kam eine alte Episode ihrer Lebensgeschichte zum Vorschein. ... Wie läßt sich das "Herumtasten" der Patientin, der Wechsel von Sicherheit zu zögerndem Stocken, einordnen? Es war ihre Art, sich selber "stillzulegen"; sie fühlte sich abgefertigt - diesen Sinn gab sie jedenfalls meiner Frage - und getraute sich nicht, noch weiter aus sich herauszugehen. Schließlich erkannte sie, daß diese Art, sich zu verteidigen, auch schon bei anderen Gelegenheiten aufgetreten war. ... Das heißt, meine Beobachtung ihrer monotonen Wiederholungen ... diente als Hinweis, daß ihr an meiner Reaktion irgend etwas "daneben" schien; daraufhin konnten wir dann versuchen, die Quelle ihres Mißbehagens zu ermitteln. Später erfahren wir dann die Geschichte ihrer Art des Rückzugs

- wie sich ihre Angst vor offenem Protest entwickelt hatte, und wie sie sich statt dessen in einer Art "Nebel", wie sie es selber bezeichnete, verbarg" (Schwaber 1986, S.224ff.).

In dieser Fallskizze wird deutlich, daß auch Schwaber aufmerksam auf den implizit mitlaufenden Prozeß der Beziehungsdefinition auf seiten des Patienten wie auch des Analytikers achtet, um Bedeutungen, die sonst verborgen bleiben würden, zu erkennen und in das Durcharbeiten einbeziehen zu können (s.a. Aron 1991).

3.4   Die therapeutische Situation als Kommunikationssystem

Jedes Geschehen findet in einem bestimmten Kontext statt. Eine kontextlose bzw. kontextunabhängige Handlung existiert nicht. Auch der Analytiker und sein Patient begegnen sich in einem Kontext, in dem ganz verschiedene Hintergrunds- und Umgebungselemente einen entsprechenden Einfluß auf die therapeutische Interaktion ausüben (s. Abb. 2).

So bewegen wir uns beispielsweise, ohne uns dessen immer bewußt zu sein, in einem globalen kulturellen Kontext, der unsere Einstellungen und Beurteilungskriterien bis zu einem gewissen Grad vorschreibt und die Diskursregeln für den Umgang der Personen miteinander hinsichtlich der verschiedenen Rollen, in denen wir uns begegnen, bestimmt. Die therapeutische Behandlung wiederum findet auf dem Hintergrund einer Institution oder in einer privaten Praxis statt. Zudem gibt es spezifische Bedingungen, die den therapeutischen Rahmen einer analytischen Situation abstecken (Bleger 1966, Körner 1995). Wie das spezifische Setting für eine Therapeut-Patient-Begegnung gestaltet wird, hängt einerseits von allgemein anerkannten und akzeptierten Bedingungen ab, wird aber andererseits auch wesentlich durch den jeweiligen Therapeuten gemäß seiner eigenen Vorlieben mitgestaltet.

Wenn sich nun der Therapeut und sein Patient begegnen, entsteht eine weitere Form des Kontextes, auf den in den vorhergehenden Abschnitten bereits ausführlich eingegangen worden war. So wird einerseits der Therapeut für den Patienten zu einer wesentlichen Kontextbedingung. Das gleiche verläuft aber auch anders herum, denn auch der Patient seinerseits wird für den Therapeuten zu einem einflußreichen Kontextfaktor. Beide bringen ihre vielfältigen Hintergrunderfahrungen mit in die Situation und jeder von beiden wird vom inneren System des anderen tangiert und beeinflußt (Bauriedl 1994, Buchholz 1988, Goldberg 1994, Greenberg 1995). Auch bei einem Panel vertrat Goldberg (Hurst 1995) die Auffassung, daß der "Analytiker Teil des intrapsychischen Systems des Patienten" (S.533) wird.

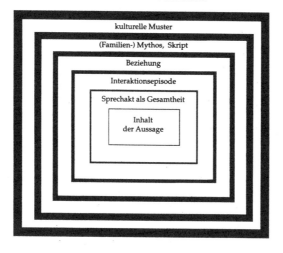

**Kontexte
(= Interpretationsrahmen)
menschlicher Kommunikation**

kulturelle Muster

(Familien-) Mythos, Skript

Beziehung

Interaktionsepisode

Sprechakt als Gesamtheit

Inhalt
der Aussage

Abb.2:   Kontexte menschlicher und therapeutischer Kommunikation
(nach F. Simon 1995, S.144)

So kommt es, daß beide durch ihre gemeinsame Interaktion einen weiteren, einen gemeinsamen Kontext erschaffen. Sie reagieren auf eine ganz spezifische Weise aufeinander und entwickeln einen bestimmten Umgangsstil, der für jede Therapeut-Patient-Dyade spezifisch sein dürfte.

3.4.1   Der Kontext bestimmt die Interaktion erheblich mit

Der gesamte Kontext, in dem alles, was Patient und Therapeut tun und sagen, geschieht, übt eine selektive Macht auf den Prozeß aus. Er bestimmt einscheidend mit, was in der Situation überhaupt an Bedeutung gewinnt, und vor allem auch, welche Bedeutung die einzelnen verbalen und nonverbalen Akte in der jeweiligen Beziehungssituation bekommen. So hängt schon die Bedeutung eines einzelnen Wortes nicht nur von seiner inhaltlichen Bedeutung, sondern ebenso stark von dem jeweiligen situativen Kontext ab, in dem es gesprochen wird. Das gleiche gilt natürlich auch für alle komplexeren therapeutischen Intervention wie Klärungen, Konfrontationen und Deutungen. (Fiedler und Rogge 1989, Schiepek et al. 1995)

3.4.2 Exkurs: Einige Ergebnisse aus der Psychotherapieforschung - die nonverbale Angleichung zwischen Therapeut und Patient

An dieser Stelle kann ein kurzer und zugegebenermaßen sehr bruchstückhafter Blick auf die empirische Psychotherapieforschung interessante Befunde beisteuern. In einer konversations- und inhaltsanalytischen Untersuchung der Interaktion in psychoanalytischen Erstgesprächen konnte Stefanie Wilke (1992) zeigen, daß schon die ersten drei Redebeiträge beider Beteiligter in großer Verdichtung wesentliche Elemente des Beziehungsangebotes von Patient und Therapeut enthalten. Während dieser Eröffnungssequenzen werden unbewußte Erwartungsmuster, Rollen- und Situationsdefinitionen sowie Themenmuster in einem beiderseitigen Aushandlungsprozeß abgeklärt. Therapeut und Patient stellen sich darauf ein und versuchen, "eine Art thematisches Gleichgewicht" (Wilke 1992, S.288) herzustellen. Dieses Gleichgewicht bezieht sich auf Faktoren wie Themeneinführungen, Detaillierungen, Themenwechsel, Nachfragen, Abbrüche und Schweigephasen. Es werden dabei auch die jeweiligen Grenzen des Gesprächspartners sensibel erspürt und geachtet (Wilke 1992, S.289).

Die Wichtigkeit eines günstigen Verlaufs dieses gemeinsamen Aushandlungsprozesses für die Effektivität der Behandlung konnte Scheibe (1996) zeigen. In einer Textanalyse psychoanalytischer und psychiatrischer Gespräche fand sie eine größere verbale Übereinstimmung in der zweiten Hälfte der Gespräche, in denen ein starker Ausdruck von Ängsten stattgefunden hatte. Dies könne als "ein Indikator für eine therapeutisch erfolgreiche Dyade" (S.443) angesehen werden und sei Ausdruck einer hilfreichen therapeutischen Beziehung.

Schon die frühere sozialpsychologische Erforschung der Interaktion zwischen zwei beliebigen Personen hat ergeben, daß sich die Interaktionspartner sehr schnell aufeinander einstellen. Sie stimmen ihre Handlungen in einer sehr subtilen Weise aufeinander ab. So konnte nachgewiesen werden, daß auf die Aktion des einen Gesprächspartners oft eine ähnlich gelagerte Reaktion des Anderen hinsichtlich der Länge und Art der Äußerungen, der verwendeten Wörter sowie der Pausen und Unterbrechungen folgt. Auch hinsichtlich der Gestik, der Haltung und des emotionalen Zustandes kommt es zu einer gegenseitigen Angleichung (Argyle 1969, S.170).

In diesem Abstimmungsprozeß lassen sich allerdings sehr interessante Unterschiede beispielsweise zwischen Gesunden und Schizophrenen erkennen. So konnten Steimer et al. (1988) bei der Untersuchung von Gesprächen zwischen gesunden und schizophrenen Gesprächspartnern feststellen, daß die gesunden Versuchspersonen ihr nonverbales mimisches Verhalten an dasjenige der Kranken anpassen, allerdings ohne das bewußt zu registrieren. Diese "Synchronisation" ist in diesem Falle aber nicht gegenseitig, denn die Schizophrenen zeigen ihrerseits keine oder nur eine geringfügige Anpassungsbereitschaft an das nonverbale Muster ihrer Gesprächspartner und vermeiden dadurch vermutlich das Entstehen von zu großer Nähe. In der gegenseitigen Anpassung zwischen Therapeut und

Patient entstehen gemeinsame Interaktionsfiguren, die sich stetig wiederholen und einschleifen. So beschrieb Argyle (1969) die Tendenz von Dyaden, einen relativ stabilen Zustand in der Interaktion hinsichtlich der oben genannten und anderer zentraler Momente herzustellen. Ist dieser relativ stabile Zustand erreicht, "dann scheint er einige Eigenschaften eines im Gleichgewicht befindlichen Systems zu haben" (Argyle 1969, S.200) und zu verteidigen. So fanden Lennard und Bernstein (1960) bei der Analyse der Interaktionen zwischen Patienten und Therapeuten über eine lange Zeit hinweg, "daß jede Zweiergruppe nach den ersten Sitzungen zu einem besonderen Interaktionsmuster überging, das dann für den Rest der Sitzungen konstant blieb. Der Prozentsatz der Zeit, während dessen der Patient sprach, war beispielsweise sehr stabil und veränderte sich von Sitzung zu Sitzung sehr wenig. Sprach der Patient weniger als gewöhnlich, dann korrigierte der Therapeut das durch Feststellungen, die spezifischere Informationen enthielten und den Effekt hatten, Angst zu reduzieren" (zit. n. Argyle 1969, S.200).

Auch Jaffe (1964) fand in einer Analyse psychotherapeutischer Sitzungen eine sprachliche Angleichung beider, Therapeut und Patient lernten gewissermaßen, eine gemeinsame Sprache zu sprechen. Bei der Untersuchung mimischer Indikatoren von Übertragungsvorgängen untersuchten Krause und Lütolf (1989) eine videographierte psychoanalytische Kurztherapie und fanden eine sehr subtile mimische Reaktion aufeinander, die ebenso die Tendenz zeigte, die Form eines relativ stabilen und sich wiederholenden Musters anzunehmen. So war beispielsweise das Lächeln des Therapeuten fünfmal so häufig, "wenn dem Lächeln des Patienten keine negativen Affekte beigemischt sind" (S.65), also keine Abivalenz besteht.

In mehreren Untersuchungen konnte auch Schindler (1989) zeigen, daß sich schon am Beginn der Therapie während der ersten Sitzungen "ein bestimmter Interaktionsstil herausbildet, der während des weiteren Verlaufs relativ stabil bleibt und anscheinend nur schwer zu verändern ist" (S.77). Kaimer et al. (1989) bestätigen in ihrer Untersuchung von Interaktionsmustern zwischen Therapeut und Patient in zwei Fällen diesen Befund ebenfalls, zeigen aber auch, daß der Therapeut mit jedem Patienten ein spezifisches Interaktionsmuster ausbildet und sich jedem gegenüber unterschiedlich verhält. So waren beispielsweise unterstützende Interventionen bei der einen Patientin schon in den ersten Sitzungen viermal so häufig wie bei der anderen Patientin, was eine entscheidende Wirkung auf den jeweiligen Behandlungsverlauf und insbesondere auf das Behandlungsergebnis hatte. Es wurde zwar nicht der Versuch unternommen, eine eingehendere Interaktionsanalyse mit dem Ziel einer genaueren kausalen Attribution zu machen und herauszufinden, wer hier auf wen reagiert hat. Sicherlich kann jedoch davon ausgegangen werden, daß auch hier ein gemeinsamer Abstimmungsprozeß stattgefunden hat, zu dem Therapeut und Patient ihren jeweils subtilen Beitrag geliefert haben.

3.4.3 Unbewußte Interaktionsregeln zwischen Therapeut und Patient

In diesem Prozeß der sicherlich nicht einfach symmetrischen, aber doch gegenseitigen Abstimmung zwischen dem Therapeuten und seinem Patienten und der raschen Entwicklung eines stabilen gemeinsamen Interaktionsmodus entstehen ganz nebenbei und für beide unbewußt spezifische Regeln für ihren Umgang miteinander. Diese gehen über die behandlungstechnischen Regeln hinaus, an denen der Analytiker sein Vorgehen ausrichtet. Es entsteht zwischen beiden etwas Neues, etwas Drittes und Zusätzliches, beiden zunächst Unbewußtes. In den bisher beschriebenen Fallskizzen war bereits deutlich geworden, daß spezifische Übertragungs-Gegenübertragungs-Muster dazu neigen, eine relativ feste und oft schwer erkennbare Form anzunehmen, die bestimmte Umgangsregeln enthält und sich immer wieder reproduziert. Der Analytiker trägt in seiner Reaktion auf das Angebot des Patienten und bei der Verfolgung seiner Deutungslinien unbewußt und unvermeidlich dazu bei, allmählich ein Netz von Interaktionsregeln zu erzeugen, die eine relative Eigenständigkeit bekommen und unabhängig von den bewußten behandlungstechnischen Absichten das Erleben und Verhalten des Therapeuten steuern.

Diese impliziten Regeln werden zu einem stabilen übergeordneten System und bilden die Grundstruktur für die konkrete Interaktion. Das unbewußte Regelsystem wird zum therapeutischen Kontext, in dessen Rahmen Patient und Analytiker als Teil eines übergreifenden Prozesses handeln und von dem sie ganz wesentlich bestimmt werden, während sie bewußt den Eindruck haben, in ihren Entscheidungen und Handlungen relativ frei zu sein. Es erlegt beiden keinen absoluten Zwang auf, übt aber dennoch einen zwingenden Einfluß auf die weitere Ausgestaltung der therapeutischen Situation aus.

Das implizite System von Diskurs- und Umgangsregeln richtet im Sinne eines Magnets die konkrete Interaktion zwischen Therapeut und Patient aus. Es bleibt jedoch selbst oft unbewußt und kann auf der Ebene der latenten Übertragung zur Wiederholung einer realen traumatischen Beziehungskonstellation in der Therapeut-Patient-Beziehung führen. Es entsteht ein zirkulärer Prozeß, den die folgende Abbildung zeigt (Abb.3).

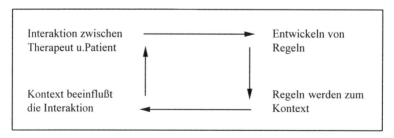

Abb.3: Interaktion schafft unbewußte Diskursregeln, die wiederum auf die Interaktion zurückwirken

Ein bestimmter Interaktionsstil kann gewissermaßen als eine interaktionelle Struktur angesehen werden, die sowohl beim Therapeuten als auch beim Patienten Erfahrungen bewirkt, die wiederum die bestehende Struktur bestätigen und vertiefen. Das entspricht der Funktion eines geschlossenen System, das sich, wie bereits ausgeführt, durch seine autopoietischen Vorgänge bis zu einem gewissen Ausmaß selbst wieder erzeugt, weil seine Elemente und seine Struktur so beschaffen sind, daß sie durch ihre Tätigkeit Prozesse in Gang bringen, die ihrerseits wiederum diese Elemente erzeugen. Das ist ein zirkulärer und letztlich endloser Vorgang, dessen zentraler Bestandteil die Kommunikation ist. Auch Kommunikationssysteme erhalten sich auf diese Weise. Nach Luhmann (1992) reproduzieren Kommunikationssysteme "Kommunikation durch Kommunikation jeweils auf der Basis eines durch Kommunikation erreichten historischen Zustandes. Sie tun dies mit Hilfe von Strukuren, die selber Produkte von Kommunikation sind. Sie entscheiden dabei, was wiederverwendet, was erinnert und was vergessen wird" (S.122). Das ist zugleich eine sehr zutreffende systemtheoretische Beschreibung für den Wiederholungszwang.

3.5   Übertragung und genuine Objektbeziehung

Im Mittelpunkt des traditionellen Übertragungsbegriffes stand die Ansicht, daß der Patient in der Beziehung zum Analytiker seine regressiven kindlichen Triebe und Bedürfnisse wiederbelebe und ihre Befriedigung anstrebe. Als neurotisch galt dieser Versuch deshalb, weil diese Bedürfnisse sich oft in einer noch infantilen und wenig differenzierten Form auf den Analytiker richten. Da der Therapeut mit diesen übertragenen Strebungen nun eigentlich gar nicht selbst als Person gemeint sei, sondern verkannt und verzerrt wahrgenommen werde, bestehe seine wichtigste Aufgabe darin, eine abstinente und neutrale analytische Position einzuhalten und keine Übertragungsbefriedigungen zu gewähren. Die ihm angetragenen Bedürfnisse, Triebe und Rollen sollten stattdessen deutend aufgenommen werden, so daß der Patient fähig werde, sie in ihrer Infantilität zu erkennen und sich von diesen kindlichen Strebungen zu verabschieden.

Diese vorwiegend triebtheoretische Sichtweise wurde schon lange als zu eng erkannt, obwohl sie heute sicherlich immer noch die Grundhaltung vieler Analytiker bestimmt. Mit der berühmten Arbeit von Loewald (1960) über den therapeutischen Prozeß der Psychoanalyse begann eine ganz entscheidende theoretische Entwicklung, in deren Verlauf der Analytiker immer weniger ausschließlich als Projektionsschirm für die infantilen Triebe des Patienten gesehen wurde. Schon früh hatte auch der englische Vorläufer der späteren Objektbeziehungstheorie Faibairn (1952) den Standpunkt vertreten, daß die Libido primär nicht die Triebabfuhr, sondern vielmehr die Beziehung zum Objekt suche. Jetzt fand die reale Person des Analytikers und seine Funktion als neues Objekt zunehmend

Anerkennung. Der Patient kann durch die Begegnung mit ihm nicht nur seine infantilen Fixierungen aufarbeiten, sondern erlebt durch die spezifische Art, in der der Therapeut mit den kindlichen Anteilen des Patienten umgeht, eine neue und möglicherweise korrigierende Erfahrung.

Diese bekommt als eine echte Erfahrung sui generis mit einem neuen wichtigen Bezugsobjekt eine zentrale Bedeutung, weil der Analytiker mit dem Patienten in vielen Situationen tatsächlich anders umgeht, als dieser es bisher erfahren hatte. Sowohl Balint (1968) in seiner Arbeit über den Umgang mit regressiven Prozessen als auch die Selbstpsychologie von Kohut (1977) und seinen Schülern haben zu diesem Aspekt der therapeutischen Beziehung sehr wichtige Beiträge geliefert. Bräutigam (1988) unterscheidet in dieser Hinsicht die sog. "realistische Beziehung" zwischen Therapeut und Patient von der eigentlichen Übertragung, um das unterschiedliche Beziehungserleben des Patienten im Vergleich zu seinen vorgehenden Erfahrungen in Objektbeziehungen hervorzuheben. Insbesondere während des letzten Jahrzehnts gab es viele Versuche, die Wirkung der Person des Therapeuten als einer neuen wichtigen Bezugsperson im Leben des Patienten mehr zu würdigen.

Auf dem Hintergrund dieser Position kommt der Therapeut zwar als "verspäteter Gast" (Morgenthaler 1978) an den Tisch des Patienten, an dem bisher seine Familie gesessen hatte, aber er kommt als eine reale Person und wird zu einem wichtigen Objekt, das dem Patienten verschiedenste Erfahrungen vermittelt. Als solches fügt es sich in den lebenslangen Prozeß der Entwicklung ein (Lichtenberg 1990). Die Perspektive eines über die gesamte Lebensspanne sich erstreckenden Lern- und Entwicklungsprozesses macht es leichter, die therapeutische Beziehung als eine Beziehungserfahrung sui generis zu sehen und in ihrem Wert zu schätzen. Der Therapeut vermittelt allein schon durch seine spezifische und ausschließliche Bezogenheit auf den Patienten eine korrigierende Erfahrung, ohne daß er dazu sein Verhalten entsprechend den frühkindlichen Erfahrungen und Mustern des Patienten gezielt verändern müßte, wie dies von Alexander und French (1946) und neuerdings von Grawe et al. (1994) empfohlen wurde.

Aus der heutigen Perspektive der Psychoanalyse, die neue Erkenntnisse aus der Säuglings- und Kleinkindforschung integriert, kommt einer entwicklungspsychologischen Sicht der therapeutischen Beziehung eine wichtige Bedeutung zu (Lachmann und Beebe 1992, Slavin 1994). Das bedeutet, daß der Patient mit einer gewissen Übertragungsbereitschaft, d.h. mit der Tendenz zur Aktualisierung bestimmter innerer Schemata in die therapeutische Beziehung eintritt und sie seinerseits anhand der vorgefundenen Interaktionsangebote seitens des Therapeuten gestaltet. Jedes dieser Schemata beinhaltet, wie ausführlich dargelegt (s. Kap.3.2), Triebe und Bedürfnisse sowohl narzißtischer als auch objektbezogener Art - "Lebenswünsche" nach Bauriedl (1994) - und das jeweilige Schicksal, das diese Strebungen in der Interaktion mit den primären Bezugspersonen erfahren haben. Das beinhaltet auch die damals entwickelten Abwehrmuster des Patienten, also die gesamten bewußten und unbewußten Bemühungen, die jeweilige Kommunikationssituation zu bewältigen.

Die verschiedenen Aspekte eines inneren Schemas werden in der therapeutischen Beziehung aktualisiert, wobei der Schwerpunkt durchaus variieren kann. Ob zunächst mehr die Wunsch- bzw. mehr die Abwehrseite eines Konflikts aktiviert wird, hängt sicherlich von mehreren Faktoren, insbesondere jedoch von der aktuellen Beziehung zum Therapeuten, ab. In dieser Sicht sucht der Patient nicht mehr nur einfach nachträgliche Befriedigung für früher übermäßig oder zu wenig erhaltene präödipale und ödipale Befriedigung. Er läßt sich vielmehr entsprechend seiner Persönlichkeitsstruktur mehr oder weniger intensiv auf die therapeutische Beziehung ein, er öffnet seine inneren Schemata, indem er die Situation auf die ihnen entsprechende Art gestaltet und erfährt. Damit in Zusammenhang stehen bestimmte Bilder, die er von sich und vom Analytiker erlebt, sowie die erwartete Interaktion zwischen beiden. Je stärker die Regression wird und je ausgeprägter die Persönlichkeitsstörung ist, desto deutlicher übt der Patient für ihn selbst unbewußt einen interaktiven Drang aus, der den Therapeuten zur Übernahme und zum Ausspielen spezifischer Rollen zu bewegen sucht. Es liegt nun ganz in der Hand des Therapeuten, ob diese Situation letztlich in einer Reinszenierung einer traumatischen Beziehungskonstellation des Patienten endet oder ob es möglich wird, hier die Weichen neu zu stellen und ihm einen Neubeginn (Balint 1968, Thomä 1984) zu ermöglichen.

Der Patient wird die jeweilige Interaktion mit dem Analytiker in jedem Fall, wie immer sie sich auch gestalten mag, als eine weitere reale Erfahrung in dieses gerade aktualisierte innere Schema aufnehmen. Sie wird die bisherigen Erfahrungen im Hinblick auf bestimmte Bedürfnisse und Triebe bestätigen oder aber korrigieren und damit einen Ausweg aus dem neurotischen Leid eröffnen. Mit dem Analytiker als neuer Bezugsperson rekapituliert der Patient also Kompromißbildungen, die aus früher gemachten Erfahrungen stammen. Unbewußt und vorsichtig bringt er seine narzißtischen und libidinösen Bedürfnisse in die therapeutische Situation hinein. Vorsichtig, weil er auf dem Hintergrund des aktualisierten inneren Schemas eine bestimmte verletzende Reaktion erwartet und weil er gleichzeitig doch hofft, daß der Therapeut als neues Objekt konstruktiver auf ihn eingehen könnte als er es kennt (Slavin 1994). Dadurch käme es zu einer Korrektur seines inneren Schemas und zu einer neuen und für ihn selbst konstruktiveren Kompromißbildung zwischen Bedürfnissen und Ängsten. Slavin (1994) postuliert in seinem entwicklungspsychologisch-adaptiven Ansatz ein evolutionär entstandenes allgemeines Bedürfnis nach einer wiederholten Reaktualisierung bestimmter innerer Schemata, in anderen Worten nach Übertragungen, um die Möglichkeit zur Reorganisierung von gespeicherten Erfahrungen, den RIGs, inneren Arbeitsmodellen oder psychischen Repräsentanzen, zu haben.

In einem selbstpsychologisch orientierten Ansatz vertreten auch Lachmann und Beebe (1992) den Standpunkt, daß auf jeder Entwicklungsstufe die bisherigen Erfahrungen in die Situation eingebracht und dabei gleichzeitig kontinuierlich neu organisiert werden können, was dem von Piaget (1966) beschriebenen dialektischen Vorgang der Assimilation neuer Erfahrungen in die inneren Schemata und Weiterentwicklung dieser Schemata aufgrund dieser Erfahrungen entspricht.

Im allgemeinen werden neurotische Patienten nur sehr zaghaft und vorsichtig ausloten, wie der Therapeut reagieren wird, wieviel sie ihm zumuten können und wann er beginnt, Grenzen zu setzen und verletzend zu reagieren. Sehr viel heftiger kann dieser Prozeß bei ichstrukturell gestörten Patienten, beispielsweise mit einer Borderline-Persönlichkeitsstruktur verlaufen. Da diese in ihrer Ichstruktur wesentlich labiler sind und sie zudem ein sehr großes und bedrohliches regressives Potential in sich tragen, sind sie, wenn diese grundlegenden Ebenen in der therapeutischen Situation aktualisiert werden, dem Analytiker auch viel existentieller ausgeliefert. Deshalb müssen sie, bevor sie sich auf eine stärkere Übertragungsbeziehung und die damit verbundene Regression einlassen können, den Therapeuten über eine längere Zeit hinweg verschiedenen "Tests" unterziehen, um zu prüfen, wie er mit ihnen in diesen schwierigen Testsituationen umgeht und um seine Tragfähigkeit einschätzen zu lernen. Das unbewußte Bedürfnis des Patienten ist dabei nicht, eine frühere traumatische Situation zu wiederholen. Vielmehr hat er Angst vor einer Retraumatisierung durch eine solche Wiederholung und sucht eine spezifische Beziehungskonstellation nur deshalb wieder auf, um sie dieses Mal besser meistern zu können.

Dies ist der Grundgedanke der control-mastery-Theorie, die als Modell des psychoanalytischen Prozesses von Weiss und Sampson (1986) konzipiert worden ist. Für viele Analytiker sind diese Gedanken sehr gut nachvollziehbar, da sie alle schwierige therapeutische Situationen mit ichstrukturell gestörten Patienten kennen, die auf diese Weise einen Sinn bekommen.

Meines Erachtens ist dieser Vorgang des Testens und Auslotens hinsichtlich dessen, was ein Therapeut erlaubt, zuläßt und erträgt, jedoch ein allgemeiner Vorgang, der auch bei Patienten mit einer rein neurotischen oder narzißtischen Störung eine wichtige Bedeutung hat. Bei diesen Patienten sind solche Tests vielleicht nur subtiler und deshalb unauffälliger. Aber auch sie orientieren sich ähnlich und testen den Analytiker, um traumatisierende Situationen möglichst zu vermeiden. Weiss und Sampson (1986) gehen dabei sogar soweit, daß sie dem Unbewußten ein planvolles Vorgehen unterstellen. Das Verhalten des Patienten zielt, auch wenn es unbewußt ist, demnach darauf ab, dessen innere pathogene Vorstellungen zu widerlegen und das eigentlich Ersehnte zu erleben.

"Ein Beispiel möge dieses Konzept verdeutlichen. Man stelle sich einen jungen Mann vor, der sich seines Selbständigkeitswunsches wegen seinen Eltern gegenüber schuldig fühlt; unbewußt bildet er sich ein, durch Lockern der Bindungen würde er sie vernichten. In die Therapie bringt er nun den unbewußten Plan ein, dieser Überzeugung entgegenstehende Beweise dafür zu sammeln, daß er sich unbesorgt eine eigene Wohnung nehmen dürfe. Er könnte sein Vorhaben angehen, indem er zuerst einmal bei seinem Therapeuten unbewußt vorfühlt, ob der eine angedeutete Trennung toleriert: Vielleicht erzählt er, wie es wohl wäre, wenn er in einer anderen Stadt eine Arbeit annähme. Planfördernd - für ihn hilfreich - wäre dann, wenn der Therapeut ihm sagte, aus Angst, Arzt und Familie zu kränken, widerstrebe ihm, einen solchen Schritt konkret zu erwägen; planhemmend und schädlich müßte sich dagegen auswirken, wenn er zu hören bekäme, daß er sich unbewußt dagegen sträube, sich seine Abhängigkeit von Arzt und Familie einzugestehen" (Weiss 1990, S.128).

Hier wurde eine Mutterübertragung bzw. eine Überich-Übertragung darge-stellt, wobei der Analytiker jeweils die andere Seite des inneren Konflikts reprä-sentiert. Mit Körner (1995) könnte man auch sagen, der Patient fordere uns "... mit seiner Übertragung auf, seinem inneren Konflikt in uns selbst zu begegnen und eine eigene Antwort auf jenes gefährliche Introjekt zu finden" (S.343). So beinhaltet eine Übertragung immer den Wunsch und den Versuch, einen inneren Konflikt zu integrieren. Das bedeutet allerdings auch oft, daß die Veränderung des Patienten bei dem Analytiker die Bereitschaft voraussetzt, "den uns angetra-genen Konflikt durchzuarbeiten" (Körner 1995, S.343) und in uns selbst die Vor-aussetzung für die Veränderung des Patienten zu schaffen.

4 Psychoanalyse als Beziehungskonflikttherapie

4.1 Der Analytiker als neues Objekt

Wie ich bereits ausführlich im Hinblick auf den entwicklungsbezogenen Aspekt der Übertragung dargelegt habe, vertrete ich hier die Position, daß der Analytiker dem Patienten nicht nur als Projektionsschirm zur Abarbeitung seiner inneren Konflikte dient, sondern daß er vielmehr als eine neue wesentliche Beziehungsperson in das Leben des Patienten tritt und durch seine eigene Subjektivität einen therapeutischen Prozeß in ihm hervorruft. Aus Angst, suggestive Macht über den Patienten auszuüben und ihn zu manipulieren, war es zur behandlungstechnischen Ideologie erhoben worden, daß allein die Durcharbeitung und Deutung der inneren Konflikte die erwünschte Veränderung hervorbringe. Hierbei dienten die Projektionen auf den Therapeuten als Mittel, um psychodynamische Zusammenhänge zu erkennen, die aber dann doch recht schnell über den Weg der genetischen Deutung von ihm wieder abgelöst wurden.

Es herrschte offensichtlich eine zu große Angst, die persönliche Bedeutung des Analytikers, seine Macht und die Möglichkeiten der Einflußnahme auf das Leben des Patienten einzusehen und ihnen den entsprechenden Stellenwert im Rahmen der behandlungstechnischen Konzeptionen zu geben.

Implizit war es jedoch immer schon klar, daß es ausschließlich der spezifische Umgang des Analytikers mit dem Patienten war, der es diesem ermöglicht, seine konflikthaften Kompromißbildungen im Rahmen der therapeutischen Beziehung noch einmal zu aktualisieren und mithilfe des Analytikers zu einem neuen und konstruktiveren Ergebnis zu gelangen, das ihm eine größere Kreativität und Lebendigkeit in seinem Leben und seinen Beziehungen eröffnet (Slavin 1994). Insofern kann die Wichtigkeit der Person des Analytikers gar nicht überschätzt werden. Liest man Berichte über schädliche Entwicklungen in Analysen (z.B. Dörthe-Drigalsky 1979) oder Psychotherapien (Hemminger und Becker 1985), so ist ohne Schwierigkeiten zu erkennen, daß die Ursache dieser malignen Entwicklungen wohl immer in einem inadäquaten Umgang mit dem Verhalten des Patienten durch den Psychotherapeuten zu suchen ist (Strupp 1996).

Deshalb muß die zentrale Bedeutung, die der Analytiker für die Entwicklung des Patienten bekommt, gesehen werden. Je mehr sich ein Patient auf diese Beziehung einläßt, desto mehr hängt sein zukünftiges Leben von der Entwicklung und vom Ausgang dieser Beziehung ab.

4.2 Zwei Grunddimensionen der therapeutischen Beziehung - der Analytiker als Umwelt und als Objekt

4.2.1 Der Analytiker als Umwelt

Für Freud war es selbstverständlich, die therapeutische Situation so zu gestalten, daß der Patient sich in ihr aufgehoben und in guten Händen fühlen konnte. Deshalb hat er vermutlich diesen Aspekt auch nicht weiter thematisiert und ausgearbeitet. Er hat sich lediglich darauf beschränkt, im Hinblick auf die positive Übertragung zwischen einer neurotischen, der eigentlichen libidnösen Übertragung, und einer "bewußtseinsfähigen und unanstößigen Komponente" (Freud 1912, S.165) zu unterscheiden, in der "freundliche" und "zärtliche Gefühle" in Verbindung mit "Sympathie" und "Zutrauen" (S.165) die Hauptrolle spielen.

Freud hatte ein Setting geschaffen, das einen idealen Rahmen herstellte für die Projektion und Übertragung von unbewußten Fantasien und Gefühlen, die für den Patienten wie auch für den Analytiker einerseits den Charakter einer inneren und interpersonalen Realität haben, die aber andererseits doch im Rahmen einer Art Spielwiese erlebt, erprobt, neu eingeschätzt und kreativ integriert werden können. Freud stellte ein "klinisches Milieu" (Winnicott 1955, S.193) her, dessen wesentliche Bedingungen von Winnicott wie folgt charakterisiert worden waren:

1. Jeden Tag zu einer festgesetzten Zeit, fünf- oder sechsmal in der Woche, stellte Freud sich dem Patienten zur Verfügung ... .
2. Man konnte sich darauf verlassen, daß der Analytiker pünktlich da sein würde, lebendig und atmend.
3. Für die vorher festgesetzte, begrenzte Zeit von etwa einer Stunde würde der Analytiker wach bleiben und sich in erster Linie mit dem Patienten befassen.
4. Der Analytiker brachte durch sein positives Interesse Liebe zum Ausdruck; sein Haß äußerte sich im strengen Beginn und Ende der Stunde und in der Honorarfrage. Liebe und Haß wurden vom Analytiker ehrlich geäußert, d.h. nicht verleugnet.
5. Ziel der Analyse sollte es sein, mit dem "Prozeß" des Patienten in Berührung zu kommen, das vorgebrachte Material zu verstehen und dieses Verständnis verbal mitzuteilen. Widerstand deutete auf Leiden hin und konnte durch Deutung verringert werden.
6. Die Methode des Analytikers war eine Methode der objektiven Beobachtung.
7. Diese Arbeit sollte in einem Zimmer getan werden, nicht in einem Durchgangsraum, einem ruhigen Zimmer, in dem man nicht auf plötzliche, unvorhersehbare Geräusche gefaßt sein mußte, das aber nicht totenstill war und nicht frei von gewöhnlichen Hausgeräuschen. Dieses Zimmer sollte richtig beleuchtet sein, aber nicht durch ein ins Gesicht scheinendes Licht und auch nicht durch ein veränderliches Licht. Das Zimmer sollte gewiß nicht dunkel sein, aber behaglich warm. Der Patient sollte auf einer Couch liegen, d.h. bequem und entspannt, wenn er dazu fähig war, und wahrscheinlich war eine Wolldecke und etwas Wasser verfügbar.
8. Jeder Analytiker hat (wie jeder weiß) moralische Urteile aus der Beziehung herauszuhalten, er hat nicht den Wunsch, sich mit Einzelheiten aus seinem persönlichen Leben und Denken aufzudrängen, und der Analytiker will bei den Verfolgungssystemen nicht Partei ergreifen,

selbst wenn sie in der Form wirklicher, beiden zugänglicher lokaler oder politischer Situationen oder dergleichen in Erscheinung treten. Natürlich ist der Analytiker auf dem laufenden, wenn Krieg ist oder ein Erdbeben oder wenn der König stirbt.

9. Der Analytiker ist in der analytischen Situation viel zuverlässiger, als es die Menschen im gewöhnlichen Leben sind; im großen und ganzen ist er pünktlich, hat keine Wutanfälle, verliebt sich nicht Hals über Kopf usw.

10. In der Analyse wird sehr klar zwischen Wirklichkeit und Fantasie unterschieden, sodaß der Analytiker durch einen aggressiven Traum nicht verletzt wird.

11. Man kann sich darauf verlassen, daß Vergeltungsreaktionen nicht vorkommen.

12. Der Analytiker überlebt alles.

Winnicott (1955) war der Ansicht, daß dieses Milieu die "Techniken der frühen und frühesten Bemutterung" (S.195) reproduziere. Im Hinblick auf diese frühkindliche Situation unterschied er in einer späteren Arbeit zwei Aspekte der Säuglingspflege, den Aspekt der "Umwelt-Mutter" und den Aspekt der "Objekt-Mutter" (Winnicott 1963, S.96). Die "Umwelt-Mutter" stellt den zunächst primären Aspekt dar und bezieht sich auf so grundlegende Faktoren wie die Fähigkeit der Mutter, verfügbar und da zu sein und ausreichend einfühlsam auf die Bedürfnisse des Kindes eingestellt zu sein und entsprechend zu antworten. Diese Beziehung ist eine grundsätzliche mütterliche Matrix, die, solange sie intakt ist, kaum bewußt registriert wird, und die somit einen Hintergrund darstellt, der erst im Falle eines Versagens der mütterlichen Empathie zu einer Irritation führt. Es verhält sich wie mit Sauerstoff, ohne den wir zwar nicht überleben können, den wir aber so lange nicht bewußt registrieren, solange er in ausreichendem Maße vorhanden ist.

Auf diesem Hintergrund einer primären Beziehung wird die "Objekt-Mutter" vom Kind mit libidinösen und aggressiven Fantasien und Impulsen besetzt. Hier kommt es dann im wesentlichen darauf an, daß die Mutter weiterhin verfügbar und lebendig bleibt, daß sie die "triebgesteuerten Episoden" (S.97) überlebt und sich dem Kind weiterhin zuwendet.

Für die therapeutische Situation ist der Aspekt der "Umwelt-Mutter" von grundlegender Bedeutung. Die therapeutische Situation, wie sie von Winnicott beschrieben worden war, stellt durch ihr Setting genau diesen Rahmen her, auf dessen Basis der Therapeut durch seine empathische Verfügbarkeit zur Umwelt wird und dem Patienten eine grundlegende Hintergrundsicherheit vermittelt. Settingsfaktoren wie der gleichbleibende Raum und die zeitliche Konstanz, ebenso die Couch und viele andere Faktoren werden für den Patienten zu einer gewohnten Umgebung, auf deren Veränderung insbesondere frühgestörte Patienten sehr empfindlich und mit teilweise starken Irritationen reagieren.

Die therapeutische Situation wird somit zu einer schützenden Umwelt, in der sich der Patient getragen und gehalten fühlt. Diese Beziehung zum Umwelt-Therapeuten bildet für ihn auch einen Reizschutz gegen zu intensive von innen oder außen einströmende Gefühle und Erfahrungen, die ohne diese Hintergrundsicherheit traumatischen Charakter hätten und in dieser Sicherheit dosiert zugelassen und integriert werden können. Die zentrale Holding- und Containing-Funktion des Therapeuten ist dabei "die Wahrung und Sicherung des analytischen potentiellen Raums, des Spielfelds, und zugleich das Überleben der Angriffe des Analysanden auf diesem Spielfeld, ohne Vergeltung" (Treurniet 1992, S.250).

Wesentlich für den Schutz und die Unterstützung des analytischen Prozesses ist, daß der Analytiker die Grenzen des analytischen Raumes einhält und gegen Versuche des Patienten, diesen aufzuweichen, schützt. "Nur dann kann er den Raum eines freien Assoziierens, Regredierens und Inszenierens innerhalb der Grenzen gewähren" (Treurniet 1992, S.250). Nur mit dieser Sicherheit, daß der Therapeut bei seiner analytischen Haltung bleiben und mit seiner Empathie weiterhin für ihn verfügbar sein wird, kann sich der Patient allmählich öffnen und sich auf neue und bisher unbewußte Bereiche in ihm selbst einlassen.

Auf dem Hintergrund dieser "abhängig/einfassenden" Hintergrunds-Beziehung (dependent/containing, Modell 1990, S.46) wird der Analytiker zu einem "Transformationsobjekt" (Bollas 1987), das gesucht wird, "um sich ihm auszuliefern als einem Medium, das die Selbsterfahrung verändert, und nicht so sehr, um das Objekt zu besitzen oder zur Triebbefriedigung zu benutzen" (Treurniet 1992, S.251).

Wenn die durch den analytischen Raum vermittelte Hintergrundsicherheit infolge irgendwelcher Ereignisse oder auch durch eine Intervention des Therapeuten gestört wird, kann es zu erheblichen Irritationen kommen. Der Patient fühlt sich dann beunruhigt, ängstlich oder bedroht, es kommt zu einer Fragmentierung seines Selbst.

So begegnete mir beispielsweise eine Patientin kurz vor Beginn ihrer Analysestunde in einem Lebensmittelgeschäft beim Einkaufen. Obwohl diese Patientin zwar auch Frühstörungsanteile hatte, aber im wesentlichen über durchaus relativ stabile und strukturierte Ichfunktionen verfügte, erlebte sie diese Begegnung als einen psychischen Schock, dessen Bearbeitung die gesamte darauffolgende Sitzung beanspruchte. Darüber war sie selbst sehr überrascht, da zwischen uns eine sehr tragfähige Arbeitsbeziehung bestand und die bewußtseinsfähige Übertragung bis dahin schwerpunktmäßig geprägt war durch eine positive präödipale Beziehung, wobei sie sich sehr gut aufgehoben fühlte und großes, fast blindes Vertrauen in mich hatte. Jetzt wurde sehr deutlich, wie sehr die Patientin den analytischen Raum als eine sicherheitsspendende mütterliche Matrix erlebte, deren plötzlicher Wegfall zu einem traumatischen Erlebnis geführt hatte. Außerhalb des symbolischen Raums der Analyse nahm sie mich zwangsläufig teilweise als eigenständige und von ihr unabhängig existierende Person mit einem Eigenleben außerhalb der gemeinsamen analytischen Beziehung wahr. Dadurch wurden zugleich objekt-libidinöse ödipale Übertragungsanteile, die von ihr bisher in der Verdrängung gehalten werden konnten, aktiviert und brachen ins Bewußtsein ein. Plötzlich sah sie mich als Mann und erlebte sich als Frau, für die ich als Sexualpartner interessant war. Durch diesen von außen induzierten Wechsel von der präödipalen auf eine ödipale Ebene hatte sie Angst, durch die unerwartete Ödipalisierung die primäre emotionale Grundbeziehung, die "nährende Grundgleichung" (Morgenthaler 1978) bzw. ihre Selbst-Objekt-Beziehung zu mir zu verlieren.

Selbstobjekt-Bedürfnisse

Nach den bahnbrechenden Arbeiten von Kohut (1971, 1977, 1984) hat insbesondere auch die psychoanalytische Selbstpsychologie wesentlich dazu beigetragen, diese grundlegenden Aspekte der therapeutischen Beziehung zu untersuchen (Milch und Hartmann 1996, Stolorow et al. 1987, Wolf 1988). Der Selbstpsychologie geht es dabei speziell um die Erfassung der Selbstobjektbedürfnisse des Patienten und um die spezifische Aufgabe des Therapeuten in seiner Funktion als Selbstobjekt. Die Bedürfnisse, von einem Anderen wahrgenommen und anerkannt, von ihm angenommen, geschätzt, verstanden oder bewundert zu werden, sind ubiquitär und vom Lebensalter unabhängig. Es ist ein großes Verdienst der Selbstpsychologie, daß sie ein falsches Leitbild von Autonomie und Unabhängigkeit korrigiert hat, indem sie die Position vertritt, daß der Mensch während seines gesamten Lebens in einer Matrix von Selbstobjekt-Beziehungen lebt und von der Spiegelung durch bedeutsame Andere abhängig ist. Diese Selbstobjektbeziehungen verändern sich zwar in ihrer Qualität im Laufe des Lebens, sie bleiben jedoch in jedem Fall bestehen.

Die zur Behandlung kommenden Patienten haben bezüglich ihrer Selbstobjektbedürfnisse meistens schon viele negative und traumatisierende Erfahrungen hinter sich. Dem Therapeuten gegenüber beleben sie unbewußt ihre arretierten Selbstobjektbedürfnisse wieder, richten sie auf ihn und erwarten von ihm oder hoffen, daß er entwicklungsfördernd mit ihnen umgehen werde (Fosshage 1994). Neben dieser "Selbst-Objekt-Motivation" (Stolorow et al. 1987) hegt der Patient zugleich die Befürchtung, daß sich seine negativen Erfahrungen auch in der Beziehung zum Analytiker noch einmal wiederholen könnten, ja er erwartet es geradezu. Infolgedessen wird er den Therapeuten gezielt auf die Probe stellen und ihn austesten (Weiss und Sampson 1986). Stolorow, Brandchaft und Atwood (1987) sehen darin die beiden Pole der Übertragung und berücksichtigen somit objektale Übertragungsanteile nicht mehr explizit.

4.2.1.1   Empathie als entwicklungsfördernde Hintergrundbedingung

Empathie, die Fähigkeit, sich partiell und zeitlich begrenzt mit dem subjektiven Erleben eines anderen Menschen zu identifizieren, war immer schon Bestandteil einer guten und konstruktiven therapeutischen Beziehung. Die Selbstpsychologie jedoch hat die Empathie zu einer grundlegenden Methode erhoben, mit deren Hilfe die Informationen gesammelt werden, die ein tieferes Verstehen des Patienten ermöglichen. Der Analytiker soll bei seinen Deutungslinien nicht mehr wie früher theoriegeleitet vorgehen, was die Gefahr beinhaltet, ihm diese Vorstellungen möglicherweise aufzuoktroyieren. Er soll sich dem Patienten stattdessen eher von innen her nähern, sich an dessen Erleben orientieren und von hier aus die entsprechenden psychodynamischen und genetischen Verknüpfungen erarbeiten (Schwaber 1981, 1986). Empathie in diesem Sinne beruht auf einer grundlegenden Ichfunktion des Therapeuten und darf nicht verwechselt werden mit einem bloßen Mitgefühl, das auf der Übernahme einer konkordanten Gegenübertragungsidentifizierung beruht und somit Folge eines Mitagierens vonseiten des Therapeuten sein kann (Jacobs 1986).

Nun kommt von der Seite der Kleinkindforschung eine biologisch- evolutionär fundierte Unterstützung für die Wichtigkeit dieses entwicklungsfördernden Aspekts der Empathie. Emde (1995) postuliert "grundlegende Motivationsaspekte des Entwicklungsprozesses", die durch unsere evolutive Biologie vorprogrammiert sind und sich auf Aktivität, Selbstregulierung, auf soziale Anpassung und auf die affektive Kontrolle beziehen. Diese Motivationsstrukturen, die sich in dem spezifischen Kontext der Beziehung zwischen dem Säugling und seiner Mutter entwickeln, stellen grundlegende Inhalte der Entwicklung dar. "Als solche können sie durch Empathie aktiviert werden und somit eine Therapie im Erwachsenenalter fördern" (Emde 1995, S.236). Und er fügt hinzu, daß zu einer erfolgreichen Therapie ein spezifisches Erleben gehöre: "Dieses ist interaktiv, beruht auf Empathie und aktiviert grundlegende Formen der Entwicklung" (S.238). "Die therapeutische Beziehung bietet die Hintergrundsbedingungen für eine Reaktivierung dieser elementaren Entwicklungsformen. Die empathische Verfügbarkeit des Therapeuten wird dabei für besonders wichtig gehalten ... ." (S.247), um diesen "biologisch vorbereiteten Entwicklungsschub" (S.245) in Gang zu setzen.

Das wesentliche beim therapeutischen Vorgehen ist dabei nicht die absolute Einhaltung einer Abstinenz und Neutralität, die unter Umständen Lebendigkeit nicht fördern, sondern vielmehr entmutigen und verhindern könnte. So hält Emde (1995) beispielsweise "Augenblicke eines intensiven Gefühls von Zusammengehörigkeit und einer gemeinsamen Bedeutung" (S.241) für außerordentlich wichtig für die gemeinsame analytische Arbeit.

Als ich während einer Analysestunde überschwänglich und schwärmerisch darüber berichtet hatte, wie ich die Musik von J.S. Bach emotional erlebte, antwortete mein Lehranalytiker nur ganz kurz und einfach: "Ich liebe Bach auch." Das löste bei mir ein intensives Gefühl des Wohlbefindens und der Freude aus, ein Gefühl des Erkanntwerdens und Verstandenseins, denn ich nahm an, daß er beim Hören der Musik von J.S.Bach das gleiche Gefühl und die gleichen Empfindungen kannte, wie ich sie auch erlebte und beschrieben hatte. Er hatte damit, ohne viel von sich preiszugeben, eine Gemeinsamkeit hergestellt, die mich innerlich wärmte. Abstinent im ursprünglichen Sinne war dieses Vorgehen zwar nicht, aber er hatte mir durch seine Antwort ein emotionales Erlebnis vermittelt, das ich seitdem nicht vergessen habe und das ich vermutlich auch weiterhin als Erinnerung an einen beglückenden Moment in mir tragen werde.

Dieses "Gefühl der Wechselseitigkeit und einer gemeinsamen Bedeutung" (S.241), "das Wir-Gefühl, das sich in der Analyse analog zu den Erfahrungen aus der frühen Kindheit entwickelt" (S.243), wird von Emde als eine für die Entwicklung des Patienten sehr wesentliche therapeutische Hintergrundsvariable beschrieben. Cremerius (1982) hat sicherlich recht mit seiner These, daß dieser Aspekt in erfolgreichen Behandlungen immer schon verwirklicht worden sei, auch bevor er durch die Selbstpsychologie explizit herausgearbeitet worden war. Aber nicht nur die Selbstpsychologie, sondern auch die Befunde aus der Kleinkindforschung können verdeutlichen, wie durch ein entsprechendes "affect attunement" und "matching" (Dornes 1993) beim Kleinkind wie auch beim erwachsenen Patienten das Gefühl entsteht, von einer empathisch verfügbaren Bezugsperson begleitet zu sein. Wie bei einem Kleinkind entwickelt sich auch zwischen Therapeut und Patient eine sichere Bindung, die exploratives Verhalten und das Zulassen unvertrauter Fantasien und Gefühle fördert und zur Integration auch heftiger und widersprüchlicher Affekte beiträgt (Grossmann et al. 1989).

4.2.1.2   Brüche in der Hintergrundbeziehung

Die Mitteilungen des Patienten beinhalten oft mehrere Ebenen gleichzeitig. Während er über etwas außerhalb der Übertragung berichtet, bringt er möglicherweise implizit und auch für ihn unbewußt oder vorbewußt ein Selbstobjekt-Bedürfnis zum Ausdruck. Es geschieht sehr häufig, daß in solchen Fällen der Analytiker auf die inhaltliche Ebene eingeht und beispielsweise ein bekanntes Muster deutet und dabei die parallele Übertragungsbotschaft übersieht. Das geschieht vermutlich recht häufig, wenn der Therapeut versucht, das Material des Patienten zu verstehen und die neurotischen Mechanismen zu deuten. Es kommt dann zu einer Störung der Hintergrundbeziehung, die durchaus sehr subtil sein kann und vielleicht oft nicht bemerkt wird.

Diese Deutungen können inhaltlich völlig richtig und auch für den Patienten nachvollziehbar sein. Wenn sie jedoch ein in solchen Momenten dem Therapeuten gegenüber bestehendes starkes Selbstobjektbedürfnis übersehen, und das vielleicht auch noch öfters, dann kann für den Patienten an solchen Stellen des therapeutischen Prozesses die Wiederholung einer traumatischen kindlichen Beziehungskonstellation in der therapeutischen Beziehung beginnen.

Eine solche Wiederholung auf der Ebene der latenten Übertragung geschieht oft völlig unbemerkt und unspektakulär, ist jedoch beispielsweise erkennbar an Stimmungsveränderungen in der Sitzung oder an einem allmählichen Verflachen des therapeutischen Prozesses. Der Patient fühlt sich unwohl, lustlos, devitalisiert. Falls er schon über eine entwickeltere Introspektionsfähigkeit verfügt, ist er vielleicht gekränkt, fühlt sich nicht ernst oder nicht wahrgenommen, ist verletzt und angesichts der wiederholten Nichterfüllung seines Selbstobjektbedürfnisses hilflos. Patienten getrauen sich in der Regel aus Angst, den Therapeuten zu kränken, auch nicht, diese Erfahrung von sich aus anzusprechen.

Dazu ein kurzes Beispiel: Ein 28-jähriger Patient berichtet über sein Bedürfnis, daß "das, was ich in Worten versuche zu sagen, verstanden wird, daß es von Ihnen aufgegriffen wird und voll dargestellt wird, damit ich sehe, da ist ein Bedürfnis erkannt worden". Danach geht er darauf ein, wie desorientiert und verwirrt er sich fühle und sagt: "Ich empfinde alles, alle Gefühle als verboten." Ich erinnere mich an einen Gedanken, den er einige Sitzungen davor geäußert hatte und sage zu ihm: "Ihre Mutter hat sich nie um ihre Gefühlswelt gekümmert. Da kann es sein, daß ein Kind diese Gefühle dann als verboten erlebt." Obwohl ich versucht hatte, mich mit dieser Erklärung quasi neben ihn zu stellen und ihn zu unterstützen, hatte meine Intervention einen kleinen Bruch zur Folge, den er allerdings selbst nach einem kurzen Schweigen verbalisieren konnte.

"Ich wollte damit eigentlich nur sagen, wie schwer es hier für mich ist und daß ich mich hier unheimlich anstrenge, und nicht nur da liege und nichts tue und Sie ärgere. Insofern habe ich jetzt nichts von Ihrer Erklärung. Diese sachlichen Dinge weiß ich schon." Damit brachte er klar zum Ausdruck, daß er meine Antwort als unempathisch empfunden hatte und daß ich sein eigentliches und in diesem Moment vorangiges Bedürfnis nicht erfaßt hatte.

Der Unterbrechungs- und Wiederherstellungsprozeß (Wolf)

Ein Bruch in der therapeutischen Hintergrundbeziehung kann auch zum Ursprung eines anhaltenden Widerstandes oder anderer destruktiver Prozesse wie z.B. einer negativen therapeutischen Reaktion werden (Treurniet 1992). Kohut selbst legte auf die Bearbeitung dieser Brüche in der therapeutischen Beziehung schon früh allergrößten Wert, und sein Mitarbeiter E. Wolf (1988, 1989) hat im Anschluß daran ein analytisches Prozessmodell entwickelt, das er den "Unterbrechungs- und Wiederherstellungsprozeß" nannte. Nach der spontanen und unvermeidlichen Aktivierung der Selbstobjektbedürfnisse des Patienten in der therapeutischen Beziehung kommt es unweigerlich immer wieder zu Enttäuschungen dieser Bedürfnisse, zu Kränkungen und Verletzungen, weil Empathiemängel aufseiten des Therapeuten natürlich sind. Der Patient bekommt vielleicht den Eindruck, daß dieser jetzt mehr mit der Verfolgung seiner eigenen Deutungslinie beschäftigt ist als damit, ihn mitfühlend zu verstehen. Hat der Patient z.B. weniger das Bedürfnis, untersucht und analysiert zu werden und keine Deutung hören will, sondern zunächst die einfühlende Begleitung des Analytikers braucht, dann kommt es zu einem Bruch in der Beziehung, der Verwirrung, Devitalisierung, Depression oder Wut zur Folge haben kann.

Der letzte Schritt in diesem Prozeß ist die Wiederherstellung des empathischen Bandes, indem dieser Bruch in der therapeutischen Beziehung bewußt gemacht und bearbeitet wird. Wenn dieser Prozeß gelingt, handelt hier der Analytiker als ein neues Objekt und vermittelt dem Patienten, der ihn zunächst wie ein Objekt seiner Vergangenheit erlebt hat, eine neue Erfahrung. Er verteidigt sich nicht, übt keine Vergeltung, beharrt auch nicht auf seinem Standpunkt oder seiner Sichtweise, sondern ist bereit, die Erfahrung des Patienten zu akzeptieren und die Vorgänge aus der Sicht des Patienten zu rekonstruieren und zu erklären. "Dadurch, daß der Patient sich wieder verstanden fühlt, ist die empathische Strömung zwischen ihm und dem Therapeuten wiederhergestellt."(Wolf 1989, S.119) Entscheidend für den Fortschritt des Patienten ist, daß er "eine Atmosphäre erlebt, in der er sich respektiert, akzeptiert und wenigstens ein bißchen verstanden fühlt." (S.123)

Ornstein (1995) berichtet folgenden Vorgang: In einer Sitzung "beschwerte sich Frau A. wieder über das, was sie an sich nicht leiden konnte, speziell ihren Körper. Aber es gab ein neues Thema: "Ich mag meine Stimme nicht" - sagte sie. Ich fragte sie warum, was sie daran nicht leiden möge? Sie fuhr fort, indem sie meine Frage beantwortete, aber ich bemerkte, daß sie das irgendwie halbherzig tat, als ob sie plötzlich das Interesse verloren hätte, mir davon zu erzählen. Sie sprach ohne die Intensität, mit der sie ihre Klagen geäußert hatte, bevor ich sie mit meiner Frage unterbrach. Etwas später sagte ich ungefähr etwas, das darauf hinauslief, daß es nun etwas anderes gäbe, das sie bei sich nicht leiden möge, wie schwer es für sie sein müßte, in ihrem Körper zu leben mit dem Gefühl, daß nichts wirklich Weibliches an ihr wäre. Die Sitzung endete mit dieser Bemerkung.

Als ich über all das nachsann, fuhr sie in der nächsten Sitzung fort zu beschreiben, wie ängstlich sie während der vorhergehenden Sitzung gewesen war, als sie über ihre Abneigung gegenüber ihrer Stimme sprach. Sie wollte mich wissen lassen, wie sie fühlte, aber hauptsächlich wollte sie mir ihren Mut zeigen, darüber zu sprechen. "So daß die Herausforderung, die Sie in meiner Stimme hörten", sagte ich, "Sie blockierte, diese Anerkennung zu bekommen, und Sie gaben auf, sie zu suchen. Sie schienen Ihr Interesse verloren zu haben, mir mehr darüber zu erzählen." "Ja, das hat mir gereicht! Und als Sie sagten, ich sollte lernen, damit zu leben - so habe ich es immer gehört -, fühlte ich, daß Sie mich fallen ließen. Und dann fühlte ich die gleiche Leere, die ich immer bei meiner Mutter spürte."

Sie verglich die Gefühle in der gestrigen Sitzung mit der Erfahrung von ihrer Mutter, die sich von ihr abwandte, als sie hungrig war und nach etwas zu essen fragte. "So, gestern waren Sie hungrig nach meiner Anerkennung ..., aber ich wandte mich von Ihnen ab." "Ich war hungrig nach Kontakt und Anerkennung", antwortete sie, "und Sie wandten sich ab. Das ließ mich ausgeschlossen fühlen." Meine bewußte Absicht zur Exploration bezüglich Frau A.s Ablehnung ihrer Stimme wurde von ihr als eine Herausforderung erlebt, als ein Ausdruck für meine Behauptung, daß sie keine Gründe für ihre Abneigung gegenüber ihrer Stimme habe, ohne daß mir das im Moment bewußt war. Ich hatte fälschlicherweise angenommen, daß ihr Mangel an Interesse, der grenzwertig zu einer milden Depression war, schlicht aus der Tatsache resultierte, daß die Abneigung ihrer Stimme (gegenüber) ... nun mit einiger Intensität an die Oberfläche kam. Den stärkeren und tieferen Wunsch, daß ich ihren Mut, über ihre Abneigung gegenüber ihrer Stimme zu sprechen, wahrnahm und lobte, übersah ich vollständig. ... Das bedeutet, daß ich in gewissem Sinne nun verstand, warum sie auf meine Frage so geantwortet hatte, wie sie es tat. Wenn ich sie in der vorausgegangenen Sitzung abgelehnt hatte, akzeptierte ich sie nun durch die gemeinsame, freie, nicht abwehrende und nicht anklagende Rekonstruktion ihrer Erfahrungen von der vorausgegangenen Sitzung. Auf diese Weise war der vorübergehende Bruch in der therapeutischen Beziehung geheilt - in meinem Vokabular wurde eine unterbrochene Spiegelübertragung mit Deutungen wiederhergestellt. Ich mußte Frau A. für ihren Mut nicht nachträglich bewundern. Ich hatte nur anzuerkennen, daß ihre spätere Reaktion dadurch erklärt werden konnte, daß ich ihren Wunsch während der früheren Sitzung nicht bemerkt hatte. Daraufhin ... lieferte sie selbst die genetisch bedeutsame Kindheitserinnerung, die die große Verwundbarkeit überwand, welche meine Deutung traumatisch wiederholt hatte. ... Diese Rückkehr zu einer Übereinstimmung - das Aufeinander-eingestimmt-Sein, besonders das Gefühl von Frau A. für meine Einstimmung auf sie, ist ein starker Beitrag zur Strukturbildung und auch ein Weg zur Gewinnung von Einsicht." (Ornstein 1995, S.72ff.)

In Situationen, in denen über eine inhaltliche Aussage latente Botschaften an den Analytiker gerichtet und transportiert werden und wo dies mißglückt ist, ist es ein Fehler, auf genetische und psychodynamische Faktoren einzugehen. Es sollte zunächst dieser Hintergrundbruch bearbeitet und dadurch die Beziehung zum Therapeuten wieder hergestellt werden, sodaß der Patient auch wieder bereit und offen ist, zuzuhören. Solange keine ausreichende Hintergrundsicherheit mehr vorhanden ist, ist es im allgemeinen kaum möglich, sinnvoll psychodynamische Zusammenhänge zu bearbeiten, da der Patient innerlich mit anderen Erfahrungen beschäftigt ist und sich bestenfalls im Sinne der Anpassung an die Erwartungen des Therapeuten und der Aktivierung eines falschen Selbst auf die Bearbeitung der inhaltlichen Themen einlassen könnte. Gerade das dürfte aber vermutlich in vielen Behandlungen durchaus mit einiger Regelmäßigkeit vorkommen.

4.2.2   Der Analytiker als Objekt

Unter diesem Aspekt wird der Analytiker als unabhängiges Objekt wahrgenommen, auf das sich libidinöse und aggressive Fantasien und Gefühle richten. Hier geht es um Triebe und Triebbefriedigung und um präödipale und ödipale Beziehungskonstellationen, um Inszenierungen und Wiederholungen von Modellszenen aus der Kindheit. "Die Objekt-Mutter wird zur Zielscheibe für erregtes Erleben, das durch rohe Triebspannung gestützt wird." (Winnicott 1963, S.96) Auf dem Hintergrund einer haltenden Hintergrundsbeziehung entwickelt sich diese von Modell (1990) "ikonisch/projektiv" genannte Übertragung, in der die innere Objektbilder externalisiert und die eigentlichen Übertragungen stattfinden bzw. innere Schemata und Muster aktualisiert werden. Hier ist die Ebene von Konflikten zwischen den innerpsychischen Strukturen, wie sie von der Psychoanalyse detailliert beschrieben worden waren, und der Therapeut hat eine andere Bedeutung. Er wird als abgegrenzt, eigenständig, unabhängig wahrgenommen, wird libidinös begehrt oder zur Zielscheibe für Aggression. Die in der Übertragung auftauchenden Konflikte haben eine andere Qualität wie diejenigen auf der grundlegenderen Beziehungsebene.

4.2.3   Das Verhältnis von Hintergrundbeziehung und objektaler Übertragung

Diese beiden Grunddimensionen der therapeutischen Beziehung, der Analytiker als Selbstobjekt und gleichzeitig als eigentliches Übertragungsobjekt, lassen sich nicht wirklich voneinander trennen und hängen eng miteinander zusammen. Es ist auch durchaus nicht immer einfach zu unterscheiden, welchem Aspekt der Vorzug zu geben ist. So hat ein heftiger Konflikt zwischen den Hauptvertretern der Psychoanalyse und der Selbstpsychologie ihren Ursprung in einer unterschiedlichen Gewichtung dieser beiden Dimensionen. Einige Verhaltensweisen, die Selbstpsychologen eher aus der internen Sicht des Patienten verstehen und deshalb bis zu einem gewissen Grad tolerieren würden, würden von Mainstream-Analytikern aus ihrer mehr externen Beobachtung heraus eher als Widerstand gesehen und auch so behandelt, unabhängig davon, ob sie sich der Triebtheorie, der Ichpsychologie oder der Objektbeziehungstheorie nahe fühlen.

"Eine Patientin, ... der ihre Eltern nie die leiseste Spur von Unabhängigkeit gestattet hatten, kündigte ihre aufkeimende Freiheit der Assoziationstätigkeit nicht auf der Couch an, sondern durch den Beginn einer physischen Therapie für ihre psychogene Bewegungseinschränkung, die bestimmt war durch die Erfahrung, daß ihre Mutter einen exklusiven Besitzanspruch auf den Körper der Tochter erheben konnte. Sie benutzte jede Gelegenheit, um ihrem Analytiker klarzumachen, daß ihre eindrucksvolle Besserung nichts mit der Analyse zu tun habe, sondern allein der physischen Behandlung zu verdanken sei. Auch wisse sie nicht, warum sie ihre Analyse noch fortsetzen sollte. Genau betrachtet, habe sie nie viel davon gehabt. Sie sehe das erst jetzt, weil ihre physische Therapie für sie eine Offenbarung gewesen sei: Niemals zuvor habe sie das Gefühl des Freiseins gekannt, im Vergleich dazu sei die Analyse nur ein Schatten: Worte sind nichts verglichen mit physischen Aktionen und Gefühlen. Das ging so ungefähr 6 Monate lang, in denen sie auch ihre Rechnungen nicht mehr bezahlte. Fast jedes Wort, das sie äußerte, war eine Tat mit der Botschaft, daß sie die Haltung des Analytikers zu ihrem völlig unabhängigen Dasein erkunden wollte. Sie mußte zunächst herausfinden, ob er sich über ihre Aktivität und Besserung freuen konnte, ohne mit seiner eigenen Existenz einzudringen - ein neues Objekt gegenüber ihren Eltern. Erst nachdem dies sowohl verstanden als auch erprobt war, konnte sie sich und ihrem Analytiker das Geschenk der Aktivität eines ungehemmt freien Assoziierens und der Bezahlung des Honorars machen. Erst danach war es möglich, ihren eigenen Beitrag zu diesen Konflikten um Analität, Autonomie, Annäherung und Aggression zu analysieren" (Treurniet 1992, S.247).

Hier wird vom Autor ein wichtiges Stück gelungener analytischer Arbeit vorgestellt, das in dieser Zusammenfassung einen sehr stimmigen Eindruck vermittelt. Viel schwieriger ist es jedoch, während dieses Prozesses und in Unkenntnis des weiteren Verlaufs seine Einschätzungen zu machen und behandlungstechnische Maßnahmen zu ergreifen.

Es wird beschrieben, wie die Patientin sich in einer negativen Mutterübertragung befindet und sich ein Übertragungswiderstand entwickelt hatte. Sie ist nicht bereit oder fähig, diesen Widerstand direkt zu bearbeiten, ihr Gefühl des Eingeengtseins und der analen Wut, sowie Expansions-, Autonomie- und Individuationsimpulse direkt dem Analytiker gegenüber zu äußern und durchzuarbeiten. In ihrem Widerstand und ihrer indirekten Aggression weigert sie sich zudem, das Honorar zu bezahlen, womit sie den Spieß umdreht und den Analytiker zum Abhängigen macht. Leider geht der Autor in keiner Weise darauf ein, wie er behandlungstechnisch mit diesem Widerstand umgegangen ist. Hat er das Nichtbezahlen der Rechnungen nur toleriert oder konfrontiert? Welchen Stellenwert hatte das in der therapeutischen Beziehung? Der Autor hat der Patientin dieses Agieren gestattet, weil er offensichtlich der Meinung war, daß bei ihr das agierende Erproben analer Es- und Ich-Impulse in der therapeutischen Beziehung Voraussetzung für ihre Weiterentwicklung war. Vermutlich wäre es zu einem erheblichen Bruch in der Hintergrundsbeziehung und einem anal-sadistischen und masochistischen Clinch gekommen, wenn der Analytiker direkter auf die Bezahlung des Honorars und eventuell auch auf die Aufgabe der parallelen Behandlung bestanden hätte.

Letztlich ist es jedoch während des therapeutischen Prozesses nie mit einiger Sicherheit zu entscheiden, ob es behandlungstechnisch sinnvoller ist, das Verhalten der Patientin unter dem Aspekt des Übertragungs-Widerstandes und der Aufspaltung der Übertragung zu betrachten oder es vielmehr als Subphasen-Bedürfnis, z.B. als Erprobung von Autonomiestrebungen aufzufassen und sie deshalb gewähren zu lassen. Dieses Verhalten verkörpert in sich jedoch beides, es ist einerseits ein Übertragungs-Widerstand, in dem aber andererseits wichtige Enwicklungsbedürfnisse in der therapeutischen Beziehung zum ersten mal erprobt werden. Hätte der Analytiker zu sehr auf dem Widerstands-Aspekt beharrt, hätte die Patientin das auf dem Hintergrund ihrer Mutterübertragung möglicherweise als Wiederholung, also als ein Verbot der Autonomieentwicklung interpretiert und hätte sich unterworfen oder die Behandlung abgebrochen. Somit war in diesem Falle wohl das Gewährenlassen und die weitere empathische Begleitung der Patientin während ihres Übertragungs-Agierens entscheidend für die Aufrechterhaltung einer konstruktiven und hilfreichen therapeutischen Beziehung.

4.3   Widerstand

Während der Begriff der Abwehr ein intrapsychisches Konzept ist und die innere Wirkung von Abwehrmechanismen untersucht, ist der Begriff des Widerstandes ein interpersonelles behandlungstechnisches Konzept. Wenn im Patienten die Abwehr mobilisiert wird, erscheint sie in der therapeutischen Beziehung als Widerstand. Als Widerstand wurde im allgemeinen all das verstanden, was sich dem therapeutischen Prozeß entgegenstellt.

Dieser Widerstandsbegriff hat im Laufe der theoretischen Entwicklung der Psychoanalyse natürlich wesentliche Veränderungen erfahren. Im Rahmen der triebtheoretisch orientierten Vorgehensweise galt es als Ziel der analytischen Arbeit, unbewußte Triebe und infantile Wünsche aufzudecken. Alles, was sich diesem Ziel entgegenstellte, wurde als Widerstand betrachtet, den es zu überwinden galt. Dabei bestand die Gefahr, Widerstände des Patienten nicht als für ihn derzeit wichtige Schutzmaßnahmen zu würdigen, sondern ihnen mit einer negativen Einstellung entgegenzutreten. Man begegnet dem Patienten dann vielleicht mit einer subtilen Gegnerschaft und gerät mit ihm in Clinch, weil man sich mit den unbewußten Lebenswünschen des Patienten zu sehr identifiziert und für den mit seinem Überich und der Abwehr identifizierten Patienten nur noch wenig Verständnis aufbringt.

Im Zuge der Entwicklung der analytischen Ich-Psychologie verlagerte sich der Schwerpunkt vom Es mehr hin zur Untersuchung des Ichs und seiner Abwehrmechanismen. Es war nicht mehr nur entscheidend, welche unbewußten Wünsche vorlagen, vielmehr wurde jetzt die Frage in das Zentrum des Interesses gestellt, wie das Ich mit Bedürfnissen und Trieben umgeht. Als ein moderner Vertreter dieser Richtung kann wohl Wurmser (1987) mit seiner eingehenden Analyse von Schuld- und Schamkonflikten gesehen werden. Widerstand bleibt jedoch auch in dieser erweiterten Sicht ein intraindividuelles Konzept.

König (1995) beschreibt in seiner "Widerstandsanalyse" eine Vielfalt von Widerstandsformen und -quellen. Bezüglich des zentralen Übertragungswiderstandes unterscheidet Gill (1982) zwischen einem Widerstand gegen das Bewußtwerden (bzw. auch gegen die Entwicklung) der Übertragung und einem Widerstand gegen die Auflösung der Übertragung. Auf die Tatsache, daß nicht nur Übertragungen, sondern auch Widerstände durch Handlungen des Therapeuten mitbedingt sein können, haben Gill (1982) und im Anschluß daran Thomä und Kächele (1985) ausführlich hingewiesen. Auch in der amerikanischen psychoanalytischen Literatur hat die Aufmerksamkeit für die Rolle, die der Therapeut bei Widerständen und therapeutischen Sackgassen spielt, deutlich zugenommen (Kantrowitz 1993). Unter Bezugnahme auf die Arbeiten von Ermann (1984, 1987) habe ich in einem früheren Abschnitt (s. Kap. 3.3.1.7) ein interaktionelles Widerstands-Konzept beschrieben, das die Einflüsse von Analytiker und Patient und die gegenseitige Interaktion beim Zustandekommen und bei der Aufrechterhaltung von Widerständen angemessen erfassen kann.

4.3.1 Angst vor Retraumatisierung - Ist jeder Widerstand auch ein Übertragungswiderstand?

Das Motiv für jeden Widerstand war für Freud die Angst, worunter auch Gefühle von Scham, Schuld und Schmerz subsummiert wurden. Allgemeiner läßt sich wohl sagen, daß jegliche Art von unlustvoller Erfahrung gefürchtet und daher vermieden wird. Wenn Patienten in die Behandlung kommen, befinden sie sich im allgemeinen im Zustand einer "kumulativen" Traumatisierung (Khan 1963), das heißt, sie haben bestimmte Verletzungen zunächst durch ihre Bezugspersonen und später unter der Wirkung des Wiederholungszwanges wiederholte Male erlebt. In der analytischen Situation fürchten sie nun nicht einfach nur, daß diese internalisierten frühen Erfahrungen mit ihren schmerzlichen Affekten reaktualisiert werden. Hinzu kommt, daß sie zwar mit großen Hoffnungen auf eine neue korrigierende Erfahrung und mit diesbezüglichen unbewußten "Plänen" (Weiss und Sampson 1986), in die Analyse kommen. Gleichzeitig aber sind sie erfüllt von einer großen Angst vor einer Retraumatisierung, also einer Wiederholung des ursprünglichen Traumas in der therapeutischen Beziehung (Bacal und Newman 1990, Ornstein 1991).

Diese Angst ist unter Umständen sogar sehr berechtigt. Zwar steht es außer Frage, daß alle Therapeuten die Absicht haben, ihren Patienten eine hilfreiche Behandlung zukommen zu lassen. Wir haben in den vorangegangenen Kapiteln jedoch auch sehr deutlich gesehen, daß die Gefahr, mit dem Patienten in eine destruktive Re-Inszenierung einer traumatisierenden frühen Beziehungserfahrung zu geraten, äußerst groß ist. Und kein Therapeut ist jemals davor gefeit, einen solchen Fehler zu begehen, zumal viele Patienten zu einem "exzessiven Austesten aller neuen Sozialpartner", also auch des Therapeuten neigen, "ob sie sich wieder frustran verhalten werden" (Krause und Lütolf 1989, S.66).

Insofern, als die Wiederholung des ursprünglichen Traumas in der therapeutischen Beziehung gefürchtet und zum Ursprung des Widerstandes wird, äußert sich jeder Widerstand auch in der Übertragung und kann insofern als Übertragungswiderstand gesehen werden. In jedem Fall hat der Analytiker und die Beziehung zwischen ihm und dem Patienten einen außerordentlich wichtigen Einfluß auf den Widerstand.

4.3.2 Der Beitrag des Analytikers zur Überwindung von Widerständen - Widerstandsanalyse als interpersonelles Geschehen

Die traditionelle Auffassung besagt, daß Widerstände überwunden werden, indem sie aufgezeigt, geklärt und gedeutet werden. Entsprechend der eben dargelegten Auffassung muß jedoch auch gefragt werden, welchen Beitrag der Analytiker zur Aufrechterhaltung des Widerstandes leistet und wie er seinerseits dem Patienten bei der Überwindung der Widerstände behilflich sein kann.

Zunächst wäre für ihn zu überlegen, ob er nicht in irgendeiner der bisher aufgezeigten Arten in seiner Gegenübertragung mit dem Patienten verwickelt ist. Auch das Vorliegen von möglichen Eigenübertragungen ist in Betracht zu ziehen. Möglicherweise bringt er unbewußt den Patienten auch in eine double-bind-Situation, indem er beispielsweise einerseits auf die Bewußtmachung einer negativen Übertragung mit analer Wut hinarbeitet, andererseits aber selbst unbewußt Angst vor dieser Wut hat und diese dem Patienten durch subtile nonverbale Signale auch mitteilt. Wenn dieser sich nun nicht nur durch innere Widerstände am Erleben seiner Aggression gehindert fühlt, sondern subtil spürt, daß er den Therapeuten trotz dessen Ermutigung verletzen würde, ist er von dieser Seite her zusätzlich blockiert.

Deshalb ist es eine sehr wichtige und ernstzunehmende Frage, was der Therapeut wirklich ertragen kann, ohne seinerseits eine allzu starke Abwehr mobilisieren zu müssen oder sogar zu destruktiven Antworten zu neigen. Die Frage "Kann ich den Patienten wirklich noch ertragen, wenn er unangenehme Seiten zeigt, mich angreift, in Zweifel zieht usw.?", sollte jeder möglichst ehrlich für sich selbst beantworten. Die Lockerung und Überwindung von Widerständen ist ein interpersonelles Geschehen in der Dyade zwischen dem Patienten und seinem Therapeuten. Der Patient muß den Mut fassen, die Widerstandsschwelle zu überspringen, er braucht die Gewißheit, daß das auch möglich, vom Therapeuten wirklich gewünscht und für ihn auch erträglich wäre. Wir haben in Wilkes (1992) empirischer Untersuchung von Gesprächen gesehen, daß "die jeweiligen Grenzen des Gesprächspartners ... in den meisten Fällen sensibel erspürt und beachtet"

(S.289) werden. Die konkrete Erfahrung des Patienten mit dem Therapeuten ist also eine wesentliche Voraussetzung für die allmähliche Aufgabe von Widerständen. Wilke (1992) konnte in ihrer Untersuchung herausfinden, daß es sich beim Verhalten von neurotischen und psychosomatischen Patienten nicht um starre Interaktions- und Interpretationsmuster handelt. Ob beispielsweise psychosomatische Patienten bereit waren, von ihren organisch orientierten Exklärungsmustern für ihre Beschwerden etwas abzuweichen und stattdessen auch psychodynamische Hypothesen zu äußern und zu diskutieren, hing vornehmlich davon ab, ob es dem Therapeuten gelang, eine "vertrauenschaffende Gesprächsatmosphäre" (S.345) herzustellen.

Weiss (1990) fand in seinen Untersuchungen zur control-mastery-Theorie, daß verdrängte mentale Inhalte offenbar vor allem dann spontan auftauchen, "wenn der Patient sich in der therapeutischen Atmosphäre sicher fühlt, und nicht, weil die unterdrückten Impulse infolge Frustration nur umso stärker vordrängen" (S.126), wie es der auf der Triebtheorie basierende Umgang mit Übertragung und Widerstand erwarten ließe. Patienten testen vorbewußt und unbewußt aus, was der Therapeut tolerieren kann und wie weit sie gehen können, ohne die gute und teilweise idealisierte therapeutische Beziehung, die sie brauchen, zu gefährden. Besteht der Therapeut die Tests des Patienten, dann fühlt sich dieser ausreichend sicher, um Verdrängungen aufzuheben und bisher Undenkbares und Untolerierbares nicht nur kognitiv zuzulassen, sondern affektiv mitzuschwingen. Er schöpft daraus den Mut, freier über sich zu sprechen und in seinen Assoziationen freier zu sein. Man kann hier mit Recht von einem ganzheitlichen Effekt sprechen, denn der Patient kann, wenn der Vorgang gelingt, nicht nur zu rationalen Einsichten gelangen, wie es der Psychoanalyse oft vorgehalten wird, sondern wird auch zunehmend in der Lage sein, sich auf bisher nicht erlebte und unerledigte Gefühle einzulassen.

4.3.3   Die Bedeutung von Deutungen

Wenn es so scheint, daß eine bestimmte Deutung zu einer Reduzierung des Widerstandes führt, so ging man traditionellerweise davon aus, daß der inhaltliche Aspekt der Deutung diese Wirkung zur Folge hatte. Sehr wahrscheinlich geht diese Wirksamkeit jedoch auch noch von anderen Faktoren aus.

Eine Interpretation oder eine Deutung, ebenso viele andere verbale Mitteilungen des Therapeuten, beinhalten stets zwei Ebenen. Der lange Zeit als entscheidend betrachtete Aspekt einer Deutung ist ihre inhaltliche Aussage, die in analytischen Behandlungsberichten auch üblicherweise im Vordergrund steht. Das ist jedoch nur die eine wenn auch offensichtliche Seite. Auch im Rahmen der therapeutischen Beziehung hat jede Deutung einen Beziehungsaspekt. Dadurch bekommt sie eine zusätzliche Bedeutung, die ganz von situativen Bedingungen abhängig ist. Auf dem Hintergrund einer spezifischen Übertragungssituation bekommt eine Deutung für den Patienten eine spezielle emotionale Bedeutung, über die wir als Therapeuten oft nicht Bescheid wissen, weil die Patienten darüber selten von sich aus sprechen.

Die einfachste Möglichkeit wäre beispielsweise, wenn der Patient die Deutung einer latent vorliegenden Aggression gegen den Therapeuten für sich so interpretiert, daß er diese auch erleben darf, da sie für den Therapeuten offensichtlich verständlich und daher auch berechtigt ist. Diese Deutung hat also durch ihre bloße Äußerung die Qualität einer Erlaubnis, Aggressives zu denken und zu fühlen. Selbstverständlich müßte diese implizite Überich-Botschaft irgendwann als Parameter im Sinne von Eissler (1951) behandelt und bearbeitet werden. Interpretationen und Deutungen sind hinsichtlich ihres Inhalts auch keine wertfreien Äußerungen, sondern zeigen dem Patienten, wie der Analytiker ein bestimmtes Problem oder eine Situation sieht und versteht. Der Patient kann damit übereinstimmen oder nicht, er kann sich verstanden oder falsch gesehen empfinden, er kann sich der Deutung unterwerfen, sie annehmen oder sich gegen sie wehren. Er kann sich auch aktiv mit ihr auseinandersetzen, um sie zu assimilieren.

Therapeuten kommunizieren im Rahmen ihrer Interpretationen auch ihre eigenen Erwartungen hinsichtlich der Entwicklung des Patienten. Bion vertrat zwar die Maxime, "ohne Gedächtnis, Begehren, Verstehen und Sinneseindrücke" (Bion 1970, S.43) zu analysieren, also dem Patienten immer unvoreingenommen und offen und nicht theorie- oder erfahrungsgeleitet zu begegnen. Damit ist u.a. gemeint, der Analytiker solle seine Patienten nicht zur Befriedigung eigener narzißtischer oder libinöser Bedürfnisse mißbrauchen. Mit Renik (1995) und Raphling (1995) muß jedoch davon ausgegangen werden, daß Analysen und Psychotherapien nicht ohne Erwartungen durchgeführt werden können. "Ich habe den Eindruck, daß man beim Analysieren Erwartungen haben muß, obwohl wir hoffentlich offen bleiben für Überraschungen und für die Veränderung dieser Erwartungen, wenn neue Informationen das nahelegen" (Renik 1995, S.85).

Es sind nicht wenige Patienten, die auf der Basis einer positiven und idealisierenden Übertragung und in Verbindung mit ihrer Charakterstruktur bemüht sind, die subtil mitgeteilten Erwartungen des Therapeuten herauszuspüren, um sich nach diesen richten zu können. Das ist ein neurotisches Verhalten, sollte jedoch zudem auch auf dem Hintergrund der von Emde (1991) durchgeführten Experimente mit Kleinkindern gesehen werden. Dabei konnte er zeigen, daß Kleinkinder in für sie unbekannten Situationen zunächst das Gesicht der Mutter anschauen und sich an der darin ausgedrückten Emotion orientieren. Schaut die Mutter zuversichtlich und ermutigend, krabbeln die Kinder weiter und erkunden ihre Umwelt. Hat sie jedoch einen ängstlichen Ausdruck im Gesicht, bleibt das Kleinkind ängstlich, etwas verwirrt und unschlüssig auf der Stelle sitzen und getraut sich nicht recht, seiner Neugierde nachzugeben. Ein vergleichbarer Vorgang spielt sicherlich in allen psychotherapeutischen Behandlungen eine tragende Rolle. Wenngleich es sich hier um einen Rest von Kindlichkeit handelt, der als solcher zum Inhalt der Analyse werden kann, kommt hierbei aber auch ein genuin menschliches Bedürfnis nach Orientierung zum Ausdruck.

Der gesamte interpersonelle Kontext, insbesondere die aktuelle Übertragungs-Gegenübertragungs-Situation bestimmt letztlich, welche Bedeutung eine bestimmte Deutung bekommt und welche Wirkung sie entfaltet. So hatten Spence, Dahl und Jones (1993) in einer empirischen Untersuchung vieler aufgezeichneten Analysesitzungen festgestellt, daß die assoziative Freiheit des Patienten mit der Häufigkeit der Interventionen zunahm. Dieser Effekt wurde zudem in den späteren Phasen der Behandlung ausgeprägter als am Anfang. Insbesondere hatte ein und dieselbe Intervention in Abhängigkeit von der Behandlungsphase eine unterschiedliche Wirkung. Während diese Intervention zu Beginn der Analyse gar keine Wirkung zeigte, führte sie in einer späteren Behandlungsphase zu einer positiven Wirkung auf den Patienten. Die Autoren sehen diesen Unterschied als Folge einer sich allmählich vertiefenden therapeutischen Beziehung, auf deren Basis die jeweiligen Interventionen eine spezielle Bedeutung bekommen und eine entsprechende Wirkung entfalten. Die Qualität der therapeutischen Objektbeziehung hat also einen grundlegenden Einfluß darauf, wie der Patient die Worte des Analytikers aufnimmt.

Auch jede Einzelheit des therapeutischen Settings kann auf dem lebensgeschichtlichen Hintergrund des Patienten bestimmte spezifische Bedeutungen annehmen. Sie kann zum Stimulus für eine Übertragungssituation werden und dadurch beispielsweise einen Bruch in der therapeutischen Beziehung herbeiführen, der Anlaß für einen Widerstand wird. So machte eine Patientin nach einem Jahr Analyse die eher sachliche und nur sehr unterschwellig vorwurfsvolle Bemerkung, mir sei wohl ziemlich gleichgültig, was mit ihr sei, weil ich ihr nur selten direkte Fragen stellte. Auf dem Hintergrund ihrer Kindheitserfahrung, daß sich niemand für sie interessierte und auch selten jemand nachgefragt hatte, empfand sie meine diesbezügliche Zurückhaltung als Ausdruck von Desinteresse und Gleichgültigkeit.

4.3.4 Die Deutung der Aktualgenese eines Übertragungswiderstands

Eine klassische, vom Ich ausgehende Widerstandsdeutung könnte beispielsweise sein: "Sie fürchten sich, Ihren Ärger über mich zu äußern, weil Sie denken, daß ich Sie dann kritisieren würde, wie das Ihr Vater immer getan hat." In der Form, in der diese Deutung gegeben wird, ist erkennbar, daß der Analytiker dem Patienten durch die Art seiner Intervention vermitteln möchte, daß die Angst, die er gegenüber dem Analytiker erlebt, eigentlich nicht diesen selbst meint, sondern daß dieser nur die Folie abgibt für ein Gefühl, das der Patient früher einmal hatte. Damit wird der Übertragung partiell die Ernsthaftigkeit, Authentizität und Einmaligkeit genommen und ein Hindernis in die Beziehung zwischen dem Therapeuten und dem Patienten eingeführt. Dem Patienten soll zwar gezeigt werden, daß er enttäuscht und verärgert ist, gleichzeitig soll er dazu ermutigt werden, diese Gefühle zu äußern. Er wird implizit auf den Unterschied zwischen den Reaktionen seiner Primärobjekte und des Analytikers hingewiesen. Mit dem raschen Umschwenken auf die genetische Deutungslinie besteht jedoch die Gefahr, den Ausdruck dieser Gefühle in der Übertragung zu umgehen. Dem Patienten wird implizit zu verstehen gegeben, daß er sich zwar über den Analytiker geärgert habe, daß dieser aber nur der Auslöser und eigentlich eine ganz andere Person damit gemeint sei. Darin kann die leichte Form einer double-bind-Situation (Bateson et al. 1956) gesehen werden, die beim Patienten zu einer subtilen Verwirrung beitragen kann.

Auch wenn es sich bei der Vermeidung aggressiver Äußerungen um einen Widerstand handelt, der seine Ursache eindeutig in der Struktur des Patienten hat, so muß dennoch daran gedacht werden, daß diese Widerstandsneigung sich wahrscheinlich an bestimmten Details des therapeutischen Settings, der Person oder des Verhaltens des Therapeuten festmacht und somit auch die Form eines Übertragungswiderstandes annehmen kann. Es kommt dann zu einer Verzahnung der psychodynamischen Situation inklusive der Abwehrbestrebungen des Patienten mit der interpersonellen Situation und dem Interaktionsangebot des Therapeuten. Deshalb ist es beim Vorliegen von Widerständen immer sinnvoll, auch daran zu denken, daß sie in irgendeiner Beziehung zu einem realen Verhalten des Therapeuten stehen und beispielsweise die Reaktion auf Beobachtungen hinsichtlich des Therapeuten, auf subtile Kränkungen oder das Gefühl des Mißverstandenseins sein könnten.

Aus dem Bereich der Selbstpsychologie stammt eine alternative Form, mit einem solchen Übertragungswiderstand umzugehen. Dabei wird der reale Einfluß des Therapeuten auf den Patienten und dessen Widerstand in größerem Maße realisiert und anerkannt. Die therapeutische Beziehung erfährt dadurch eine Zunahme an Spannung und Vitalisierung.

Schon Freud hatte diesen Anteil des Übertragungswiderstandes erkannt, als er in einem Brief an Pfister (22.10.1927) schrieb: "Speziell von H. glaube ich gern, daß er die Wirkung der Analyse durch eine gewisse verdrossene Indifferenz verdirbt und es dann versäumt, die Widerstände aufzudecken, die er dadurch beim Patienten geweckt hat" (E.L. Freud und Meng 1963, S.120). Er betont anschließend, daß hier dann eine "... gründliche Analyse besonders der Übertragungssituation von Nöten" sei (ebda, S.121). Hier ist nicht mehr von einer Übertragung im ursprünglichen Sinne die Rede, sondern von einem kausalen Einfluß des Analytikerverhaltens. Und Freud betont auch, daß dieser Widerstand zunächst einmal, bevor genetische Gesichtspunkte zu betrachten sind, auf der Ebene der Therapeut-Patient-Beziehung gehalten und in diesem Rahmen bearbeitet werden sollte.

In diesem Konzept wird anerkannt, daß zwischen dem Therapeuten und seinem Patienten durch das Verhalten des Therapeuten beim Patienten ein Schutzverhalten (Widerstand) ausgelöst werden kann, das zwar auf seinem lebensgeschichtlichen Hintergrund für den Patienten charakteristisch ist und deshalb bearbeitet werden muß. Es muß jedoch zudem und vor allem zunächst anerkannt werden, daß es sich hier um eine Schutzreaktion handeln kann, die in der aktuellen Beziehung zum Therapeuten notwendig geworden ist.

Um diesen Aspekt zu fokussieren, kann der Analytiker den Patienten beispielsweise fragen: "Mir fällt auf, daß es Ihnen heute besonders schwer fällt zu reden. Habe ich in der letzten Stunde etwas gemacht oder habe ich etwas gesagt, was es Ihnen heute so schwer macht zu reden?"

In einem behandlungstechnischen Seminar berichtete Paul Ornstein (1993) über eine häufige Situation in analytischen Behandlungen. Der Patient sagt, ihm falle nichts mehr ein. Ein mögliche Intervention hierauf könnte lauten: "Aber Sie wollen mir sicher etwas signalisieren? Aber ich weiß nicht was. Vielleicht können Sie mir helfen, zu verstehen, was Sie mir da signalisieren?" Oder: "Was habe ich denn gemacht, daß es Ihnen seit zwei Stunden so schwer macht, sich Ihren Gedanken und Gefühlen zu überlassen? Vielleicht können Sie mir da helfen, das besser zu verstehen?"

Dies sind Möglichkeiten, der Aktualgenese von Widerständen nachzugehen und danach erst auf die Bearbeitung der weiteren psychodynamischen und genetischen Gesichtspunkte einzugehen. Der Patient wird sich dadurch angenommen und in seiner oft vorbewußten Wahrnehmung des Analytikers ernstgenommen fühlen. Brüche, die ja Mini-Retraumatisierungen des Patienten durch den Therapeuten sind, können auf diese Weise direkt aufgegriffen und wieder in die therapeutische Beziehung hereingeholt werden. Der Patient wird zudem ermutigt, seine Erfahrungen mit dem Analytiker zu reflektieren und auszusprechen. Die Analyse von negativen Übertragungen wird dadurch gefördert und zugleich das iatrogene Aggressionspotential in gut behandelbaren Grenzen gehalten.

4.4   Die Aktualgenese im Hier und Jetzt der Übertragung

Die Übertragungsanalyse bildete immer schon das Kernstück der psychoanalytischen Behandlungstheorie. "Auf diesem Felde muß der Sieg gewonnen werden, dessen Ausdruck die dauernde Genesung von der Neurose ist." (Freud 1912, S.374) So klar diese Maxime auch klingt, kann sie doch sehr unterschiedlich gehandhabt und in die Praxis umgesetzt werden. So entwickelten die Analytiker in den ersten zwanzig Jahren dieses Jahrhunderts allmählich die Tendenz, den Schwerpunkt von der aktuellen Übertragungsbeziehung auf die Rekonstruktion der pathogenen Kindheitserfahrungen zu verlagern. Gegen den sich daraus entwickelnden "Deutungsfanatismus", der zu intellektuellen Gesprächen und rationalen Erkenntnissen ohne emotionale Resonanz beim Patienten führte, wandten sich schon Ferenczi und Rank (1924) in ihrem gemeinsamen Buch über die "Entwicklungsziele der Psychoanalyse", in dem sie gegen die damalige Überbetonung der rationalen Einsichtsvermittlung und der genetischen Rekonstruktionen Stellung bezogen und für ein mehr an der aktuellen Übertragungsbeziehung orientiertes Vorgehen plädierten.

Ein ähnlicher Vorgang hat sich auch während der letzten zwanzig Jahre in der Psychoanalyse wiederholt. Insbesondere die amerikanische Psychoanalyse war auf dem Boden der Triebtheorie und der Ich-Psychologie mit ihrem Schwerpunkt auf Abwehrdeutungen, die von Patienten vermutlich nicht selten als subtile Kritik erlebt werden, in eine zu große Erlebnisferne und, damit einhergehend, auch in einen zu großen Abstand vom Patienten geraten. Das Korrektiv für diese einseitige Entwicklung sieht Cremerius (1982) in der Entwicklung der Selbstpsychologie durch Kohut (1971, 1977), in deren Konzepten er keine wirklichen Neuerungen, sondern nur die notwendige Reaktion auf eine im orthodoxen Dogmatismus verkümmerte Psychoanalyse sieht.

Hinsichtlich der Arbeit mit der Übertragung ist während der letzten Jahre ein tiefgreifender Wandel zu beobachten. Es besteht eine weltweit eindeutige Tendenz, die Vorgänge der Übertragung wieder stärker zu gewichten und ihr auch in der Behandlungspraxis wieder den Stellenwert einzuräumen, den sie in der theoretischen Konzeption der Behandlung immer inne hatte (Kernberg 1993, Pulver 1991, Rohde-Dachser 1993). Dabei können zwei zentrale Strömungen unterschieden werden, eine mehr quantitative sowie eine qualitative Veränderung der Übertragungsanalyse.

1. Übertragungsprozesse werden öfters berücksichtigt. Auch in Seminaren und Supervisionen wird seit einigen Jahren immer häufiger die Übertragung angesprochen.

2. Die zweite Veränderung erfaßt den qualitativen Aspekt und bezieht sich auf die konkrete Art und Weise, wie die Übertragung angesprochen und in die therapeutische Arbeit einbezogen werden kann. Und hier sind ganz entscheidende und einschneidende Veränderungen zu beobachten, die im folgenden kurz beschrieben werden.

4.4.1 Die frühe und direkte Übertragungsanalyse

Mit Fenichel (1935, S.91) kann das Ziel einer Deutung darin gesehen werden, "mit Affekt (zu) erinnern, und das Erinnerte als in der Gegenwart wirklich wirksam erkennen" (zit.n. Blankenburg-Winterberg 1988, S.322). Neuere Strömungen in der Psychoanalyse versuchen dieses Ziel zu erreichen, indem sie mit dem Material des Patienten erlebnisnäher umgehen und weniger die kognitiv-rationalen Aspekte berücksichtigen als vermehrt die emotionale Seite im Erleben des Patienten betonen - eine Entwicklung, die Cremerius (1979) zu der Überlegung anregte, ob es zwei psychoanalytische Techniken gebe.

Während der letzten Jahre wurden neue und erweiterte Möglichkeiten entwickelt, mit Übertragungsprozessen umzugehen, in denen sich eine allgemeine Konvergenz feststellen läßt. Während genetische Rekonstruktionen und Deutungen, die sich auf das "Dort und Damals" beziehen, an Bedeutung verloren haben, stehen inzwischen die Vorgänge im Hier und Jetzt der therapeutischen Beziehung wesentlich mehr im Vordergrund (Thomä und Kächele 1985). Die Aktualgenese von neurotischen Symptomen und Stimmungswechseln, wie sie im konkreten und unmittelbaren Rahmen der Therapeut-Patient-Beziehung entstehen, finden große Aufmerksamkeit und werden gezielter in die Arbeit einbezogen. Dadurch hat sich die Psychoanalyse in vermehrtem Maße zu einer "Beziehungsanalyse" (Bauriedl 1980) und einer Beziehungskonflikt-Therapie entwickelt, die in der Bearbeitung der sich in der Beziehung zum Analytiker ergebenden Konflikte und Erfahrungen das wesentliche therapeutische Agens und die Möglichkeit sowohl zu kognitiv-rationaler Erkenntnis als auch zu alternativem emotionalem Erleben sieht.

Es ist sehr interessant, daß sich gerade in dieser zunehmenden Betonung des aktual-genetischen Deutungsansatzes die großen analytischen Strömungen wieder zu treffen beginnen. Denn einige wichtige Vertreter dieser forcierten Übertragungsarbeit im amerikanischen Raum stammen aus dem Bereich der Selbstpsychologie (z.B. Lichtenberg, Lachmann und Fosshage 1992; Stolorow, Brandchaft und Atwood 1987), die in ihrem konkreten Vorgehen Gills Technik der Übertragungsanalyse (1982), die aus der orthodoxen Psychoanalyse abgeleitet ist, sehr nahe kommen. So ist die Technik der Übertragungsanalyse in den von Gill und Hoffman (1882) vorgelegten wörtlichen Behandlungstransskripten nahezu identisch mit dem Vorgehen Fosshages in dessen Stundenprotokollen (in Lichtenberg et al. 1992, S.100ff.). Hier wird der aktual-genetische Deutungsansatz sehr ernst und wörtlich genommen und durch den Analytiker aktiv verfolgt.

Gill (1979, 1982) hatte festgestellt, daß auf der Basis seiner langjährigen Erfahrung die gezielte Übertragungsanalyse in der behandlungstechnischen Praxis nicht den zentralen Stellenwert habe, den sie nach der Theorie der Behandlungstechnik eigentlich einnehmen sollte. Das ist vermutlich in den deutschsprachigen Ländern nicht wesentlich anders und mag unter anderem daran liegen, daß die Analytiker von der Wichtigkeit der Übertragungsarbeit durchaus überzeugt sind, daß ihnen jedoch manchmal konkrete Möglichkeiten, mit der Übertragung zu arbeiten, fehlen. Denn die Empfehlung, "die Übertragung anzusprechen", läßt vieles offen und bietet noch zu wenige ausreichende Hinweise dafür, wie das in der konkreten Situation am sinnvollsten geschehen kann. Zudem kann eine gezielte Übertragungsanalyse auch einen größeren emotionalen Einsatz des Analytikers und die Bereitschaft erfordern, sich auf eine eigene Verunsicherung einzulassen. Es ist ohne weiteres nachvollziehbar, daß kein Analytiker das acht Stunden am Tag tun kann.

4.4.1.1 Aktives Aufgreifen von Übertragungsanspielungen und Übertragungsauslösern

Die traditionelle Behandlungstechnik vertritt die Ansicht, daß Übertragungen sich automatisch entwickeln. Man läßt sie solange anwachsen, beispielsweise durch Schweigen, bis man sie "erraten" (Freud 1912) kann. Der Analytiker sollte nicht zu früh eingreifen, die sich entwickelnde Übertragung nicht zu schnell aufgreifen, sondern es ihr ermöglichen, daß sie sich durch sein Nichteingreifen in ihrer typischen Ausprägung ungestört entfalten kann, bis sie ein "optimales Intensitätsniveau" (Greenson 1967, S.294) erreicht hat und dem Patienten aufgezeigt werden kann.

Dieses Vorgehen ist zwar praktikabel, es vergibt sich aber möglicherweise manche Chance zur Erkennung und Klärung von bestimmten Schemata, die nicht so deutlich als globale Übertragungsneigung imponieren. Subtilere Übertragungsstrukturen bleiben wahrscheinlich unentdeckt und unbewußt. Das liegt unter anderem daran, daß Patienten, auch wenn sie mit der Grundregel vertraut sind, ihre Fantasien und Gefühle, die sie dem Analytiker gegenüber haben, oft nicht von sich aus ansprechen. Die Tendenz ist aus verständlichen Gründen viel eher, solche aktuell in der Therapeut-Patient-Beziehung erlebten Gefühle für sich zu behalten, um ein durch diese Konfrontation hervorgerufenes größeres Maß an Beunruhigung und Spannung zu vermeiden. Patienten halten Übertragungs-Fantasien auch bewußt zurück (Sandler und Sandler 1985) und dann genügt zuweilen nicht die Erinnerung bzw. Ermahnung an die Verpflichtung zur Einhaltung der Grundregel.

Patienten fürchten beispielsweise, "zu persönlich zu sein" (Aron 1991, S.39), dem Analytiker zu nahe zu treten, ihn durch das Äußern negativer Übertragungsanteile anzugreifen und zu verletzen und deshalb von ihm bestraft oder zurückgewiesen zu werden. Auch ihre libidinösen Anteile erleben sie naturgemäß als verboten und schämen sich ihrer, denn sie machen abhängig und ausgeliefert. Ferenczi (1933) hat das schon einmal vor vielen Jahren geschrieben: "Anstatt dem Analytiker zu widersprechen, ihn gewisser Verfehlungen oder Mißgriffe zu zeihen, identifizieren sie sich mit ihm; nur in gewissen Ausnahmemomenten der hysteroiden Erregung, d.h. im beinahe bewußtlosen Zustande, raffen sie sich zu Protesten auf, für gewöhnlich erlauben sie sich keine Kritik an uns, ja solche Kritik fällt ihnen nicht einmal ein, es sei denn, wir geben ihnen spezielle Erlaubnis dazu, ja muntern sie zu solcher Kritik direkt auf. Wir müssen also aus den Assoziationen der Kranken nicht nur unlustvolle Dinge aus der Vergangenheit erraten, sondern, mehr als bisher, verdrängte oder unterdrückte Kritik an uns" (S.304f.).

Hier eine kurze Illustration:
Zu Beginn einer Zweittherapie erklärte eine 50jährige depressive Patientin, sie wolle nicht mehr unbedingt zu ihrer ersten Therapeutin gehen. Auf meine direkte Nachfrage antwortete sie, nachdem sie einen gewissen Widerstand überwunden hatte: "Ich hatte das Gefühl, die hat etwas gegen mich. Ich konnte das nie ansprechen. Ich habe mich gleich wieder abhängig gemacht. Ih-

re große Distanziertheit hat bewirkt, daß ich nichts rausgelassen habe. Ich war einmal kurz vor dem Weinen, da hat sie so düster dreingeschaut, daß ich dachte, es ist für sie peinlich und daß sie es nicht haben will, daß ich weine. Sie hat auch nicht nachgehakt, sondern hat das übergangen. Das war das einzige Mal, wo ich meinen Gefühlen näher war, es waren 240 Stunden distanzierte Gespräche. Sie hat auch mal gesagt, ich sei gar nicht so ein schlimmer Fall, es gebe viel schlimmere Depressionen, damit hat sie mich vielleicht trösten wollen. Ich habe das so verstanden, als hätte sie gesagt: Jetzt hab dich nicht so! Reiß dich zusammen! Das war schlimm."

Es ist vermutlich häufig, daß wichtige Übertragungsanteile nicht bearbeitet werden können, weil sie dem Analytiker nicht direkt auffallen und der Patient sich nicht getraut, seine Eindrücke auszusprechen. Somit können die Gefühle des Patienten auch nicht geklärt werden. Es wäre beispielsweise durchaus möglich, daß der distanzierte Eindruck, den die Therapeutin auf die Patientin gemacht hatte, damit zusammenhing, daß die süddeutsche Patientin die Art und Sprache der aus dem Norden Deutschlands stammenden Analytikerin als kühl und distanziert erlebt und dieses Faktum auf dem Hintergrund einer bestimmten Übertragungsbereitschaft auf sich persönlich bezogen hatte.

Deshalb kann es sinnvoll und wichtig sein, daß der Therapeut gezielt nach Übertragungs-Andeutungen Ausschau hält und diese von sich aus aktiv anspricht (Jordan 1992, Smith 1990). Dadurch wird die Entfaltung der Übertragung nicht, wie früher befürchtet wurde, behindert, sondern vielmehr gefördert. Auch Chused (1992) machte die Erfahrung, daß die direkte Einladung an den Patienten, sich offen über den Analytiker und seine Motivationen Gedanken zu machen, äußerst nützlich sein kann, um dem Patienten "die Äußerung vorher unartikulierter Wahrnehmungen und Fantasien zu ermöglichen" (S.180).

Die "Anerkennung des aktuellen Wahrheitskerns bei Übertragungsdeutungen" (Thomä und Kächele 1985, S.302) versteht sich von selbst. Es ist kein Hindernis, sondern bringt die Analyse vielmehr voran, wenn dem Patienten richtige Wahrnehmungen hinsichtlich des Analytikers auch bestätigt werden. Dazu bedarf es keiner besonderen Selbstoffenbarung des Therapeuten.

4.4.1.2   Die Verarbeitung von Übertragungsauslösern durch den Patienten

Nach der Anerkennung von Wahrnehmungen, denen der Therapeut zustimmen kann, aber auch von Beobachtungen, denen er nicht unbedingt beipflichten kann, ist es möglich und wichtig, der weiteren inneren Verarbeitung dieser Wahrnehmungen durch den Patienten gezielt und systematisch nachzugehen. Hier muß nicht unbedingt gleich eine Deutung erfolgen, vielmehr kann es wichtig sein, den inneren Verknüpfungen und Bedeutungen ausführlich nachzugehen, um zu erkennen, wie die aktuelle Wahrnehmung in die innere Welt des Patienten eingebettet und eingeordnet wird. Diese Art eines eher fragenden Vorgehens (Bauriedl 1994), das vorschnelle und aus der Perspektive des Therapeuten heraus vorgenommene Deutungen eher vermeidet und stattdessen den Patienten mehr aus dessen eigener Innenperspektive betrachtet und gelten läßt, ist für Lichtenberg (Lichtenberg et al. 1992) der sogenannte "empathische Wahrnehmungsmodus" (S.199), eine empathische Form des Zuhörens (Schwaber 1981), mit dessen Hilfe die Informationen gesammelt werden, die dann zu einer Deutung integriert werden können.

Beispiel: "Nach der letzten Sitzung hatte ich ein ganz schlechtes Gefühl, da hatte ich den Eindruck, ich dürfte nur weiter hierher kommen, wenn ich irgendwie pathologisch bin, wenn ich in diesen ganzen Beziehungssumpf von früher nochmals hineingehe. Ich will mich eigentlich viel mehr mit dem auseinandersetzen, was mir jetzt Probleme macht. T: Dann war das vielleicht so wie bei Ihren Eltern, wo Sie immer Angst hatten, daß sie nicht mehr für Sie da wären, wenn Sie sich nicht ständig anstrengen? P: Ja, ich habe auch eine richtige Wut gehabt. Ich bekomme auch eine unheimliche Angst. T: Gab es da während der letzten Sitzung etwas an mir, das dieses Gefühl ausgelöst hat? P: Ja, wo Sie gesagt haben, daß ich diese schlimme Beziehung von damals offensichtlich noch nicht verkraftet habe und daß man darüber noch reden könnte. Ich habe da nicht gesagt, daß ich darüber nicht reden möchte. Ich habe darüber schon so oft geredet, immer wieder. Da habe ich mir überlegt, ob das geht, daß ich sage, ich will nicht drüber reden. T: Wenn ich das also so anbiete, bedeutet das für Sie, daß ich will, daß wir darüber auch reden. Und wenn Sie dazu nicht bereit sind, dürfen Sie nicht mehr hierher kommen. P: Ich hatte das Gefühl, es kreist jetzt alles um diesen alten Sumpf und Sie wollen, daß ich mich damit befasse. Dachte dann, ich muß bestimmte Bedingungen erfüllen, sonst darf ich nicht kommen. Ich habe früher in der Analyse, wenn ich mal zu spät kam, unheimliche Angst bekommen, daß ich da nicht mehr kommen darf. Daß er denkt, ich sei unzuverlässig. (Die Patientin war zur letzten Sitzung erst drei Minuten vor Sitzungsende erschienen, weil sie bei der Anfahrt in einen Verkehrsstau geraten war.) T: Hatten Sie diese Angst am letzten Freitag, als sie sehr spät gekommen waren, auch? P: Ich hatte Angst, daß Sie mir nicht glauben, daß ich im Stau gestanden bin und daß ich nichts dafür kann. Mein Vater hat mir immer unterstellt, daß ich etwas Böses im Schilde führe. Ich hatte Angst, daß Sie mir nicht glauben, daß die Stunde für mich wichtig ist. Ich muß mich immer rechtfertigen." T: Und dann tun Sie, was ich von Ihnen erwarte, oder was Sie glauben, daß ich von Ihnen will? Und das wird dann zur Fessel und Ihre eigenen Vorstellungen - bleiben die auf der Strecke? P: So ziemlich, die Angst, hier nicht weiter kommen zu können, ist einfach zu groß." Diese Situation wurde noch weiter im Rahmen der Therapeut-Patientin-Beziehung bearbeitet, wobei sie selbst immer wieder Parallelen zu den Erfahrungen bei ihren Eltern zog. Der emotionale Schwerpunkt blieb jedoch für einige Zeit vorwiegend in der Bearbeitung der aktuellen analytischen Situation und die Erinnerungen hatten in dieser Szene eher begleitenden und kommentierenden Charakter.

4.4.2   In der Übertragung bleiben - in der Übertragung halten

Schon für Greenson (1967) spielte das "Aufspüren des Übertragungsauslösers" (S.315) eine gewisse Rolle. Für ihn war dieser aktuelle Auslöser jedoch vorwiegend von instrumentellem Wert, "eine wertvolle Hilfe", aber "nur ein Mittel zum Zweck" (S.315), um die Angemessenheit der Wahrnehmung des Patienten einschätzen und darauf aufbauend genetische Deutungen anknüpfen zu können. Es ging dabei also weniger um eine Bearbeitung der Interaktion zwischen Therapeut und Patient, vielmehr nur darum, welchen neurotischen Übertragungsanteil der Patient an diesem Übertragungsauslöser anknüpft, den es dann zu bearbeiten galt. Über die Übertragungsauslöser kommt der Analytiker also zu dem psychodynamischen und genetischen Material, dessen Durcharbeitung als die wesentliche Bedingung für das Zustandekommen einer strukturellen und konstanten Veränderung galt. Das ist sicherlich die Methode, wie auch heute noch Übertragungsanalyse weitgehend praktiziert wird. Sie ist nicht falsch, aber einseitig und läßt andere therapeutische Möglichkeiten ungenutzt. Möglicherweise erfolgt dabei der Wechsel vom Übertragungsauslöser zur Bearbeitung der kindlichen Ursprünge dieser Übertragungsreaktion zu schnell, wobei hier unter Umständen natürlich auch ein Übertragungs- oder Gegenübertragungs-Widerstand wirksam sein kann. Demgegenüber treffen sich einige neuere Ansätze in der größeren Bedeutung, die sie der aktuellen Therapeut-Patient-Beziehung im Sinne einer genuinen und authentischen Beziehung zwischen zwei Menschen beimessen.

Die klassische Übertragungsdeutung weist in ihrer Formulierung implizit auf den Als-Ob-Charakter der Übertragung hin. "Es fällt Ihnen vielleicht schwer, zu sagen, daß ich Sie da enttäuscht habe und daß Sie sich über mich geärgert haben, weil Sie denken, daß ich dann genauso abweisend bin, wie es Ihre Mutter gemacht hat, wenn Sie aufbegehrt haben." In den Lehrbüchern wurde stets betont, daß der Analytiker dies mit stoischer Ruhe, äußerlich ausgeglichen und ohne auffallenden Affekt mitteilen sollte. Greenson achtete auch angesichts intensiver aggressiver oder libinöser Übertragungen sehr genau darauf, daß er den Anschein von wohlwollender Neutralität nicht verlor. "Ich achte sorgfältig darauf, weder zu schweigsam noch zu aktiv zu sein , denn jede Veränderung in meiner Technik würde meinem Patienten zeigen, daß ich in irgendeiner Weise beunruhigt bin" (Greenson 1967, S.317).

Dadurch soll der Patient den Mut zum Aussprechen seiner problematischen Triebregungen bekommen und die Erfahrung machen, daß sich die gegenwärtige Beziehung zum Therapeuten von seinen ursprünglichen pathogenen Objektbeziehungen wohltuend unterscheidet.

Mehr oder minder implizit wird in der klassischen Form der Übertragungsdeutung dem Patienten mitgeteilt, daß die auf den Therapeuten übertragenen und projizierten Triebe und Ängste nicht angemessen und nicht nötig sind, sondern sich nur irrtümlicherweise auf ihn richten und eigentlich gar nicht ihm gelten. Dieser rein instrumentelle Gebrauch der Übertragung reduziert die Kraft der aktuellen Therapeut-Patient-Beziehung erheblich, weil von der Beziehung im Interesse des Erkenntnisgewinns oft zu schnell abgelenkt wird, wie dies bereits in der Analyse des Fallberichts von Wurmser (Kap. 2.5) deutlich geworden ist. Es kommt nicht selten vor, daß der Therapeut die Gefühle, die der Patient bei ihm fürchtet, tatsächlich auch empfindet. Je niedriger das strukturelle Niveau eines Patienten ist, desto eher werden die reinen Projektionen, die den Analytiker noch relativ wenig tangieren, durch starke, nicht-symbolisierte Affekte zur projektiven Identifikation, wobei er unter Umständen selbst mit heftigen Emotionen zu kämpfen hat, um seine analytische Haltung zu bewahren. Auch wenn inzwischen kritische Fragen auftauchen, wie "vollkommen" das Containing denn nun sein müßte (Dornes 1995, Mertens 1991, S.64), wird die äußerliche Einhaltung eines möglichst neutralen Verhaltens weitgehend für wichtig und sinnvoll gehalten.

Es gibt Alternativen, die von einer solchen umfassenden und durchgehend neutralen analytischen Haltung gezielt, partiell und kontrolliert abweichen. Allen diesen Ansätzen ist gemeinsam, daß sie versuchen, den Behandlungsfokus mehr und länger in der aktuellen Therapeut-Patient-Beziehung zu halten. Hier gibt es zwei Möglichkeiten:

1. Probeweise Annahme und Exploration der Projektion des Patienten.
2. Partielle Übernahme und kontrolliertes Ausagieren der dem Therapeuten zugewiesenen Rolle.

4.4.2.1   Probeweise Übernahme der Projektionen des Patienten

Bei dieser Interventionsform bleibt die analytische Haltung des Therapeuten unberührt und sein Verhalten neutral. Er greift aber die Projektion oder Übertragung des Patienten verbal auf und läßt sie zunächst in ihrer geäußerten Form stehen, um die Gelegenheit zu nutzen, die Fantasie hinsichtlich ihrer Details zu explorieren. Lichtenberg, Lachmann und Fosshage (1992) nennen diese Zugangsweise, bei der der Analytiker die Attributionen des Patienten annimmt und dann untersucht, das "Tragen einer Attribution" (S.436).

Wenn ein Patient den Analytiker beispielsweise für ärgerlich oder ablehnend hält oder wenn eine Patientin die Fantasie hat, er sei in sie genauso verliebt wie sie in ihn, dann unterstreicht die klassische Deutungsform den Als-Ob-Charakter dieser Fantasien. Auf die Äußerung einer Patientin: "Mein Chef will mich quälen. Sie (der Analytiker) wollen mich auch quälen!" kann der Analytiker antworten: "Sie erleben mich da wie Ihren Chef, vielleicht können wir uns ansehen, welche Gedanken Sie darüber haben, warum ich Sie quälen will." Diese Äußerung und insbesondere die Verwendung von "Sie erleben mich" gibt dem Patienten implizit zu verstehen, daß er den Therapeuten vielleicht falsch einschätzt. Es wird ihm verdeutlicht, daß es sich um seine eigenen Fantasien handelt, die sich zwar auf den Therapeuten beziehen, die aber eigentlich nicht ihm als Person und seinem wirklichen Verhalten gelten. Die Vermutungen des Patienten stimmen mit dem Verhalten und der Selbstwahrnehmung des Analytikes nicht überein und werden somit zwar registriert, aber doch sofort aus der aktuellen Therapeut-Patient-Beziehung nach außen verlagert. Es kann für manche Patienten in bestimmten therapeutischen Situationen sehr beruhigend und hilfreich sein, wenn die unmittelbare Ich-Du-Beziehung zwischen Therapeut und Patient dadurch vermieden und für die Erfahrung des Patienten etwas Drittes geschaffen wird. Er meint mit seinen Gefühlen eigentlich nicht den Therapeuten, sondern seinen Chef, seinen

Vater, seine Mutter oder jemand anderen, jedenfalls nicht den Analytiker. Übertragung ist dann wie eine über den Therapeuten gezogene Folie, die es zu erkennen und von ihm abzulösen und auf den ursprünglichen Beziehungskontext zu beziehen gilt. Der Patient ist vielleicht auch deshalb beruhigt, weil nun nicht mehr die Beziehung zum Analytiker und seine direkten Gefühle ihm gegenüber zur Diskussion stehen, sondern weil jetzt beide über etwas Drittes oder über einen Dritten sprechen.

Der Analytiker hätte der Patientin stattdessen auch sagen können: "So? Wie quäle ich Sie denn?" Nach dieser Intervention würde die Bearbeitung dieser Übertragungsfantasien etwas anders verlaufen, denn der Therapeut übernimmt dabei spielerisch die ihm zugeschriebene Rolle. In seiner Gegenübertragung empfindet er unter Umständen auch spielerisch ein Stück dieses sadistischen Gefühls, das ihm unterstellt wird. Er zieht sich die Übertragungsfantasie quasi wie ein Kleidungsstück an und tritt in die aktualisierte Szene ein. Er übernimmt die Attributionen der Patientin und untersucht sie ernsthaft, so als wären sie Realität. Dadurch entsteht eine große Spannung in der therapeutischen Beziehung, da die Patientin durch diese Interventionsform mehr oder weniger lange im unklaren gelassen wird, ob ihre Fantasien in den Augen des Therapeuten zutreffend sind oder nicht.

Zur Illustration soll die schon einmal erwähnte Cadillac-Situation von Fosshage zitiert werden (in Lichtenberg et al. 1992): "Die Patientin teilte mit, daß sie dem Analytiker gegenüber Kritik vorzubringen habe und aus Angst, ihn zu verletzen, zögere, ihre Gedanken mitzuteilen. ... Pat.: Tja, ich denke solche Sachen über Sie, die (zögernd) ... . Anal.: Ich verstehe, daß Sie mich nicht verletzen wollen, aber wir müssen das Risiko eingehen. P: Mir hat das Auto in Ihrer Auffahrt nicht gefallen. Ich kam am Freitag mit dem Auto an und hatte ein so gutes Gefühl Ihnen gegenüber. Aber als ich parkte, sah ich den Cadillac in Ihrer Auffahrt. Ich hasse Cadillacs, ich hasse sie . .A: Warum? P: Ich mag Ihr anderes Auto, aber ich hasse Cadillacs. Ist das Ihr Auto (sehr besorgt, mit immer höherer Stimme)? Es gehört nicht Ihrer Sekretärin. Vielleicht ist es das Auto Ihres Buchhalters? Oder ist es Ihr Auto? Ich kann es nicht ausstehen. Wahrscheinlich ist es ein neues Auto, ich habe es noch nie vorher gesehen. Ich hasse es. A: Was bedeutet ein Cadillac? P: Es ist das Auto eines alten Menschen. Es ist für mich ein Auto, das Leute fahren, die untätig sind, es ist zu luxuriös. Mir gefällt Ihr anderes Auto, das ich gesehen habe. ... A: Sie hatten also das Gefühl, daß ich das andere Auto verkauft und stattdessen einen Cadillac gekauft habe? P: Nein, daß Sie vielmehr ein anderes Auto dazugekauft haben. Das war zuviel. A: Sie hatten die Vorstellung von mir ... P: daß Sie alt werden. Daß Sie zuviel Geld haben und nicht wissen, was Sie damit machen sollen ... und daß Sie bei dieser konventionellen, amerikanischen materialistischen Lebensart gelandet sind" (S.439).

Der Analytiker geht hier auf die Unterstellung, er sei ein Cadillac-Besitzer, ein und exploriert es. Auch in einer vorhergehenden Intervention läßt er die Unsicherheit der Patientin und die dadurch hervorgerufene Spannung in der Situation bestehen. Auf die Angst des Patienten, ihn zu verletzen, antwortet er "wir müssen das Risiko eingehen" und nimmt damit dem Patienten die Angst noch nicht gleich weg, sondern läßt sie in einem Schwebezustand bestehen. Der Patient bleibt zunächst in der Annahme, das Auto gehöre seinem Therapeuten und er behält die Angst, den Analytiker mit seinen Aussagen potentiell zu verletzen. Zugleich wird jedoch der Patient durch die Intervention auch ermutigt, dieses Risiko einzugehen.

4.4.2.2   Mitagieren der zugewiesenen Rolle - Arbeit in der Übertragung

Diese Interventionsform geht insofern einen entscheidenden Schritt über die vorher dargestellte hinaus, als der Therapeut die ihm zugewiesene Fantasie oder Rollenerwartung (Sandler 1976) nicht nur scheinbar annimmt, sondern viel ganzheitlicher in sie eintritt, sich von ihr erfassen läßt und partiell aus dieser Rolle heraus agieren kann. Es handelt sich also um ein partielles Mitagieren in der durch den Patienten aktualisierten und externalisierten inneren Szene, so daß der Therapeut für eine gewisse Zeit tatsächlichen zum Akteur auf der Bühne des Patienten wird. Die Voraussetzung für eine solche Vorgehensweise ist natürlich eine tragfähige therapeutische Beziehung und eine ausreichend positive Hintergrundsbeziehung, da sonst die Wirkung auf den Patienten sehr verletzend, beängstigend und destruktiv sein könnte. Denn hier spielt der Analytiker die ihm zugewiesene Rolle im Drama des Patienten periodisch und partiell tatsächlich mit. Da es sich bei neurotischen Patienten meist um Externalisierungen von traumatisierenden frühen Beziehungskonstellationen handelt, besteht bei einer unempathischen und taktlosen Verwendung dieser Technik durchaus die Gefahr einer Retraumatisierung des Patienten.

Der Therapeut übernimmt partiell den vom Patienten gefürchteten Part in der Inszenierung, d.h. er übernimmt die ihm angetragene Rolle und formuliert seine Interventionen aus dieser Position heraus. Er verhält sich also genau so, wie es der Patient schon erlebt hat und fürchtet. Der Analytiker handelt für eine gewisse Zeit so, als sei er das Objekt, von dem die Übertragung herrührt. Dadurch wird die Übertragungsszene eine Zeitlang in der Schwebe gehalten, so daß sie sich in ihrer vollen affektiven Intensität entfalten und lebendig werden kann. Der Patient ist sich für eine gewisse Zeitspanne nicht sicher, ob sich der Therapeut wirklich und dauerhaft gemäß den ihm zugewiesenen Rollenerwartungen, also traumatisch, oder doch korrektiv verhalten wird.

Diese Interventionsform ist meines Wissens erstmals von Streeck und Weidenhammer (1987) beschrieben worden und wurde kurz danach von Körner (1989) als "Arbeit in der Übertragung" bezeichnet. Dieser Begriff unterstreicht die Tatsache, daß der Therapeut bei diesen Aktionen wirklich im Feld der Übertragung und der externalisierten inneren Rollen des Patienten steht. Von hier aus agiert er partiell mit und stellt für den Patienten somit die "virtuelle" (Streeck und Weidenhammer 1987) Realität des übertragenen Objekts dar. Auch Dantlgraber (1989, S.992) spricht von einem "Stück agierte(r) Beziehung", wo der Therapeut "eine bestimmte Beziehungsform auf der Realbeziehungsebene" hält und eine "pathogene Primärbeziehung in der Übertragung weiterhin agiert"

(S.995), indem er für eine gewisse Zeit so reagiert, "wie es die Übertragungsprojektionen des Patienten vorschreibt" (S.990).

Folgender wörtlich transskribierter Dialog mit einer Patientin in der 70. Sitzung soll dieses Vorgehen illustrieren. P: "Ich habe heute beim Herfahren krampfhaft überlegt, was ich heute erzählen kann oder soll. Es ist oft das gleiche oder ähnliches, glaube ich. T (in der Rolle des kritischen Objekts bzw. des Überichs): Ja ... sonst könnte es schon sein, daß ich mich allmählich langweile. P: Ja genau, wenn es mir immer um das gleiche geht. Ich möchte Sie schon zufrieden stellen, daß Sie mit mir zufrieden sind. Eigentlich sollte ich ja vielleicht darauf achten, was für mich wichtig ist. Ich könnte mir ja sagen, daß das egal ist, daß das Ihr Beruf ist, und ich das besprechen könnte, was ich mir wünschen würde. T: Ja ... es wäre schon leichter für Sie vielleicht, wenn Ihnen das egal wäre, ob ich mit Ihnen zufrieden bin. Aber wer ist schon so unabhängig?! P: Es ist ziemlich ungemütlich hier, so ohne Vorbereitung. T: Ja, eine ganz schön blöde Lage! P: Ja. Ich würde Sie jetzt gerne fragen: Was machen wir denn jetzt? Ich fühle mich richtungslos und unsicher. Habe eine Angst. T: Angst? Wovor? P: Eine ganz unbenennbare Angst. Als ob jemand käme und sagte: Was machst Du denn da?! oder daß das ganz schlecht ist, was ich mache. "Du mußt was tun! Du bist unvorbereitet!" Ich fühle mich ganz unzulänglich und schlecht, daß mich jemand schimpft. T: Ich schimpfe vielleicht auch. P: Ja, aber nicht nur schimpfen. Sogar eher, daß Sie innerlich unzufrieden sind mit mir. Da komme ich mir noch unzulänglicher vor, weil ich das Gefühl habe, Sie hätten recht und ich mich nicht richtig verhalte. Ich kann dem nichts entgegensetzen und sagen, daß das alles nicht stimmt, sondern ich stimme innerlich der Kritik zu. Ich tu da etwas nicht Erlaubtes und wenn ich es trotzdem tu, habe ich den Tadel auch verdient (Pat. schnaubt, prustet, es ist anstrengend, sie lacht aber auch manchmal). T: Das ist innerlich schon eine ziemlich dramatische Situation! P: Ja, vielleicht schon, ... aber für mich ist das etwas ganz Normales, Empörung ist da nicht drin. T: Empörung gäbe ja nochmals einen Minuspunkt für Sie. P: Ja, das würde ganz aus dem Rahmen fallen, das wäre noch unmöglicher, völlig abwegig."

Während dieser ganzen Episode wird der emotionale Fokus in der Therapeut-Patient-Beziehung gehalten. Die Spannung wird nie wirklich aufgelöst, indem beispielsweise mithilfe der Frage "Woher kennen Sie dieses Gefühl?" der Fokus vom erlebten Hier und Jetzt zu einer anderen oder früheren Objektbeziehung verschoben würde. Eine solche Verschiebung des Fokus wäre meines Erachtens in dieser Situation eine aktive Vermeidung der im Hier und Jetzt zwischen mir und der Patientin aktualisierten und von ihr sehr lebendig erlebten Szene. Für die Patientin ist diese Situation sehr ernst, gleichzeitig spürt sie aber auch das Spielerische in ihr, weil sie mich im allgemeinen bisher nicht so streng erlebt hat, wie sie es in diesem Moment dennoch befürchtet. Dieser Deutungsform fehlt das distanzierende Moment der üblichen Übertragungsdeutung. Dadurch bringt sie eine größere Spannung in die Therapeut-Patient-Beziehung, was für neurotische Patienten mit relativ stabiler Struktur und starker Gefühlsabwehr sehr förderlich sein kann. Weniger geeignet ist sie aus diesem Grund vermutlich in der Behandlung von Borderline-Persönlichkeitsstörungen, da bei diesen die Affektregulation sowieso schon versagt und die Objektbeziehungen zu zerstören droht. Hier muß deshalb bereits eine sehr tragfähige Grundbeziehung zum Therapeuten entstanden sein, bevor eine solche verunsichernde Intervention sinnvoll eingesetzt werden und der Patient konstruktiv damit umgehen kann. Das wird vor allem in den späteren Phasen einer Langzeitbehandlung der Fall sein.

Dadurch, daß in dieser Form der Übertragungsdeutung der Analytiker probeweise aus seiner wohlwollend-neutralen Hintergrundsposition heraustritt und zum virtuellen Mitakteur wird, kann sie in bestimmten Behandlungssituationen zu einer Intensivierung und Vertiefung des analytischen Prozesses beitragen. Auch die Beziehung zum Therapeuten wird in diesen Situationen unmittelbarer und persönlicher, da der Als-ob-Charakter der sonstigen Übertragungssituationen reduziert ist. Das bedeutet jedoch auch, daß nicht nur der Patient in seiner Verletzlichkeit gesehen werden muß, sondern auch der Therapeut. Denn wenn nach Übertragungsauslösern und nach den Wahrnehmungen des Patienten hinsichtlich des Therapeuten aktiv gefragt wird, wenn zudem deren Spitze nicht gleich deutend abgebogen und auf andere Objekte bezogen wird, sondern wenn der Fokus für einige Zeit zunächst in der unmittelbaren Therapeut-Patient-Beziehung verbleibt, dort gehalten und weiter exploriert wird, dann geht auch der Analytiker ein größeres Risiko ein, daß Beobachtungen und Fantasien zur Sprache kommen, die ihn selbst kränken und verletzen können und die der Patient deshalb üblicherweise für sich behalten hätte.

Insofern erfordert diese Arbeit mit der Übertragung auch vom Therapeuten ein erhöhtes Maß an Präsenz, an Belastbarkeit und an Bereitschaft, sich selbst mitsamt den eigenen Empathie- und anderen Mängeln und Eigenschaften, die der Patient eventuell feststellt, zum Thema werden zu lassen. Man läßt den Patienten unter Umständen dabei viel näher an sich selbst heran, wodurch man selbst auch tiefer berührt wird und Unsicherheit, Ängstlichkeit, Scham- oder Schuldgefühle oder auch Nähe, angenehme und liebevolle Gefühle verspürt. Deshalb ist wohl die Kapazität, mit der direkten Übertragungsanalyse zu arbeiten, auch beschränkt. Denn für kaum einen Therapeuten wird es möglich sein, sich während eines ganzen Arbeitstages mit sechs bis zehn Sitzungen so intensiv auf die verschiedenartigsten Beziehungsangebote einzulassen und so ausschließlich mit direkten Wahrnehmungen des Patienten über den Therapeuten zu arbeiten, wie dies ursprünglich durch Gill und Hoffman (1982) in ihren beispielhaften Sitzungstransskripten demonstriert worden ist. Dabei wurde versucht, den Fokus fast ausschließlich in der direkten Beziehung zwischen dem Therapeuten und dem Patienten zu halten und Außenassoziationen des Patienten immer wieder auf die aktuelle therapeutische Situation zu beziehen. Das Vorgehen von Gill und Hoffman erinnert sehr an die Kleinianische Behandlungstechnik, unterscheidet sich jedoch unter anderem von ihr insofern, als Gill und Hoffman an konkreten Wahrnehmungen, Fantasien und Gefühlen ansetzen, die der Patient seinem Therapeuten gegenüber hat, so daß das Vorgehen und die deutenden Schlußfolgerungen für den Patienten nachvollziehbarer und einleuchtender sind als dies bei den Kleinianern der Fall ist. Eine Überbetonung der Gillschen Übertragungsanalyse hätte auch eine Verengung der therapeutischen Möglichkeiten zur Folge und müßte zudem dem Patienten sehr künstlich und unnatürlich erscheinen. Im konstruktiven Sinne kann diese Arbeit situationsspezifisch und gezielt eingesetzt werden und die übliche Arbeit an der Übertragung erheblich bereichern.

4.4.3 Lassen sich latente szenische Übertragungen durch die direkte Übertragungsanalyse verhindern?

Es spricht einiges dafür, daß durch die beschriebene Widerstands- und Übertragungsanalyse, bei der mit einer ungewöhnlichen Direktheit, Gezieltheit und Reflektiertheit an der Beziehung und in der Beziehung zwischen dem Therapeuten und seinem Patienten gearbeitet wird, die Tendenz zur Entwicklung latenter und nur schwer erkennbarer Übertragungsanteile verhindert werden könnte. Partiell und bis zu einem gewissen Maß ist das gewiß auch der Fall. Wenn man sich jedoch der Allgegenwärtigkeit dieser latenten Strukturen bewußt ist, dann wird man sich auch darüber im klaren sein müssen, daß man, unabhängig von der jeweiligen Methode, geradezu zwangsläufig bei jeder Begegnung mit dem Patienten in sein inneres System eintritt und mit einbezogen wird. Deshalb ist auch bei der direkten Übertragungsanalyse ein partielles szenisches Mitagieren unvermeidlich, es kann jedoch schneller entdeckt und bearbeitet werden, wenn man von der zwangsläufigen Existenz dieser unterschwelligen Übertragungsstrukturen ausgeht.

Daß latente Übertagungsanteile auch bei der direkten Arbeit mit der Übertragung ebenfalls vorkommen und von der jeweiligen Methode der Therapie unabhängig sind, läßt sich anhand der Arbeit von Gill selbst aufzeigen. In ihrem Buch mit Tonbandprotokollen stellen Gill und Hoffman (1982) einen Fall vor (S.117-147), in dem deutlich wird, daß der Analytiker bei seiner aktiven Arbeit mit Übertragungsauslösern sehr subtil ein spezielles implizites Muster des Patienten mitagiert, ohne es selbst zu registrieren. So übertreibt er den Gillschen Grundsatz, zunächst die Erfahrung des Patienten in der aktuellen Therapeut-Patient-Beziehung ernstzunehmen und zu explorieren und erst danach die Beeinflussung dieser Erfahrungen durch frühere Erlebnisse zu untersuchen, indem er penetrant und fast verfolgend darauf insistiert, warum die Patientin von ihm den Eindruck habe, er sei nicht stark genug, um sie ertragen zu können. Er beginnt mit sinnvollen Ansätzen, wenn er beispielsweise fragt, "was habe ich letzte Woche getan, was Ihnen das Gefühl gegeben hat, daß ich nicht stark genug bin, meine Müdigkeit vielleicht, oder andere Dinge?" (S.140). Danach reagiert er aber immer wieder unvermittelt defensiv und bestrafend. Auf das "Kann sein, obwohl ." der Patientin antwortet er: "Das heißt, was Sie für Müdigkeit gehalten haben" (S.140) und unterstreicht dadurch, entgegen seiner bewußten Absicht und seiner theoretischen Ansicht, die Subjektivität ihrer Wahrnehmung. In dieser Formulierung bringt er zum Ausdruck, daß die Patientin sich mit ihrer Wahrnehmung möglicherweise getäuscht hat. So wird sie einerseits dazu ermutigt, ihre Wahrnehmung zu äußern, und andererseits dafür bestraft. Sobald sie sich getraut, etwas zu sagen, fährt er über den Mund. Bei der Analyse dieses Sitzungsprotokolls fielen Gill und Hoffman (1982) auf, daß sich dieses Interaktionsmuster während dieser Sitzung öfters wiederholte, durch den Analytiker selbst jedoch nicht wahrgenommen wurde. So konnte auch nicht bearbeitet werden, wie die Patientin diese subtilen Angriffe des Therapeuten wahrgenommen und verarbeitet hat. In ihren Assoziationen ist zu beobachten, daß sie nach einer gewissen Zeit dazu neigt, sich den verhüllten Gegenangriffen des Therapeuten zu beugen, zumal er ihr keine Zeit für die Exploration ihrer Gefühle und Fantasien läßt. Das Verhalten des Therapeuten hat eindeutig defensiven Charakter und dient vermutlich seinem eigenen Schutz vor der Kränkung durch die Aussagen der Patientin. Dadurch bleibt ungeklärt, ob die Patientin nicht vielleicht gerade dieses defensive und überaktive Intervenieren des Analytikers als Zeichen seiner Schwäche empfindet, auch wenn dies ihr selbst erst vorbewußt ist und sie es ohne die deutende Unterstützung des Therapeuten noch nicht eindeutig formulieren könnte.

4.5 Der Handlungsdialog oder Gibt es nützliche Aspekte des Agierens?

Kann es überhaupt nützliche Aspekte des Agierens (Roughton 1993) geben, wo es doch zu den wichtigsten Anliegen von Analytikern gehört, die neutrale analytische Haltung (Kutter et al. 1988) beizubehalten, aus dieser Position heraus zu intervenieren und der Gefahr des Agierens und Mitagierens zu widerstehen? Der Versuch, Neutralität beizubehalten, auch in Situationen, wo sie schon lange verloren ist, führt nicht selten dazu, daß die analytische Situation den Charakter einer natürlichen, wenn auch durch das Setting disziplinierten zwischenmenschlichen Begegnung verliert. Stattdessen beherrschen mehr oder weniger bewußte Ängste des Therapeuten, dem Patienten neurotische Triebbefriedigungen zu gewähren und in seine neurotischen Inszenierungen verwickelt zu werden, die therapeutische Situation und führen unter Umständen zu angespannten Versuchen, diese neutrale analytische Haltung (Schachter 1994) aufrechtzuerhalten oder wiederzugewinnen und sein eigenes narzißtisches Gleichgewicht zu bewahren. Es ist dann auch nicht auszuschließen, daß gerade dieser Versuch, dem Patienten einen ausreichend tragfähigen Container für seine abgespaltenen und unintegrierten Anteile anzubieten, zu einem unnatürlichen und distanzierten Verhalten auf seiten des Analytikers führen kann, wodurch sich unter Umständen sogar die traumatisierende frühe Beziehungskonstellation wiederholt (Moser 1987). Der Therapeut wird dann möglicherweise auch nicht als neutral und wohlwollend, wie er es sich wünscht, sondern als unnatürlich, kühl und unerreichbar wahrgenommen.

Wie neutral muß das Containing bei Borderline-Störungen sein?

Dies gilt prinzipiell für jede therapeutische Situation, kommt jedoch insbesondere in der Behandlung von Frühstörungen und Borderline-Persönlichkeitsstörungen zum Tragen (Hoffmann 1986, Lohmer et al. 1992). Denn gerade diese Patienten haben als Kinder einerseits eine ausreichende und adäquate affektive Resonanz von seiten ihrer Bezugspersonen vermißt oder wurden andererseits durch deren unberechenbare Emotionalität überfordert. Zur Aufrechterhaltung einer gewissen inneren Kohärenz mußten sie deshalb massive und primitive Spaltungs- und Verleugnungsmechanismen einsetzen, mußten sich selbst innerlich zerreißen und große Bereiche ihres Selbsterlebens lahmlegen. Sie sind nicht in der Lage, mit der Heftigkeit und Ursprünglichkeit ihrer Affekte, die sie noch in ihrer kindlich-undifferenzierten Form in sich tragen, so umzugehen, daß sie dadurch keine Beziehungen zerstören.

Gerade die Patienten, die in ihrer Kindheit keine Empathie, sondern zerstörende Affekte, Reaktionslosigkeit und insbesondere die traumatisierende Hilflosigkeit erlebt haben, an ihrer Situation nichts ändern zu können und ohnmächtig ausgeliefert zu sein, haben ein ungeheures unbewußtes Bedürfnis, in der Therapeut-Patient-Beziehung den Spieß umzudrehen und ihr passiv erlittenes Schicksal zu bewältigen, indem sie jetzt selbst die aktiv Handelnden sind. Dabei bekommen mit zunehmender Regressivität ihre Worte immer mehr die Qualität von Taten (Treurniet 1992). Ihre Provokationen sind Kommunikationsversuche mit dem Ziel, mit Hilfe der ihnen verfügbaren Mittel eine Beziehung zum Therapeuten herzustellen, auch wenn dies vordergründig nicht so erscheinen mag.

Angesichts dieser Situation, wo man quasi ein weinendes und schreiendes Kind vor sich hat, das den Kontakt dringendst braucht, ihn aber zugleich auch zurückweist, eine Holding- und Containing-Haltung anzubieten, ist manchmal sehr schwer. Ist nun der Analytiker zudem noch zu sehr darum bemüht, diese Haltung möglichst richtig und perfekt einzuhalten (Mertens 1991), um den Patienten keinerlei persönliche Betroffenheit oder Ärger spüren zu lassen und ihn nicht zu verletzen, ist wahrscheinlich auch er überfordert und verliert jegliche natürliche Spontaneität. Er zieht sich zu seinem eigenen Selbstschutz innerlich etwas zurück, will gleichzeitig präsent bleiben, "unter Beschuß denken können" (Bion, zit. n. Lazar 1993, S.87) und behält seine äußere analytische Haltung bei. Der Patient spürt in seiner ihm eigenen, selektiven Sensibilität jedoch einen solchen inneren Rückzug des Therapeuten, auch wenn er sehr subtil ist. Womöglich verstärkt der Patient daraufhin noch seine Provokationen, da er unbewußt Panik vor der drohenden Verlassenheit und Objektlosigkeit bekommt und über keine anderen kommunikativen Möglichkeiten verfügt, seine Angst und Bedürftigkeit mitzuteilen. So kann es relativ leicht zu einem Teufelskreis kommen, in dem die Haltung des Therapeuten das Verhalten des Patienten verstärkt und vice versa und es wahrscheinlich zu einer Stagnation des analytischen Prozesses kommt.

Das in solchen Situationen durch den Analytiker realisierte Verhalten wird durch den Patienten oft nicht als präsent und verfügbar erlebt. Der Patient hat auf dem Hintergrund seiner frühen Traumatisierung das extrem starke Bedürfnis, den Therapeuten zu ereichen, bei ihm anzukommen, bei ihm etwas zu bewirken und eine Reaktion zu bekommen, die ihm zeigt, daß er angekommen und nicht objektlos ist. Eine verbale Deutung macht ihn manchmal nicht ruhiger, da seine innere Symbolisierungsfähigkeit noch nicht so weit entwickelt ist, daß er die haltgebende beziehungsstiftende Qualität einer verbalen Deutung verstehen könnte. Die fehlende Reaktion oder eine zu sachliche Intervention des Therapeuten empfindet er deshalb unter Umständen als Reaktionslosigkeit, als ein Hinweis darauf, daß er nicht bei ihm angekommen ist. Unter solchen Umständen braucht er eine deutliche affektive Resonanz des Therapeuten, um ihn und seine Anwesenheit spüren zu können. Es kann in einer solchen Situation auch sein, daß er neben der Deutung eine andere Form von Interaktion braucht, ein Dialoghandeln (Ermann 1993), um sich wahrgenommen, gespiegelt und zugleich begrenzt und gehalten zu fühlen. Dies gibt ihm die Sicherheit, daß er etwas bewirken kann. Dadurch erfährt er eine Reaktion, die auch er auf seinem regressiven Niveau verstehen kann.

Eine Patientin drückte dies mit den folgenden Worten aus: "Ihre emotionslose Präsenz mit ihrem Kopf, das ist eine herzlose Angelegenheit. Mir ist es egal, ob Sie mich hassen oder lieben. Hauptsache ist, daß Sie reagieren. Ich wünsche mir Reflexion von Ihnen, daß Sie sich berühren lassen. Ich kann mich eher verstehen, wenn Sie ein Spiegel sind, wenn Sie auch auf mich reagieren. Sie absorbieren nur, sie reagieren nicht. Ich brauche Ihre emotionale, Ihre wirkliche Präsenz. Ich habe seit zwei Wochen viel Aggression gegen Sie. Sie erlauben mir nicht, zu Ihnen Beziehung aufzunehmen. Sie lassen sich nicht berühren von mir, innerlich. Sie lassen Beziehung nicht zu, das macht mich wahnsinnig wütend."

Die dosierte affektive Reaktion des Therapeuten

Aus den genannten Gründen plädiere ich für eine Erweiterung des bisherigen Containing-Begriffes und bin mit Mertens (1991) der Ansicht, daß das Containing prinzipiell nicht perfekt sein muß. In einer verbalen Deutung darf durchaus ein dosierter Affekt für den Patienten spürbar sein. Dadurch wird der Tatsache Rechnung getragen, daß es dem Therapeuten in einer Situation, in der er durch die Affekte des Patienten berührt und angesteckt ist, häufig gar nicht möglich ist, dieses Unverdauliche dem Patienten gleich wieder gut verdaut und erträglich zurückzugeben. Ich vertrete mit Carpy (1989) und Dornes (1995) die Ansicht, daß es für den Patienten sogar eher konstruktiv und heilsam sein kann, wenn er einen Analytiker erlebt, dem es nicht immer gelingt, alle diese schwierigen Gefühle scheinbar mühelos wegzustecken und zu verdauen und der dadurch zum Objekt für Bewunderung und Neid wird, gleichzeitig jedoch in dieser Perfektheit nicht zu erreichen ist. So kann es durchaus auch einen kurativen Effekt haben, wenn der Patient erlebt, daß der Therapeut sich zwar nicht primitiv an ihm rächt, daß er aber doch innerlich mit sich und seinen Gefühlen kämpfen und sich bemühen muß, um relativ ruhig bedacht reagieren zu können. In diesem Fall käme es dann nicht zur Introjektion eines einseitig idealisierten Analytikers, sondern zu einem realistischeren Bild, anhand dessen der Patient erlebt, daß heftige Affekte nicht nur für ihn schwierig sind und eine Beziehung an den Rand der Entgleisung zu bringen vermögen, daß man sich aber mit ihnen doch auch konstruktiv auseinandersetzen und mit ihnen fertig werden kann.

Auch in der Behandlung anderer Patienten erweist es sich nicht unbedingt als zweckmäßig für die Herstellung einer tragfähigen Arbeitsbeziehung, wenn der

Analytiker mit einer zu großen Ängstlichkeit auf die Einhaltung der Neutralität und Abstinenz bedacht ist und dadurch eventuell zu sehr damit beschäftigt ist, dem analytischen Regelwerk gerecht zu werden, anstatt sich auf den jeweiligen Patienten einzustellen und innerlich bei ihm zu bleiben. Es soll hier keinem blinden intrusiven oder grenzverletzendem Mitagieren das Wort geredet werden. Es sollte aber verdeutlicht und anerkannt werden, daß Agieren und Mitagieren in der therapeutischen Beziehung unvermeidlich sind und nicht nur in Form von groben Handlungen, sondern auch sehr subtil in paraverbaler Form wie beispielsweise der Intonation und der eine verbale Deutung begleitenden Körpersprache stattfinden kann (Daser 1995).

Gemeinsam von Therapeut und Patient via Agieren und Gegenagieren in Szene gesetzte und eine zeitlang ausgelebte Wiederholungen sind im Sinne von Handlungsdialogen (Lachauer 1990) unter Umständen sehr fruchtbare Grundlagen der Erkenntnisgewinnung (Grefe und Reich 1996). Sie können den verbalen Deutungen vorausgehen und diese mit Leben füllen, da der Patient den Konflikt in der Beziehung zum Therapeuten in anschaulicher und erlebnisnaher Dichte ganzheitlich, quasi am eigenen Körper erfahren hat, und können somit für eine intensive und anschauliche Durcharbeitung der Übertragung sehr fruchtbar werden (Kogan 1996).

Infolgedessen wird aus Freuds Diktum "Erinnern, Wiederholen, Durcharbeiten" eine ergänzende Reihenfolge aus "Wiederholen, Erinnern, Durcharbeiten", die den faktischen Gegebenheiten analytischer und therapeutischer Prozesse in vielen Fällen eher entsprechen dürfte. Das unvermeidliche Agieren und Mitagieren wird seit den Arbeiten von Klüwer (1983) zusehends weniger als Abwehr gesehen, die es unter allen Umständen zu vermeiden gilt, sondern - ebenso wie die Gegenübertragung - als wichtiges Mittel zur Gewinnung von emotionsgetragener ganzheitlicher Einsicht, die mehr als den kognitiven Bereich erfaßt. Wie im früheren Kapitel über das Mitagieren der Übertragung schon erwähnt, befürworten auch Analytiker wie Hoffman und Gill (1988) aus diesen Gründen das Miteinander-Agieren ausdrücklich und halten es nicht nur für unvermeidlich, sondern für die Vertiefung des analytischen Prozesses sogar für wünschenswert (Hoffman 1987, Siebert 1996).

4.5.1 Der Mut zur Subjektivität: Die natürliche Affektivität und die spontane Geste des Therapeuten

Gilt das partielle Mitagieren bzw. Miterschaffen einer erlebten Wirklichkeit des Patienten in der Behandlungssituation nicht mehr als analytische Todsünde oder gerade noch als Lapsus, der zwar jedem einmal passieren kann, den es jedoch prinzipiell zu vermeiden gilt, kann sich auch der Analytiker (angesichts eines wohlwollenderen und gewährenderen analytischen Überichs) innerlich entspannen und sich freier seiner Arbeit und dem Patienten zuwenden. Er hat dann nicht auf Schritt und Tritt die Angst, einen Fehler zu begehen (Bauriedl (1994). Auch seine Angst, gelegentliche ungewöhnliche und außer der üblichen Norm liegende Reaktionen und Interventionen ehrlich anderen Kollegen zu berichten, verringert sich, wenn solche Reaktionen als natürlich gelten und wenn er weiß, daß die meisten Therapeuten manchmal Dinge tun, die außergewöhnlich sind und nicht im Lehrbuch empfohlen werden (Sandler 1983). Auf diesem Hintergrund ist es eher möglich, solche Interventionen ins kollegiale Gespräch einzubringen und sie hinsichtlich ihres psychodynamischen Gehalts verstehen zu lernen.

Ohne den begrifflich letztlich unklaren und etwas mythologischen Begriff des "wahren Selbst" (Winnicott 1960) überstrapazieren zu wollen, benennt er doch eine wesentliche Qualität auch im Erleben des Therapeuten, die für seine eigene Psychohygiene entscheidend ist. Ist der Analytiker während seiner Arbeit bei sich oder ist er außer sich und von sich entfremdet? Das hängt unter anderem davon ab, inwieweit er während seiner Arbeit den Eindruck hat, sich ehrlich, natürlich und authentisch fühlen und verhalten zu können. Je mehr er darum bemüht ist, fremdbestimmte innere und äußere Standards zu erfüllen, desto mehr nimmt dieses Gefühl vermutlich in vielen Situationen ab und desto mehr verliert er seine Autonomie gegenüber den eigenen inneren Objekten und gegenüber dem Regelwerk der analytischen Gemeinschaft.

"Die spontane Geste ist das wahre Selbst in Aktion. Nur das wahre Selbst kann kreativ sein, und nur das wahre Selbst kann sich real fühlen" (Winnicott 1960, S.193). Diese Empfindung gilt auch für jeden Therapeuten bei seiner Arbeit mit Patienten. Wie wir gesehen haben, ist er den vielfältigsten Einflüssen seitens des Patienten ausgesetzt. Emotionale Zustände, Gefühle und Stimmungen des Patienten teilen sich ihm mit und "stecken" ihn geradezu an (Dornes 1995, Herdieckerhoff 1988, Krause und Lütolf 1989). Häufig verläuft diese Gefühls- und Stimmungsinduktion über nonverbale und paraverbale Signalsysteme (Kernberg 1988), deren existentiell notwendige evolutionäre Funktion darin besteht, den eigenen emotionalen Zustand mitzuteilen und bei den Mitmenschen die jeweils entsprechenden Emotionen, Motivationen und die dazu gehörigen komplementären Reaktionsweisen hervorzurufen. Insofern dienen sie der Strukturierung und Aufrechterhaltung von sozialen Organisationen und somit letztlich auch dem Überlebenspotential vieler Arten (Forgas 1985). Auf dieser Ebene wird auch der Analytiker unweigerlich massiv berührt oder wie es Modell (1990) formuliert, "we are all hard-wired to respond to affect-laden material" (S.18).

Für die Psychohygiene und die Arbeitsfähigkeit des Analytikers kann es deshalb sehr hilfreich sein, wenn er sich auf einen partiellen Handlungsdialog einläßt oder in seinen Interventionen eine gewisse Dosis antwortenden Affekts spüren läßt. Auf diese Weise kann auch er ein gewisses Maß an psychischer Energie abbauen. Indem er sich etwas weniger kontrollieren und unter Umständen auch weniger verleugnen muß, fühlt er sich mehr bei sich und im Einklang mit sich selbst. In solchen Situationen ist er sich selbst, d.h. seinem "wahren Selbst", näher und erlebt das als Zufriedenheit, manchmal auch als Freude oder Begeisterung, was sich wiederum auf seine Beziehungsfähigkeit gegenüber dem Patienten günstig auswirken wird. Wenn der Analytiker manchmal etwas von sich selbst und seinen Gefühlen spüren läßt, kann dies durchaus auch den (nicht beabsichtigten) Nebeneffekt haben, daß dies vom Patienten als eine indirekte Erlaubnis interpretiert wird, auch bei sich selbst bestimmte Emotionen und Fantasien eher zuzulassen und zu zeigen.

Der Forderung Ferenczis (1928) nach einer Eliminierung der persönlichen Gleichung müßte somit aus heutiger Sicht entgegengehalten werden, daß ein authentisches und autonomes analytisches Arbeiten nur möglich ist, wenn der Analytiker Mut zu einer "kontrollierten Subjektivität" (Mertens 1993, S.16) hat und seine persönliche Gleichung nicht als störend empfindet. Stattdessen kann er sie konstruktiv in seine Behandlungen einbringen, auf dieser Basis seinen eigenen und ihm angemessenen Arbeitsstil suchen und den Mut haben, diesen auch öffentlich zu vertreten.

Von Subjektivität und Interaktion ist heute in der Psychoanalyse viel die Rede. Auf einem im Jahr 1992 durchgeführten amerikanischen Panel über das Thema der "Interaktion" hat Renik die Auffassung vertreten, daß sogar die analytische Idealtechnik notwendigerweise subjektiv eingefärbt sei (Purcell 1995, S.541). Er fordert an anderer Stelle ebenfalls den Mut zur Subjektivität, indem er empfiehlt, Deutungen als Hypothesen zu betrachten, deren Richtigkeit in gemeinsamer Arbeit mit dem Patienten überprüft werden könne. Auch an weiteren Ermunterungen zur Subjektivität fehlt es nicht (Cooper 1993, Goldberg 1994, Levine 1994, Raphling 1995).

Allerdings bleibt es letztlich immer wieder offen, auf welche Weise derartige programmatische Stellungnahmen wiederum im klinischen Alltag und in der spezifischen analytischen Situation umgesetzt werden. Auch die jeweilige individuelle Realisierung dieser Maxime bleibt subjektiv, und somit schließt sich hier auch in diesem Buch der Kreis. Anhand von ehrlichen Darstellungen der eigenen Arbeit läßt sich darüber jedoch sinnvoll diskutieren.

4.5.2   Ein interaktioneller Neutralitäts-Begriff

Auf diesem Hintergrund ist das ursprüngliche Verständnis von Neutralität und Abstinenz nicht mehr haltbar, da beide Forderungen letztlich nicht oder nur sehr bedingt zu realisieren sind. Thomä und Kächele (1988) schlagen deshalb vor, die Bezeichnung "Neutralität" durch die Begriffe "Wertoffenheit" oder "Bedachtsamkeit" (S.327) zu ersetzen. Hinsichtlich der Dimensionen, in denen sich der Analytiker wertoffen verhalten solle, unterscheiden sie in 1. Offenheit in der gedanklichen Strukturierung - weder voreingenommen noch uninformiert, 2. Bedachtsamkeit im Fühlen - weder verführbar noch unerreichbar, 3. Offenheit in den Wertvorstellungen - weder parteiisch noch gesichtslos, 4. Offenheit bezüglich der Machtausübung - weder intrusiv noch unempathisch. Die ideale Position liegt jeweils in der Mitte. Es geht also darum, ein einigermaßen ausgewogenes Mittelmaß dieser polarisierten Werte zu verwirklichen. Mir scheint, daß das Problem der Neutralität durch diesen Vorschlag zwar differenziert, jedoch einer Lösung nicht sehr viel näher gebracht werden kann.

Neutralität ist, ebensowenig wie im Alltag, auch in einer analytischen Interaktion nicht möglich. Vielmehr sind beide Teilnehmer Bestimmende und vom anderen Bestimmte, wenngleich der Einfluß des Therapeuten auf den Patienten üblicherweise natürlich überwiegt. Auch können Werthaltungen und suggestive Einflusse nicht aus den therapeutischen Interventionen eliminiert werden. Und es kann schon gar nicht verhindert werden, daß der Patient bei seiner Suche nach Orientierung den Aussagen der Analytiker normative Aussagen unterstellt, die dieser gar nicht gemeint hat und die beiden unbewußt bleiben.

Ein interaktionell orientiertes Neutralitätskonzept (Schachter 1994) geht davon aus, daß dieser Einfluß fraglos gegeben ist, und zwar immer und überall, bewußt und unbewußt. Es kann unter Umständen situativ auch sinnvoll sein, dem Patienten seine eigene Einschätzung mitzuteilen oder ihm Empfehlungen oder Ratschläge zu geben. Insbesondere wenn man sich auf eine Rollenübernahme einläßt oder in der Übertragung arbeitet, werden Standpunkte vertreten, die einmal komplementären und ein anderes mal konkordanten Charakter haben, die die Positionen des Es wie auch des Überichs oder des Ichs sein können und vieles andere mehr.

Das wesentliche eines interaktionellen Neutralitätsbegriffes besteht darin, daß der Analytiker für seinen Einfluß die innere Verantwortung übernimmt und sich dazu bekennt. Voraussetzung dafür ist, sich klar zu machen, daß er diesen Einfluß unweigerlich ausübt und daß er Macht über den Patienten und eine gewisse Verantwortung für ihn hat. Deshalb ist das entscheidende, nicht den eigenen Einfluß auf den Patienten minimieren zu wollen, sondern gezielt der Wirkung nachzugehen, die die Haltungen und Interventionen des Analytikers auf den Patienten ausüben. Diese Grundhaltung ermöglicht eine größere Angstfreiheit bei den therapeutischen Aktionen und erschließt zudem eine Vielfalt von Interventionsmöglichkeiten. Denn das primäre Ziel besteht jetzt nicht mehr darin, die "richtige" Deutung zu geben. Auch eine nicht zutreffende Deutung oder gar eine den Patienten kränkende und verletzende Äußerung bietet gute Möglichkeiten, konstruktiv mit den jeweiligen inneren Reaktionen des Patienten zu arbeiten. Bedingung dafür ist allerdings eine ausreichend tragfähige therapeutische Beziehung, auf deren Basis die nachträgliche Reflexion und Durcharbeitung dieser Vorgänge möglich ist.

Literaturverzeichnis

Abend S.M. (1993): An inquiry into the fate of the transference in Psychoanalysis. J. Am. Psychoanal.Ass. 41: 627-652

Ainsworth M.D.S., Blehar M.C., Waters E., Wall S. (1978): Patterns of attachment: a psychological study of the strange situation. Hillsdale NJ: Earlbaum

Alexander F., French P.M. (1946): Psychoanalytic Therapy. New York: Roland Press

Almond R. (1995): The analytic role: A mediating influence in the interplay of transference and countertransference.J.Am. Psychoanal. Ass. 43: 469-494

Argelander H. (1979): Die kognitive Organisation psychischen Geschehens. Stuttgart: Klett-Cotta

Argelander H. (1984): Eine vergleichende Textstudie von Verbatim- und Gedächtnisprotokollen. Psyche 38: 385-419

Argyle M. (1969): Soziale Interaktion. Köln: Kiepenhauer & Witsch (1972)

Arlow J.A. (1991): Methodologie und Rekonstruktion. Psyche 47: 1093-1115

Aron L. (1991): The patient's experience of the analyst's subjectivity. Psychoanalytic Dialogues, 1: 29-51

Bacal H. (1985): Optimal responsiveness and therapeutic process. In: A. Goldberg (Ed): Progress in Self Psychology, Vol I. Hillsdale, N.J.: The Analytic Press, 202-227

Bacal H.A., Newman K.M. (1990): Objektbeziehungstheorien - Brücken zur Selbstpsychologie. Stuttgart - Bad Cannstatt: frommann-holzboog (1994)

Balint M. (1968): Therapeutische Aspekte der Regression. Reinbeck: Rowohlt (1973)

Balint M., Balint A. (1939): Übertragung und Gegenübertragung: In: Balint M. (1965): Die Urformen der Liebe und die Technik der Psychoanalyse. Bern Stuttgart: Huber - Klett

Bateson G., Jackson D.D., Haley J., Weakland J.W. (1956): Auf dem Weg zu einer Schizophrenietheorie. In: Bateson G., Jackson D.D., Laing R.D., Lidz T., Wynne L. et al. (Hrsg): Schizophrenie und Familie. Frankfurt a.M.: Suhrkamp (1969), 11-43

Bateson G. (1971): Die Kybernetik des "Selbst": Eine Theorie des Alkoholismus. In: Bateson G. (1981): Ökologie des Geistes. Frankfurt a.M.: Suhrkamp

Bauriedl T. (1980): Beziehungsanalyse. Frankfurt a.M.: Suhrkamp

Bauriedl T. (1994): Auch ohne Couch. Psychoanalyse als Beziehungstheorie und ihre Anwendungen. Stuttgart: Verlag Internationale Psychoanalyse

Bettighofer S. (1992): Der Beitrag des Analytikers zur Entstehung der malignen Regression. Prax. Psychother. Psychosom. 37: 297-309

Bettighofer S. (1994): Die latente Ebene der Übertragung. Interaktionelle und systemische Aspekte der therapeutischen Situation. Forum Psychoanal. 10: 116-129

Bettighofer S. (1994): Aspekte zur Genese der Depression im Lichte neuerer Forschungsergebnisse. Zeitschrift für psychoanal. Theorie und Praxis 9: 371-384

Biermann-Ratjen E., Eckert J., Schwartz H.J. (1979): Gesprächspsychotherapie. Stuttgart Berlin Köln, Mainz, W. Kohlhammer (8. Aufl. 1997)

Bion W.R. (1970): Attention and Interpretation. London: Maresfield Reprints (1984)

Blankenburg-Winterberg S. (1988): Der Übertragungs- Gegenübertragungs- Widerstand. Forum Psychoanal. 4: 318-332

Blanton S. (1971): Tagebuch meiner Analyse bei Sigmund Freud. Frankfurt a.M.: Ullstein (1975)

Bleger J.B. (1966): Die Psychoanalyse des psychoanalytischen Rahmens. Forum Psychoanal. 1993, 9: 268-280

Blomeyer R. (1989): Psycho-Therapie: Praktische Zielsetzung versus Reifungsphantasie. Forum Psychoanal. 5: 61-75

Bokanowsky T. (1996): Freud and Ferenczi: Trauma and transference depression. Int. J. Psycho-Anal. 77: 519-536

Bollas C. (1987): The shadow of the object: Psychoanalysis of the unthought known. London: Free Ass. Books

Bolwby J. (1979): Das Glück und die Trauer. Herstellung und Lösung affektiver Bindungen. Stuttgart, Klett-Cotta (1980)

Bräutigam W. (1988): Realistische Beziehung und Übertragung. In: Kutter P., Paramo-Ortega R., Zagermann P. (Hrsg): Die psychoanalytsiche Haltung. München: Verlag Internationale Psychoanalyse, 165-186

Brocher T., Sies C. (1986): Psychoanalyse und Neurobiologie. Bad Cannstatt: frommann-holzboog

Brodbeck H. (1993): "Von der Ver-Wicklung zur Ent-Wicklung" - Zur Relevanz interaktioneller Gegenübertragungskonzepte für den psychoanalytischen Prozeß. In: Jb. d. Psychoanal. Bd. 31: 101-131

Buchholz M.B. (1988): Die therapeutische Situation. Forum Psychoanal. 4: 273-291

Buchholz M.B. (1992): In Gefahr und größter Not bringt der Mittelweg den Tod. Bericht über eine Seminartagung der DPV zum Thema: "Analytischer Prozeß im Blickwinkel der Frequenz". Forum Psychoanal. 8: 163-168

Carpy D.V. (1989): Tolerating the countertransference: a mutative process. Int. J. Psychoanal. 70: 287-294

Chused J.F. (1992): The patients perception of the analyst: the hidden transference. Psychoanal. Quart. 61: 161-184

Ciompi L. (1992): Affektlogik. Über die Struktur der Psyche und ihre Entwicklung. Stuttgart: Klett-Cotta

Cooper S.H. (1993): Interpretative fallibility and the psychoanalytic dialogue. J. Am. Psychoanal. Ass. 41: 95-126

Cooper S.H. (1996): Facts all come with a point of view. Int. J. Psycho-Anal. 77: 255-273

Cremerius J. (1979): Gibt es zwei psychoanalytische Techniken? Psyche 33: 577-599

Cremerius J. (1980): Die hochfrequente Langzeitanalyse und die psychoanalytische Praxis, Utopie und Realität. Psyche 44: 1-29

Cremerius J. (1981): Freud bei der Arbeit über die Schulter geschaut. Seine Technik im Spiegel von Schülern und Patienten. Jb. Psychoanal. 6: 123-158

Cremerius J. (1982): Kohuts Behandlungstechnik. Eine kritische Analyse. Psyche 36: 17-46

Cremerius J. (1983): "Die Sprache der Zärtlichkeit und der Leidenschaft". Reflexionen zu Sandor Ferenczis Wiesbadener Vortrag von 1932. Psyche 37: 988-1015

Dahl H. (1988): Frames of mind. In: Dahl H., Kächele H., Thomä H. (Eds.): Psychoanalytic process research strategies. Berlin Heidelberg New York: Springer

Dantlgraber J. (1989): Die psychoanalytische Haltung als Stufe in der Übertragungs- Gegenübertragungsbeziehung. Psyche 43: 973-1006

Daser E. (1995): Nonverbale Kommunikation im therapeutischen Dialog. Forum Psychoanal. 11: 119-132

Deserno H. (1990): Die Analyse und das Arbeitsbündnis. München Wien: Verlag Internationale Psychoanalyse

Dornes M. (1993): Der kompetente Säugling. Die präverbale Entwicklung des Menschen. Frankfurt a.M.: Fischer Taschenbuch Verlag

Dornes M. (1995): Gedanken zur frühen Entwicklung und ihre Bedeutung für die Neurosenpsychologie. Forum Psychoanal. 11: 27-49

Emde R.N. (1991): Die endliche und die unendliche Entwicklung. I. Angeborene und motivationale Faktoren aus der frühen Kindheit. Psyche 45: 745-779

Emde R.N. (1995): Die Aktivierung grundlegender Formen der Entwicklung: Empathische Verfügbarkeit und therapeutisches Handeln. In: Petzold H. (Hrsg): Die Kraft liebevoller Blicke. Psychotherapie und Babyforschung. Bd.2 Paderborn: Junfermann, 219-251

Ermann M. (1984): Von der Psychodynamik zur Interaktion des Widerstandes. Prax. Psychother. Psychosom. 29: 61-70

Ermann M. (1987): Behandlungskrisen und die Widerstände des Psychoanalytikers. Bemerkungen zum Gegenübertragungs-Widerstand. Forum Psychoanal. 3: 100-111

Ermann M. (1992): Die sogenannte Realbeziehung. Forum Psychoanal. 8: 281-294

Ermann M. (1993): Übertragungsdeutungen als Beziehungsarbeit. In: ders. (Hrsg): Die hilfsreiche Beziehung in der Psychoanalyse. Göttingen Vandenhoeck & Ruprecht, 50-67

Ermann M. (1994): Sandor Ferenczis Aufbruch und Scheitern. Sein Umgang mit der Regression aus heutiger Sicht. Psyche 48: 706-719

Fairbairn W.R.D (1952): Objectrelationships and dynamic structure. In: Fairbairn W.R.D: Psychoanalytic studies of the personality. London: Tavistock Publ., 137-151 (deutsch in: Kutter P. (Hrsg) (1982): Psychologie der zwischenmenschlichen Beziehungen. Darmstadt: Wiss. Buchgesellschaft, 64-81)

Fenichel O. (1935): Zur Theorie der psychoanalytischen Technik. Int. Z. Psychoanal. 21: 78-95

Ferenczi S. (1928): Die Elastizität der psychoanalytischen Technik. in ders. (1982): Schriften zur Psychoanalyse Bd: II. Frankfurt a.M: Fischer Taschenbuch (Hrsg. v. M. Balint)

Ferenczi S. (1931): Kinderanalysen mit Erwachsenen. In: ders. Schriften zur Psychoanalyse Bd. II. Frankfurt a.M.: Fischer Taschenbuch (1982)

Ferenczi S., Rank O. (1924): Entwicklungsziele der Psychoanalyse. Int. Psychoanal. Verlag, Wien.

Fetscher R. (1997): Übertragung und Realität. Psyche 51: 195-238

Fiedler P., Rogge K. (1989): Zur Prozeßuntersuchung psychotherapeutischer Episoden. Z. f. Klin. Pschol. 18: 45-54

Flader D., Grodzicki W.-D., Schröter K. (1982): Psychoanalyse als Gespräch. Interaktionsanalytische Untersuchungen über Therapie und Supervision. Frankfurt a.M.: Suhrkamp

Fonagy P., Steele M, Moran G., Steele H., Higgitt A. (1993): Measuring the ghost in the nursery: An empirical study of the relation between parents mental representations of childhood experiences an their infants security of attachment. Am. Psychoanal. Ass. 41: 957-989

Forgas J.P. (1985): Soziale Interaktion und Kommunikation. 3. Aufl. Weinheim: Psychologischer Verlag Union (1995)

Fortune C. (1993): Der Fall "R.N.". Sandor Ferenczis radikales psychoanalytisches Experiment. Psyche 48: 683-705

Fosshage J. (1990): How theory shapes technique: perspectives on a self psychological clinical situation. The Analyst's Response. Psycholanal. Inquiry 4: 601-622

Fosshage J.L. (1994): Toward reconceptualising transference: theoretical and clinical considerations. Int. J. Psychoanal. 75: 265-280

Freud A. (1936): Das Ich und die Abwehrmechanismen. Wien: Int. Psychoanal. Verlag

Freud E.L., Meng H. (Hrsg) (1963): Sigmund Freud und Oskar Pfister. Briefe 1909-1939. Frankfurt a.M.: S. Fischer

Freud S. (1895): Zur Psychotherapie der Hysterie. In: Freud S., Breuer J.: Studien über Hysterie. Frankfurt a.M.: Fischer Taschenbuch-Verlag, 204-246

Freud S. (1900): Die Traumdeutung. GW 2/3, 1-642

Freud S. (1909): Analyse der Phobie eines fünfjährigen Knaben. GW 7, 241-377

Freud S. (1910): Die zukünftigen Chancen der psychoanalytischen Therapie. GW 8, 104-115

Freud S. (1912): Zur Dynamik der Übertragung. GW 8, 363-374

Freud S. (1913): Zur Einleitung der Behandlung. GW 8, 453-478

Frick E. (1996): Durch Verwundung heilen. Zur Psychoanalyse des Heilungsarchetyps. Göttingen Vandenhoeck & Ruprecht

Gergen K.J. (1985): The social constructionist movement in modern psychology. Am. Psychologist 40: 266-275

Gilch-Geberzahn G. (1994): Projektive Identifikation im psychoanalytischen Prozeß. Forum Psychoanal. 10: 260-273

Gill M.M. (1979): Die Analyse der Übertragung. Forum Psychoanal. (1993) 9: 46-61

Gill M.M. (1982): Analysis of transference: Theory ane technique. Madison, Connecticut: Int. Univ. Press (dt: Die Übertragungsanalyse. Frankfurt a.M.: Fischer Taschenbuchverlag 1996)

Gill M.M., Hoffman I.Z. (1982): Analysis of transference. Vol.II New York: Int. Univ. Press

Gillett E. (1996): Learning theory and intrapsychic conflict. Int. J. Psycho-Anal. 77: 689-707

Glasersfeld E. von (1981): Einführung in den radikalen Konstruktivismus. In: Watzlawick P. (Hrsg) (1981): Die erfundene Wirklichkeit. München: Piper, 16-38

Goldberg A. (1994): Farewell to the objective analyst. Int. J. Psychoanal. 75: 21-30

Grawe K., Donati R., Bernauer F. (1994): Psychotherapie im Wandel. Von der Konfession zur Profession. Göttingen: Hogrefe Verlag für Psychologie

Grawe K. (1995): Grundriß einer Allgemeinen Psychotherapie. Psychotherapeut 40: 130-145.

Greenberg J. (1995): Psychoanalytic technique and the interactive matrix. Psychoanal. Quart. 64: 1-22

Greenson R.R. (1967): Technik und Praxis der Psychoanalyse. Stuttgart: Klett Verlag (1975)

Grefe J., Reich G. (1996): "Denn eben, wo Begriffe fehlen..." Zur Kritik des Konzeptes "Projektive Identifizierung" und seiner klinischen Verwendung. Forum Psychoanal. 12: 57-77

Grossmann K., Frommer-Bombik E., Rudolph J., Grossmann K.E. (1988): Maternal attachment representations as related to patterns of infant mother attachment and maternal care during the first year. In: Hinde R.A., Stevenson-Hinde J (Eds): Relationships within families. Oxford: Clarendo Press, 241-260

Grossmann K.E., Frommer-Bombik E., Friedl A., Grossmann K., Spengler G., Suess G. (1989): Die Ontogenese emotionaler Integrität und Kohärenz. In: Roth E. (Hrsg): Denken und Fühlen. Berlin Heidelberg New York: Springer, 36-55

Guntrip H. (1975): My experience of analysis with Fairbairn and Winnicott. In. Rev. Psychoanal. 2: 145-156

Haerlin P. (1983): Präsenz und Abstinenz des Analytikers. Unveröff. Vortrag

Haubl R., Mertens W. (1996): Der Psychoanalytiker als Detektiv. Stuttgart: W. Kohlhammer

Haynal A. (1988): Probleme aus der Geschichte der Psychoanalytischen Praxis und Technik. Psyche 42: 561-576

Heigl-Evers A., Heigl F. (1979): Die psychosozialen Kompromißbildungen als Umschaltstellen innerseelischer und zwischenmenschlicher Beziehungen. Gruppenpsychother. Gruppendyn. 14: 310-325

Heigl-Evers A., Ott J. (1996): Die psychoanalytisch - interaktionelle Methode. Ein Behandlungsangebot für strukturell gestörte Patienten. Psychotherapeut 41: 77-83

Herdieckerhoff G. (1988): Stimmung und Stimmungsübertragung in psychoanalytischer Therapie. Forum Psychoanal 4: 204-215

Herold R. (1995): Übertragung und Widerstand. Ulm: Ulmer Textbank

Heuft G. (1990): Bedarf es eines Konzepts der Eigenübertragung? Forum Psychoanal. 6: 299-315

Hoffman I.Z. (1991): Discussion: Toward a social constructivist view of the psychoanalytic situation. Psychoanal. Dialogues 1: 74-105

Hoffman I.Z., Gill M.M. (1988): Critical reflections on a coding scheme. Int. J. Psychoanal. 69: 55-64

Hoffmann S.O. (1986): Die sogenannte frühe Störung. Prax. Psychother. Psychosom. 31: 179-190

Holderegger H. (1993): Der Umgang mit dem Trauma. Stuttgart: Klett-Cotta

Hurst D. (1995): Toward a definition of the term and concept of interaction. J. Am. Psychoanal. Ass. 43: 521-537

Jacobs T.J. (1986): On countertransference enactments. J. Am. Psychoanal. Ass. 34: 289-307

Jacobson E. (1964): Das Selbst und die Welt der Objekte. Frankfurt a.M.: Suhrkamp (1973)

Jaffe J. (1964): Verbal behavior analysis in psychiatric interviews with the aid of digital computers. In: Rioch D., Weinstein E.A. (Hrsg): Disorders of communication. Res. Publ. Ass. Res. Nerv. Ment. Dis. 42, Kap. 27

Jimenez de la Jara J.P. (1992): Der Beitrag des Analytikers zu den Prozessen der projektiven Identifizierung. Forum Psychoanal. 8: 295-310

Jones E. (1962): Das Leben und Werk von Sigmund Freud Bd. 3. Bern Stuttgart Wien: Hans Huber

Kächele H. (1992): Die Persönlichkeit des Psychotherapeuten und ihr Beitrag zum Behandlungsprozeß. Psychosom. Med. Psychoanal. 38: 227-239

Kaimer P, Reinecker H., Schindler L. (1989): Interaktionsmuster von Klient und Therapeut bei zwei unterschiedlich erfolgreich behandelten Fällen. Z. f. Klin. Psychol. 18: 80-92

Kaiser H. (1996): Grenzverletzung. Macht und Mißbrauch in meiner psychoanalytischen Ausbildung. Zürich: Walter

Kantrowitz J. L. (1993): Impasses in psychoanalysis: Overcoming resistance in situations of stalemate. J. Am. Psychoanal. Ass. 41: 1021-1050

Kebeck G. (1994): Wahrnehmung. Weinheim München: Juventa

Kemper J. (1992): Sexualtherapeutische Praxis. München: Pfeiffer

Kemper W. (1969): Übertragung und Gegenübertragung als funktionelle Einheit. In: Jahrbuch der Psychoanalyse Bd. 6, 35-68

Kernberg O.F. (1987): Projektion und projektive Identifikation. Forum Psychoanal. (1989) 5: 267-283

Kernberg O.F. (1988): Probleme mit der Übertragung bei schweren Charakterpathologien - Ich-psychologische und objektbeziehungstheoretische Aspekte. In: Kutter P. (Hrsg): Die psychoanalytische Haltung. Stuttgart Wien:Verlag Internationale Psychoanalyse (1988)

Kernberg O.F. (1988): Innere und äußere Realität. München-Wien: Verlag Internationale Psychoanalyse

Kernberg O.F. (1993): The current status of Psychoanalysis. J. Am. Psychoanal. Ass. 41: 45-62

Khan M.M.R. (1963): Das kumulative Trauma. In: ders (1977): Selbsterfahrung in der Therapie. München: Kindler, 50-70

Khan M.M.R. (1977): Selbsterfahrung in der Therapie. München: Kindler

Klauber J. (1976): Einige wenig beschriebene Elemente der psychoanalytischen Beziehung und ihre therapeutischen Implikationen. In: Klauber J. (1980): Schwierigkeiten in der analytischen Begegnung. Frankfurt a.M.: Suhrkamp

Kogan I. (1996): Von der Konkretisierung durch Agieren zur Differenzierung. Forum Psychoanal. 12: 226-241

Klein M. (1946): Bemerkungen über einige schizoide Mechanismen. In: Klein M: (1972): Das Seelenleben des Kleinkindes. Reinbeck: Rowohlt

Klüwer R. (1983): Agieren und Mitagieren. Psyche 37: 828-840

König K. (1993): Gegenübertragungsanalyse. Göttingen: Vandenhoeck & Ruprecht

Körner J. (1989): Arbeit an der Übertragung? Arbeit in der Übertragung!. Forum Psyoanal. 5: 209-223

Körner J. (1989): Kritik der "therapeutischen Ich-Spaltung". Psyche 43: 385-396

Körner J. (1990): Übertragung und Gegenübertragung, eine Einheit im Widerspruch. Forum Psychoanal. 6: 87-104

Körner J. (1995): Der Rahmen der psychoanalytischen Situation. Forum Psychoanal. 11: 15.26

Körner J. (1995): Psychoanalytische Arbeit und die Ziele der Weiterbildung. Forum Psychoanal. 11: 338-347

Kohut H. (1971): Narzißmus. Frankfurt a.M.: Suhrkampf (1976)

Kohut H. (1977): Die Heilung des Selbst. Frankfurt a.M.: Suhrkamp (1979)

Kohut H. (1984): Wie heilt die Psychoanalyse? Frankfurt a.M.: Suhrkamp (1989)

Krause R., Lütolf P. (1989): Mimische Indikatoren von Übertragungsvorgängen - Erste Untersuchungen -. Z. f. Klin. Psychol. 18: 55-67

Krutzenbichler H.S., Essers H. (1991): Muß denn Liebe Sünde sein? Freiburg i.B.: Kore

Kuhn T.S. (1962): Die Struktur wissenschaftlicher Revolutionen. Frankfurt a.M.: Suhrkamp (1973)

Lachauer R. (1990): Die Bedeutung des Handlungsdialogs für den therapeutischen Prozeß. Psyche 44: 1082-1099

Lachmann F.M., Beebe B. (1992): Representational and selfobject transferences: a developementam perspective. In: Goldberg A. (Ed): New therapeutic visions. Progress in self psychology. Hillsdale NJ: The Analytic Press, 3-15

Langs R. (1984): Die Angst vor validen Deutungen und vor einem festen Rahmen. Forum Psychoanal (1989) 5: 1-18

Lazar R.A. (1993): "Container - Contained" und die helfende Beziehung. In: Ermann M. (Hrsg.): Die hilfreiche Beziehung in der Psychoanalyse. Göttingen: Vandenhoeck & Ruprecht, 68-91

Lennard H.L., Bernstein A. (1960): The anatomy of psychotherapy. Columbia Univ. Press

Levine H. B. (1994): The analyst's participation in the analytic process. Int. J. Psychoanal. 75: 665-676

Levine L.V., Tuber S.B., Slade A., Ward M.J. (1991): Mothers' mental representations and their relationship to mother- infant attachment. Bull. Menninger Clinic 55: 454-469

Lichtenberg J.D. (1989): Modellszenen, Affekte und das Unbewußte. In: Wolf E., Ornstein A., Ornstein P.M., Lichtenberg J.D., Kutter P.: Selbstpsychologie. München-Wien: Verlag Internationale Psychoanalyse

Lichtenberg J.D. (1989): Psychoanalysis an Motivation. Hillsdale N.J.: The Analytic Press

Lichtenberg J.D. (1991): Motivational-funktionale Systeme als psychische Strukturen. Forum Psychoanal. 7: 85-97

Lichtenberg J.D., Lachmann F.M., Fosshage J.L. (1992): Self and motivational systems. Toward a theory of psychoanalytic treatment. Hillsdale N.J.: The Analytic Press

Lichtenberg J.D., Lachmann F.M., Fosshage J.L. (1992): Werte und moralische Haltungen. Psyche 50: 407-443

Little M.J. (1990): Die Analyse psychotischer Ängste. Zwei unorthodoxe Fallgeschichten. Stuttgart: Klett-Cotta (1994)

Loewald H.W. (1960): Zur therapeutischen Wirkung der Psychoanalyse. In: ders.: Psychoanalyse. Aufsätze aus den Jahren 1951-1979. Stuttgart: Klett-Cotta, 209-247

Lohmer M., Klug G., Herrmann B., Pouget D., Rauch M. (1992): Zur Diagnostik der Frühstörung. Prax. Psychother. Psychosom. 37; 243-255

Luborsky L. (1976): Helping alliances in psychotherapy. In: Claghorn J.L. (Ed.): Successful Psychotherapy. New York: Brunner Mazel

Luborsky L., Mc Lelland A.T., Woody G.E., O'Brien C.P., Auerbach A. (1985): Therapist sucess and its determinants. Arch. Gen. Psychiatry 42: 602-611

Luhmann N. (1992): Die operative Geschlossenheit psychischer und sozialer Systeme. In: Fischer R., Retzer A., Schweitzer J. (Hrsg): Das Ende großer Entwürfe. Frankfurt a.M.: Suhrkamp

Mahler M.M. (1968): Symbiose und Individuation. Stuttgart: Klett (1972)

Maturana H.R. (1985): Erkennen: Die Organisation und Verkörperung von Wirklichkeit. Braunschweig, Wiesbaden: Friedr. Vieweg & Sohn

Maturana H.R., Varela F.J. (1984): Der Baum der Erkenntnis. Bern, München: Scherz 1987

Mentzos S. (1976): Interpersonale und institutionalisierte Abwehr. Frankfurt a.M.: Suhrkamp

Mertens W. (1990): Einführung in die psychoanalytische Therapie. Bd. 2. Stuttgart: W. Kohlhammer

Mertens W. (1991): Einführung in die psychoanalytische Therapie. Bd. 3. Stuttgart: Verlag Kohlhammer

Mertens W. (1993): Die psychoanalytische Haltung. In: Ermann M. (Hrsg.): Die hilfreiche Beziehung in der Psychoanalyse. Göttingen: Vandenhoeck & Ruprecht, 11-34

Mertens W., Haubl R. (1996): Der Psychoanalytiker als Archäologe. Stuttgart: W. Kohlhammer

Milch W., Hartmann H.-P. (1996): Zum gegenwärtigen Stand der psychoanalytischen Selbstpsychologie. Psychotherapeut 41: 1-12

Modell A.H. (1990): Other times, other realities. Towards a theory of psychoanalytic treatment. Cambridge Massach., London: Harvard Univ. Press

Moeller M.L. (1977): Zur Theorie der Gegenübertragung. Psyche 31: 142-166

Morgenthaler F. (1978): Technik. Zur Dialektik der psychoanalytischen Praxis. Frankfurt a.M.: Syndikat

Moser T. (1974): Lehrjahre auf der Couch. Frankfurt a.M.: Suhrkamp

Müller-Pozzi H. (1988): Die depressive Reaktion. Ein Versuch über Individuation, Introjektion und Identifizierung. In: Stork J. (Hrsg): Das menschliche Schicksal zwischen Individuation und Identifizierung. Stuttgart: frommann-holzboog, 69-84

M'Uzan, M. de (1989): Während der Sitzung. Überlegungen zum psychischen Geschehen im Analytiker. In: Jahrbuch der Psychoanalyse Bd. 31. Stuttgart-Bad Cannstatt: frommann-holzboog (1993)

Neyraut M. (1974): Die Übertragung. Frankfurt a.M.: Suhrkamp 1976

Nuetzel E.J. (1993): Learning from our unsuccessful cases. J. Am. Psychoanal. Ass. 41: 743-754

Orlinsky D.W., Grawe K., Parks R. (1994): Process and outcome in psychotherapy. In: A.E. Bergin & S.L. Garfield (Ed): Handbook of therapy and behavior change (4 th ed.). New York: Wiley 1994

Orlinsky D.E., Grawe K., Parks B.K. (1995): Process and outcome in therapy - noch einmal. In: Bergin A.E., Garfield S.L. (Eds.): Handbook of psychotherapy and behavior change. New York: Wiley, 270-376

Ornstein A. (1991): Die Angst vor der Wiederholung. Bemerkungen zum Prozeß des Durcharbeitens in der Psychoanalyse. Psyche (1996) 50: 444-462

Ornstein P. (1993): Supervisionsseminar im Rahmen des Selbstpsychologie-Symposiums "Der therapeutische Prozeß", Dreieich/Frankfurt

Ornstein P.H. (1995): Die Funktion der Theorie im Deutungsprozeß. In: Kutter P. Der therapeutische Prozeß. Psychoanalytische Theorie und Methode in der Sicht der Selbstpsychologie. Frankfurt a.M.: Suhrkamp, 52-80

Piaget J., Inhelder B. (1966): Die Psychologie des Kindes. Frankfurt a.M.: Fischer

Pöhner E. (1994): Intersubjektive Kommunikation und dialogische Verständigung in der psyoanalytischen Situation: Beobachtungen und Überlegungen im und zum Raum von Verstehen und Übersetzen. Unveröffentlichtes Manuskript

Pohlen M., Bautz-Holzherr M. (1995): Psychoanalyse - Das Ende einer Deutungsmacht. Reinbek bei Hamburg: Rowohlt

Porder M.S. (1987): Projektive Identifikation: Eine Alternativ-Hypothese. Forum Psychoanal (1991) 7: 189-201

Pulver S.E. (1991): Psychoanalytic technique: Progress during the past decade. Psychoanalytic Inquiry 11: 65-87

Purcell S.D. (1995): Interpretative perspectives on interaction. J. Am. Psychoanal. Ass. 43: 539-551

Racker H. (1959): Übertragung und Gegenübertragung. Studien zur psychoanalytischen Technik. München: Reinhardt (1978)

Rangell L. (1954): Similarities and differences between psychoanalysis and dynamic psychotherapy. J. Am. Psychoanal. Ass. 2: 734-744

Raphling D.L. (1995): Interpretation ane expectation: The anxiety of influence. J. Am. Psychoanal Ass. 43: 95-111

Rayner E. (1992): Matching, attunement and the psychoanalytic dialogue. Int. J. Psycho-Anal. 73: 39-54

Reed G.S. (1995): Clinical truth and comtemporary relativism: meaning and narration in the psychoanalytic situation. J. Am. Psychoanal. Ass. 43: 713-739

Reimer Ch. (1991): Schwierige Patienten und ihre Therapeuten. Prax. Psychother. Psychosom. 36: 173-181

Renik O. (1993): Analytic interaction: conceptualizing technique in light of the analysts irreducible subjectivity. Psychoanalytic Quart. 62: 553-571

Renik O. (1995): Clinical technique: Reflections on the concept of resistance. J. Am. Psychoanal. Ass. 43: 83-94

Retzer A. (1994): Familie und Psychose. Stuttgart: Gustav Fischer

Rohde-Dachser C. (1993): Weiterentwicklung der psychoanalytischen Behandlungstechnik. In: Mertens W. (Hrsg): Schlüsselbegriffe der Psychoanalyse. Stuttgart-Wien: Verlag Internationale Psychoanalyse, 283-289

Rosenfeld E. (1966): Unpublished adress to the British Psychoanalytical Association.

Rosenfeld H. (1987): Sackgassen und Deutungen. München Wien: Verlag Internationale Psychoanalyse

Rosenhan D.L. (1973): Gesund in kranker Umgebung. In: Watzlawick P. (Hrsg) (1981): Die erfundene Wirklichkeit. München: Piper, 111-137

Roughton R.E. (1993): Useful aspects of acting out: repetition, enactment and actualization. J. Am. Psychoanal. Ass. 41: 443-472

Sandler J. (1976): Gegenübertragung und Bereitschaft zur Rollenübernahme. Psyche 30: 297-307

Sandler J. (1983): Die Beziehung zwischen psychoanalytischen Konzepten und psychoanalytischer Praxis. Psyche 37: 577-595

Sandler J., Sandler A.-M. (1978): On the developement of object relationships and affects. Int. J. Psychoanal. 59: 285- 296

Sandler J., Sandler A.-M. (1985): Vergangenheits-Unbewußtes, Gegenwarts-Unbewußtes und die Deutung der Übertragung. Psyche 39: 800-829

Schachter J. (1994): Abstinence and neutrality: Development and diverse views. Int. J. Psychoanal. 75: 709-720

Scheibe G. (1996): Computergestützte Textanalyse psychiatrischer Behandlungsgespräche - Vergleich zu psychoanalytisch orientierten Erstinterviews, psychoanalytischen Sitzungen und Visitengesprächen. Psychother. Psychosom. med. Psycholog. 46: 438-443

Schiepek G. Schütz A., Köhler M., Richter K., Strunk G. (1995): Die Mikroanalyse der Therapeut - Klient - Interaktion mittels sequentieller Plananaylse. Psychotherapie Forum 3: 1-17

Schindler L. (1989): Das Codiersystem zur Interaktion in der Psychotherapie (CIP): Ein Instrument zur systematischen Beobachtung des Verhaltens von Therapeut und Klient im Therapieverlauf. Z.f. Klin. Psychol. 18: 68-79

Schlieffen, H.G. v. (1983): Die Grundregel- eine "heilige Regel"? In: Hoffmann S.O. (Hrsg): Deutung und Beziehung. Frankfurt a.M.: Fischer, 109-118

Schwaber E.A. (1981): Empathie: Eine Form analytischen Zuhörens. Forum Psychoanal. (1995) 11: 160-183

Schwaber E.A. (1986): Rekonstruktion und Wahrnehmungserleben: Weiterführende Gedanken zum psychoanalytischen Zuhören. In Kutter P., Paramo-Ortega R., Zagermann P. (Hrsg): Die psychoanalytische Haltung. München-Wien: Verlag Internatioanle Psychoanalyse (1988), 207-230

Siebert G. (1996): Über das Agieren des Psychoanalytikers und die Stagnation als nützliche Bestandteile des Behandlungsprozesses. Forum Psychoanal. 12: 315-327

Simon B. (1993): In search of psychoanalytic technique: Perspectives from behind the couch. J. Am. Psychoanal. Ass 41: 1051-1082

Simon F. (1995): Die andere Seite der Gesundheit. Ansätze einer sytemischen Krankheits- und Therapietheorie. Heidelberg: Carl-Auer-Systeme

Slavin J. H. (1994): On making rules. Toward a reformation of the dynamics of transference in psychoanalytic treatment. Psychoanalytic Dialogues 4: 253-274

Spence D.P. (1982): Narrative truth and historical truth. New York: Norton

Spence D.P. (1986): Deutung als Pseudo-Erklärung. Psyche (1989) 43: 289-306

Spence D.P., Dahl H., Jones E.E. (1993): Impact of interpretation on associative freedom. J. cons. clin. Psychol. 61: 395-402

Steiner J. (1996): The aim of psychoanalysis in theory and practice. Int. J. Psycho-Anal. 77: 1073-1083

Steele M., Steele H. (1995): Intergenerationale Tradierung von Bindung, mütterliche Responsivität und Fremdbetreuung: Eine ideographische Illustration. In: Spangler G., Zimmermann P. (Hrsg): Die Bindungstheorie. Stuttgart: Klett-Cotta, 161-177

Steimer E., Krause R., Sänger-Alt C., Wagner G. (1988): Mimisches Verhalten schizophrener Patienten und ihrer Gesprächspartner. Z. f. Klin. Psychol. 17: 132-147

Sterba R. (1934): Das Schicksal des Ich im therapeutischen Verfahrens. Int. Z. Psychoanal. 20: 60-73

Stern D.N. (1989): Die Repräsentation von Beziehungsmustern. Entwicklungsbiologische Betrachtungen. In: Petzold H.G. (Hrsg): Die Kraft liebevoller Blicke. Psychotherapie und Babyforschung. Paderborn: Junfermann 1995, 193-218

Stern D.N. (1986): Selbsterfahrung des Säuglings. Stuttgart: Klett-Cotta (1994)

Stolorow R., Brandchaft B., Atwood G.E. (1987): Psychoanalytic treatment. An intersubjective approach. Hillsdale, NJ: Analytic Press

Strachey J. (1934): Grundlagen der therapeutischen Wirkung der Psychoanalyse. Int. Z. f. Psychoanal. 21: 486-516

Strauss M.S. (1979): Abstraction of prototypical informations by adults and 10 month old infants. J. Experimental Psychology: Human learning and memory 5: 618-632

Streeck U. (1986): Hintergrundannahmen im psychoanalytischen Behandlungsprozeß. Forum Psychoanal. 2: 98-110

Streeck U., Weidenhammer B. (1987): Zum Redeverhalten des Analytikers im Übertragungsgeschehen. Psyche 41: 60-75

Strupp H.H. (1996): Nachhaltige Lektionen aus der psychotherapeutischen Praxis und Forschung. Psychotherapeut 41: 84-87

Strupp H.H. Schacht T.E. Henry W., Gaston L. (1994): Psychodynamic approaches. In: Bergin A.E. & Garfield S.L. (Ed): Handbook of psychotherapy and behavior change (4th ed) New York: Wiley

Sullivan H.S. (1953): Die interpersonale Theorie der Psychiatrie. Frankfurt a. Main: S. Fischer (1980)

Thomä H. (1981): Schriften zur Praxis der Psychoanalyse. Vom spiegelnden zum aktiven Psychoanalytiker. Frankfurt a.M.: Suhrkamp

Thomä H. (1984): Der Beitrag des Psychoanalytikers zur Übertragung. Psyche 38: 29-62

Thomä H. (1984): Der "Neubeginn" Michael Balints aus heutiger Sicht. Psyche 38: 516-543

Thomä H. (1991): Idee und Wirklichkeit der Lehranalyse. Ein Plädoyer für Reformen (I). Psyche 45: 385-433

Thomä H., Kächele H. (1985): Lehrbuch der psychoanalytischen Therapie, Bd. 1. Berlin Heidelberg New York Tokyo: Springer

Treurniet N. (1986): Die Übertragung als Struktur und Prozeß. In: Lobner H. (Hrsg): Psychoanalyse heute. Wien: Orac, 17-44

Treurniet N. (1992): Zur Theorie der freien Assoziation. Z. f. psychonal. Theorie und Praxis 7: 242-255

Treurniet N. (1996): Über eine Ethik der psychoanalytischen Technik. Psyche 50: 1-31

Tyson R. (1986): Countertransference evolution in theory and practice. J. Am. Psychoanal. Ass. 34: 251-274

Volkan V. D. (1987) : Six steps in the treatment of borderline personality organization. Northvale NJ: Jason Aronson

Wachtel P. (1980): Transference, schema and assimilation: The relevance of Piaget to the psychoanalytic theory of transference. Ann. Psychoanal. 8: 59-76

Watzlawick P., Beavin J.H., Jackson D. (1967): Menschliche Kommunikation. Bern: Huber (1969)

Watzlawick P. (Hrsg.) (1985): Die erfundene Wirklichkeit. München: Piper

Wegner P. (1992): Zur Bedeutung der Gegenübertragung im psychoanalytischen Erstinterview. Psyche 46: 286-307

Wegner P., Henseler H. (1991): Die Anfangsszene des Erstinterviews im Prisma einer Analytikergruppe. Forum Psychoanal. 7: 214-224

Weiss J. (1990): Strategien des Unbewußten. Spektrum der Wissenschaft: 122-129

Weiss J., Sampson H. (1986): The psychanalytic process. Theory, clinical observations and research. New York: Guilford Press

Wilke S. (1992): Die erste Begegnung. Eine konversations- und inhaltsanalytische Untersuchung der Interaktion im psychoanalytischen Erstgespräch. Heidelberg: Asanger

Winnicott D. W. (1955): Metapsychologische und klinische Aspekte der Regression im Rahmen der Psychoanalyse. In: ders. (1983): Von der Kinderheilkunde zur Psychoanalyse. Frankfurt a.M.: Fischer Taschenbuch Verlag, 183-207

Winnicott D.W. (1960): Ich-Verzerrung in Form des wahren und des falschen Selbst. In: ders. (1984): Reifungsprozesse und fördernde Umwelt. Studien zur Theorie der emotionalen Entwicklung. Frankfurt a.M.: Fischer Taschenbuch Verlag, 182-199

Winnicott D.W. (1963): Die Entwicklung der Fähigkeit der Besorgnis. In: ders. (1984): Reifungsprozesse und förderne Umwelt. Frankfurt a.M.: Fischer Taschenbuch Verlag, 93-105

Wolf E.S. (1988): Theorie und Praxis der psychoanalytischen Selbstpsychologie. Frankfurt a. M.: Suhrkamp (1996)

Wolf E.S. (1989): Anmerkungen zum therapeutischen Prozeß in der Psychoanalyse. In: Wolf E.S. et al. (1989): Selbstpsychologie. Weiterentwicklungen nach Heinz Kohut. München Wien: Verlag Internationale Psychoanalyse, 107-124

Wolff P.H. (1996): The irrelevance of infant obvervations for psychoanalysis. J. Am. Psychoanal. Assn. 44: 369-392

Wurmser L. (1987): Flucht vor dem Gewissen. Berlin Heidelberg: Springer

Wurmser L. (1988): Die Übertragung der Abwehr. Gedanken zur psychoanalytischen Technik. Forum Psychoanal. 4: 292-317

Index

Autorenverzeichnis

H. Will/Y. Grabenstedt/G. Völkl/G. Banck

Depression

Psychodynamik und Therapie

1998. 228 Seiten. Kart.
DM 44,–/öS 321,–/sFr 41,–
ISBN 3-17-015326-9
Psychoanalytische Krankheitslehre
(Herausgegeben von Wolfgang Mertens)

Depressive Störungen gehören zu den häufigsten Erkrankungen unseres Kulturkreises Die Autoren stellen die Phänomenologie, Psychogenese und -dynamik des Krankheitsgeschehens dar, diskutieren Indikation und Settingfragen und erläutern ausführlich die Möglichkeiten der Behandlungstechnik. Sie gehen dabei auf das Phänomen der Übertragung und Gegenübertragung ein und berichten vom Umgang mit Aggression, Negativität und Suizidalität. Fallbeispiele bereichern die Darstellung.

Kohlhammer

W. Kohlhammer GmbH · 70549 Stuttgart · Tel. 07 11/78 63 - 2 80

Natalia Erazo

Entwicklung des Selbstempfindens

Verschmelzung, Identität und Wir-Erleben

1997. 198 Seiten. Kart.
DM 44,–/öS 321,–/sFr 41,–
ISBN 3-17-014773-0
Psychoanalytische Entwicklungspsychologie
(Herausgegeben von Wolfgang Mertens
und Christa Rohde-Dachser)

Die empirische Säuglingsforschung hat der Entwicklungs-psychologie viele neue Erkenntnisse und wertvolle Impulse geliefert. Insbesondere die Entwicklungstheorie und die Annahme einer Symbiose im Kindesalter erfahren durch sie grundlegende Neuerungen. Das Buch zeigt am Beispiel des Selbstempfindens, wie sich alte und neue psychoanalytische Theorien unterscheiden und welche Gemeinsamkeiten beste-hen. Anhand der Liebe, der Meditation und pathologischer Zustände beschreibt die Autorin die Erfahrungen der Ver-schmelzung und der Abgrenzung und kommt hierbei zu einer Revision traditioneller psychoanalytischer Konzepte.

Kohlhammer

W. Kohlhammer GmbH · 70549 Stuttgart · Tel. 07 11/78 63 - 2 80